건축가의
여행의 기억

일러두기

- 단행본 · 신문 · 잡지는 『 』, 영화 · 노래 제목은 「 」, 공연 · 전시 제목은 〈 〉로 묶어 표기했습니다.
- 인명 · 지명 등의 외래어 표기는 국립국어원 규정을 따르는 것을 원칙으로 하였습니다.
- 이 책에서 언급된 여행 정보는 최대한 확인을 거쳤습니다만, 현지 사정에 의해 변경되었을 수 있습니다.

건축가의 여행의 기억

정성우 지음

런던 엄마, 파리 딸, 베네치아 아빠

VENEZIA

LONDON

PARIS

앨리스

|

런던 엄마,
파리 딸,
베네치아 아빠

내 직업은 건축가다. 사람들은 '건물을 설계하고 도면을 그리는 전문직' 정도로 생각할지 모르겠지만, 사실 건축가는 하는 일이 많다. 설계하고 도면을 그리는 단계를 포함해, 그 이전과 이후에 여러 과정을 거쳐야 하고, 그 과정에서 건축가는 수많은 일을 하며, 그것이 건축가가 하는 중요한 일들이다.

땅을 분석하고 법령을 검토하며 구조를 따지고 설비를 고민한다. 프로젝트 쟁점을 선별하고 대안을 분석해서 가장 적절하고 타당한 설계안을 도출한다. 건축주와 끊임없이 대화하면서 설득을 하고 또 설득을 당하기도 한다. 공간이 용도에 맞게 기능하면서 안과 밖이 모두 아름다운 건축물이 되게끔 노력한다. 심의를 통과하고 허가를 받기 위해 행정 서류와 도서를 꾸리고, 시공을 위한 실시 도면을 작성하며, 제대로 시공하는지 감리한다. 지역성을 고찰하고 시대를 통찰하며 사회 통념을 연구한다. 자연과학의 지식을 바탕으로 사람의 감성과 행태를 분석해서 공간의 체험을 고민한다. 경쟁 프로젝트에 참가하거나 설계하는 과정에서, 그리고 인허가 과정에서 엄청나게 많은 발표를 한다. 탄탄한 논리와 유창한 언변 없이는 각 단계를 성공하기도, 통과하기도 어렵다. AI가 대체할 수 없는 직업군의 하나로 회자되기도 한다. 분석적이면서 감각적이고, 꼼꼼하면서 과감해야 하는 직업이다.

나는 이 여행에서 기획과 예약, 가이드, 통역, 짐꾼, 총무, 보디가드, 사진사를 담당했다. 아내와 초등학교 1학년생 아이, 나, 이렇게 셋이 떠나는 여행이라 자연스레 책임이 막중했다.

피아노를 전공했던 아내는 20대 시절 런던에서 유학했다. 하지만 1997년 IMF 여파로 부모님의 지원이 어려워져 중도에 포기해야 했고, 한국으로 돌아올 수밖에 없었다. 지금으로부터 9년 전, 결혼 1주년을 기념해서 우리는 영국 여행을 계획했었다. 하지만 예정에 없던 아파트를 사게 됐고, 여행에 쓰려고 모은 돈을 아파트 값에 보태야 했다. 결국 영국 여행은 취소됐다. 우리 부부는 그때 아파트를 사지 않고 여행을 갔으면 어땠을까 하는 이야기를 가끔 하곤 했다. 이번 여행에 아내의 사연과 추억이 있는 런던에 가기로 했다. 아내가 한때 지냈거나 다녔던 장소에 가고, 아내가 봤던 뮤지컬을 함께 보기로 했다.

아이가 유치원에 다닐 때 이렇게 말한 적이 있다. "엄마 아빠, 내 친구 ○○는 에펠탑 봤대. 나도 에펠탑 보고 싶어." 초등학교에 입학한 후에도 잊을 만하면 에펠탑 이야기를 했다. 아이에게 '에펠탑'은 막연하게나마 외국이고, 유럽이고, 프랑스이고, 파리였다.

아내는 런던에 있을 때 파리모터쇼를 보기 위해 친구들과 함께 파리 여행을 계획했는데 장모님이 친구들과 다니는 게 위험하다며 만류하는 바람에 여행 계획이 무산됐다고 한다. 나는 12년 전 베니스 비엔날레 작업을 마치고 파리에 갈 예정이었지만, 뜻하지 않은 해프닝 때문에 가지 못했다. 비행기를 갈아타기 위해 드골공항에 잠깐 머물다가 비행기가 이륙한 후 조명을 켠 에펠탑과 생드니에 있는 경기장 스타드드프랑스를 본 것이 파리에 대한 기억의 전부다. 아이에게 에펠탑을 보여주기로 했다. 젊은 시절 우리가 아쉽게 놓쳤던 파리 방문의 기회를 되살리기로 했다.

12년 전 아키반에서 근무할 당시 나는 베니스 비엔날레에 참가했다. 일주일 정도 베네치아에 머물렀는데, 밤낮을 가리지 않고 일만 했다. 모든 작업을 끝내고 베네치아를 떠나기 하루 전 반나절 동안 이곳을 구경했다. 기간이 짧았음에도 베네치아는 기억 속에서 환상의 장소로 남아 있었다. 다른 곳에서 느낄 수 없는 베네치아 특유의 모습과 분위기가 좋았다. 언젠가 다시 이곳에 오리라 다짐했다. 이 여행으로 12년 전 기억 속의 베네치아를 확인하고 싶었다. 당시에 작업했던 장소를 아내와 아이에게 보여주면 좋을 것 같았다.

추억이 담긴 장소는 개개인에게 저마다의 역사를 간직한 유산이 된다. 그러한 장소에 함께 있음으로써 가족 구성원의 역사를 공유하는 것이 의미 있고 가치 있는 일이라고 생각했다. 그래서 우리는 런던, 파리, 베네치아에 가기로 했다.

'여행'이라는 말만으로도 우리는 마음이 설렌다. 어느 방송에서 물건을 소비하는 것보다 경험을 소비하는 것이 더 크고 더 오래가는 행복감을 준다는 말을 들었다. 여행이라는 경험을 소비함으로써 이야깃거리를 만들고, 또 행복감을 느끼게 하며, 여행에서 정리된 생각이 인생을 바꿀 수도 있다. 거창하게 인생을 논하지 않더라도 여행이 우리를 행복하게 만드는 것만큼은 확실하다. 여행의 기억을 되새기는 순간 기분이 좋아지고, 여행을 이야기하는 것은 아무리 해도 지겹지 않기 때문이다.

긴 휴가를 내기가 쉽지 않고 여행 비용도 만만치 않다. 자주 있는 기회가 아니라는 점 때문에 여행을 잘하고 싶었고, 그래서 '실속 있는 알짜배기 여행'을 목표로 했다. 최대한 많은 곳을 다니고, 많은 것을 구경하기로 했다. 비용을 아끼되, 궁상맞지 않기로 했다. 박물관에 가고, 뮤지컬을 보고, 유람선을 타고, 놀이공원에 가기로 했다. 적당히 그럴싸한 호텔에서 자고, 도시마다 유명한 맛집에 가기로 했다. 무엇보다 가족과 함께하는 여행이기에 안전을 많이 고려했다.

목표가 거창하다보니 준비 단계부터 의욕 넘침과 마음 졸임이 있었다. 꼼꼼하게 준비해서 충실한 여행을 하려 했지만 매 순간이 좌충우돌이었고, 고군분투였다. 여행하는 동안 웃지 못할 에피소드는 필연적으로 발생했다. 한편으로는 끈질기게 꼼꼼했던 덕분에 매번 고비를 잘 넘겼고 좋은 여행이 되었다.

사연이 있는 장소에서 아내와 함께 기억을 교감하고, 아이와 함께 따뜻한 추억을 쌓았다. 장소가 워낙 매력적이고 환상적이라 감동스러웠다. 할 줄 아는 게 건축인지라 가는 곳마다 건축가의 시선이 자동으로 작동했다. 즐거웠고 행복했다. 힐링이 됐고 재충전이 됐다.

길지 않은 여행이지만 사연이 짧지 않았다. 여행을 다녀온 후 입이 근질근

질해서 도저히 안 되겠다는 생각이 들었다. 좋은 것은 나누는 것이 좋다고, 사회 일원으로서 좋은 여행을 공유해야겠다는 의무감을 느끼며 여행을 기록하기 시작했다. 여행을 복기하는 과정은 또하나의 여행이었다. 다시 한번 즐거웠고 행복했다.

이 책에서 서유럽의 향기와 따뜻한 가족애가 느껴지면 좋겠다. 도시와 건축과 장소의 의미도 되새기고 싶다. 그저 무심코 지나쳐버릴 수 있는 장소의 가치 발견과 의미 부여를 통해 여행의 레퍼토리가 늘어나고 여행자의 스토리

산조르조마조레성당 종탑에서 바라본 베네치아의 석양.

텔링이 풍요로워질 수 있음을 믿는다. 여행에서 느낄 수 있는 특별한 재미와 행복을 공유할 수 있는 책이 되길 바란다. 특히 여행을 가기 어려운 요즘, 이 책이 여행의 기억을 되살릴 실마리를 제공하고, 여행의 갈증을 풀어줄 간접 경험이 되길 바란다.

2020년 봄

정성우

차례

과거와 현재가 공존하는 런던

다시 찾은 파리

건축가의 꼼꼼한 여행

여행을 떠나기로
결심했다

　　유난히 뜨거운 6월이다. 경쟁 프로젝트를 위해 여러 회사가 한 팀이 되어 합동 사무실에서 일하고 있다. 좁지 않은 공간임에도 많은 사람이 모여 있어서 조금 답답한 느낌이다. 컴퓨터와 프린터, 복사기, 서버 등 각종 전자제품이 열을 내뿜고 있다. 에어컨을 최대로 가동해도 무덥고 공기마저 탁하다. 이곳에 온 지 두 달 반이 지났지만, 앞으로 두 달을 더 버텨야 한다. 주말, 휴일도 없이 매일 야근이 기다리고 있다.

　　달력을 9월로 넘겼다. 프로젝트가 끝나는 시점의 달력이 궁금했다. 추석 연휴가 수요일, 목요일, 금요일인 것을 확인했다. 여름 휴가와 경쟁 프로젝트 특근에 대한 보상 휴가까지 묶으면 3주짜리 장기 휴가를 낼 수 있다. 직장생활을 하면서 이런 기회는 처음이다. 무엇을 할지 고민하다가 바로 여

행을 생각했다. 유럽이 떠올랐다.

　휴대폰에 항공권 예약 앱을 깔고 항공편을 검색했다. 여행을 떠올렸지만 아직 저지르는 단계는 아니었다. 비행기 티켓 가격만 확인하기로 했다. 인천—파리 직항 왕복 80만 원짜리 티켓을 발견했다. 유럽 여행은 감당하기 어려울 거라 생각했고, 무엇보다 비행기 티켓은 엄두를 낼 만한 수준이 아닌 줄 알았다. 그 핑계로 쉽게 포기할 참이었다. 소심하게도. 그런데 이 정도면 저질러도 되지 않을까? 심장이 콩닥콩닥 뛰기 시작했다.

　숙소를 예약하는 앱을 열어 호텔을 검색했다. 호텔도 항공권과 마찬가지로 검색에 시간을 투자하는 만큼 괜찮은 가격에 적당한 곳을 고를 수 있었다. 호텔의 위치와 가격, 객실 사진과 리뷰를 보느라 시간 가는 줄 몰랐다. 그것만으로도 유럽 도시를 여행하는 듯한 느낌이 들었다.

　아이가 다니는 학교 홈페이지에 들어갔다. 최근 체험학습 인정 일수가

세븐시스터스 벌링갭 가는 길.

늘었다는 사실을 알게 되었다. 장기 휴가의 기회가 생겼고, 항공권 가격은 적당했으며, 호텔은 괜찮은 곳이 많았고, 체험학습이 가능했다. 여행을 가지 못할 핑계가 떠오르지 않았다.

　여행의 충동은 모든 신경을 지배하고 있었다. 이 여행이야말로 내가 수행해야 할 의무라고 스스로를 세뇌하고 있었다. 그래, 이럴 때 해야 해. 여행을 떠나기로 결심했다. 아내에게 물어보지도 않고 비행기 표를 예약해버렸다. 다시 한번 심장이 콩닥콩닥했다. 확인할 수는 없으나 몸속에 엄청난 양의 세로토닌이 분비되고 있음이 틀림없었다. 지쳐 있던 몸은 원기를 회복한 것 같았고, 일의 능률이 향상됐다. 든든한 버팀목이 생긴 것 같아 기분이 좋아졌다. 무엇보다 아내와 아이에게 여행 이야기를 꺼내면 어떤 반응을 보일지 기대가 됐다.

'파리 소매치기'를
검색했다

여행을 준비하면서 유럽 여행에 대해
이야기를 나누는 커뮤니티나 여행기를 올리는 블로그를 보면 사건 사고와
관련된 글이 끊임없이 올라왔다. 신경이 쓰이지 않을 수 없었다. 가족과 함
께하는 여행에서 안전은 기본 중 기본이기 때문이다.

'파리 소매치기'를 검색했다. 소매치기를 당했거나, 당할 뻔했거나, 소매
치기 현장을 목격했다는 글이 너무 많아 헤아릴 수 없었다. 지갑, 여권, 카
메라, 노트북, 가방 등등, 돈 몇 푼 잃는 것은 대수롭지 않을 정도였다. 심
지어 퍽치기까지 당했다는 경우도 있었으니 말이다. 잃어버린 물건 때문
에, 또 신변의 위협을 느껴서 여행 도중 돌아온 사람들도 많았다. 그곳은
사람 살 곳이 아닌 것 같았다.

'파리 테러'를 검색했다. 총기 난사, 폭탄 테러, 인질극 등 최근 2년 사이
에 파리에서 테러가 열 차례 이상 발생했다고 한다. 게다가 비행기 티켓을
예약한 지 며칠 지나지 않아 니스에서 트럭 테러가 발생했고, 많은 사람이
희생됐다. 그곳은 전쟁터나 다름없어 보였다.

외교부 홈페이지에는 '여행경보단계'가 지도에 표시되어 있다. 프랑
스 전역이 '여행유의'에 해당했고, 파리와 니스는 '여행자제' 단계였다.
2015년 1월 파리 언론사 테러 사건 이후 프랑스 정부는 테러 경보단계를
'최상'으로 유지하고 있었다. 사람이 많이 모이는 장소는 가급적 출입을 삼
가고, 오페라가르니에, 에펠탑, 몽마르트르언덕 등 주요 관광지, 지하철역
과 기차역 주변, 피갈 유흥가에는 소매치기가 많으니 유의해야 하며, 자동

차가 정지 신호에 멈추면 오토바이를 탄 강도가 유리창을 깨고 가방이나 핸드백을 훔쳐가는 경우가 있으니 조심하라는 등 외교부 해외안전여행 사이트가 제공하는 프랑스 여행 정보에는 섬뜩한 내용으로 가득했다. 공항에서 시내로 진입할 때 여행객을 타깃으로 한다는 이야기까지, 그곳은 얼씬도 해서는 안 될 것만 같았다.

파리를 여행하는 사람들의 사진을 보면 아름답고 평화로운 도시를 배경으로 하나같이 밝은 표정을 하고 있던데, 이렇게 위험한 곳에서 어떻게 다들 잘 다니는 건지 이해되지 않았다. 혼란스러웠다. 여행을 가기로 마음먹었을 때는 테러에 대해 생각지도 못했다. 어쩌면 테러의 영향으로 항공권 가격이 내렸을 수도 있겠다 싶은 생각이 들었다. 숙소도 잘못 선택한 것 같았다. 파리의 숙소는 시내 중심지에 있는 샤틀레레알Châtelet-Les Halles역 근처로 잡았는데, 개선문, 에펠탑, 노트르담대성당이 가깝고 이 지하철역에서 여러 노선으로 환승이 가능해 적절한 선택이라고 생각했다. 하지만 샤틀레레알역이 우범지대라는 사실을 나중에 알았다. 제대로 파악하지 않고 숙소를 잡았으니, 이런 낭패가 또 없었다.

테러의 위험성과 소매치기의 가능성 때문에 사람이 많은 곳에 가지 말아야 한다는데, 오히려 사람이 적은 곳은 어디인지 파악하는 일이 더 어려웠다. 게다가 사람이 많이 찾는 장소를 피해야 한다면, 에펠탑이나 몽마르트르언덕을 오르지 않는다면, 파리를 찾을 이유가 있을까?

이번에는 '런던 소매치기'를 검색했다. 파리와 다를 바 없었다. 오히려 런던이 파리보다 더 심각한 것 같았다. '베네치아 소매치기'를 검색했다. 베네치아 역시 다르지 않았다. 곰곰이 생각했다. 소매치기 없는 도시가 세상에 있을까? 테러가 일어날 확률이 교통사고 확률보다 높을까? 테러가 일어나는 순간, 그 장소에 있을 확률은? 0.0001퍼센트쯤 될까? 사람 사는 곳이 다 비슷하지 뭐. 파리나 런던이 크게 다르겠어? 밖에서 보면 한국은 전쟁 발발 직전의 나라처럼 보일지도 모르잖아…….

파리행 비행기 티켓은 환불이 불가능했다. 충동적이긴 해도 큰 결심이었는데 돈을 날릴 수는 없었다. 아내와 아이가 실망할 것을 생각하면 그것도 감당하지 못할 테러였다. 주변 사람들에게 유럽 여행을 갈 계획이라고 말해놨는데 안 가면 그 민망함을 또 어떻게 감당할 것이며……. 궁색하지만 어쨌든 파리행 비행기를 타야 했다. 그렇게 마음을 굳힌 후 여행하면서 발생할 수 있는 비상 상황에 대한 대처 방안을 궁리했다. 마음가짐 정도에 불과할지라도, 안전한 여행을 위한 예방 조치와 대응 조치에 대해 고민했다.

여행의 마음가짐

우선 소매치기를 예방하기 위한 방안을 생각했다. 파리 지하철에 소매치기가 많다고 하니 택시나 우버를 이용하기로 했다. 파리 시내는 그리 넓지 않아 세 명이 대중교통을 이용하는 비용과 큰 차이가 없을 것 같았다. 게다가 이동 시간을 절약할 수도 있었다. 파리에서 묵을 숙소 근처에 있는 샤틀레레알역이 우범지대라고 해서 드골 공항에서 숙소까지 RER 전철을 타려던 계획을 취소하고, 대신 한인 택시를 이용하기로 했다. 또 파리 현지 여행사가 진행하는 패키지 투어를 신청했다. 파리에 머무르는 시간이 여유롭지 않다는 점이 가장 큰 이유인데, 초행

길에서 헤매는 시간을 줄이고, 가이드만 쫓아다니면 위험한 장소를 자연스럽게 피할 수 있으며, 소매치기를 당할 확률도 낮아질 거라고 생각했다.

아내에게 빈손으로 다니라고 했더니, 지갑과 화장품, 선글라스를 담아야 하고 휴지와 물티슈도 있어야 하며 물을 가지고 다녀야 하는데 가방이 없으면 어떻게 하느냐며 오히려 역정을 냈다. 그래서 조치가 필요했다. 다이소에서 자물쇠와 줄을 왕창 샀다. 캐리어, 파우치, 휴대폰, 카메라에 줄을 달고, 가방마다 지퍼에 자물쇠나 옷핀을 달았다.

휴대폰만은 소매치기를 불허한다는 만국 공통의 법이라도 있으면 좋겠다는 생각이 들었다. 휴대폰을 잃어버리거나 소매치기를 당하면, 비싼 물건을 잃어버리는 것도 정말 안타까운 일이지만 휴대폰 속의 어마어마한 정보와 여행을 담은 소중한 사진을 잃게 된다. 생각만 해도 끔찍했다. 그래서 폼은 안 나지만 휴대폰에 줄을 매달아 가방에 연결해서 다니기로 했다.

소매치기를 당하지 않더라도 물건을 잃어버리게 되면 기분이 많이 상한다. 분실한 물건이 무엇인지에 따라 여행을 지속할 수 없는 상황이 발생할 수도 있다. 여행에서 쓸 돈과 신용카드는 여러 곳으로 분산시켰다. 나중에는 어디에 뒀는지 기억이 가물가물해서 애를 먹기도 했지만. 여권을 분실하면 한국 대사관에 가서 재발급을 받아야 한다. 여분의 여권 사진을 따로 준비하고 나라별 대사관 주소와 연락처를 기록해두었다.

만약 테러가 일어나면 어떻게 대처해야 할까. 부모님께 유럽 여행 이야기를 꺼냈을 때 가장 먼저 하신 말씀이 위험하니까 가지 말라는 것이었다. 터키에서는 군사 쿠데타가 일어나서 잠깐이지만 공항이 폐쇄됐고, 한국인

베네치아의 운하, 이번 여행에서 가는 곳마다 물이 많다.

들이 비행기를 못 타고 공항에 갇혔던 일도 있었다. 테러는 나의 순발력과 의지로 컨트롤할 수 있는 종류의 일이 아니다. 매우 소박한 매뉴얼을 아내와 아이에게 일러줬다. "총소리나 폭탄 터지는 소리가 나면 즉시 땅바닥에 엎드리고, 절대로 움직이지 마. 움직이거나 해서 소리가 나면 표적이 될 수 있으니까 꿈쩍도 하지 말고, 내가 신호를 보내면 그때 신속히 움직이는 거야."

안전 사고에 대한 대비도 필요했다. 우리가 가는 곳마다 물이 많다. 파리 센강과 런던 템스강에서 유람선을 타고 강변도 걸을 계획이다. 베네치아는 골목마다 운하가 있다. 아이에게 말했다. "만약 물에 빠지면 무조건 배영을 해. 힘을 빼고 물에 떠 있으면 아빠가 구해줄 거야." 최근 뉴스에서 한 중학생이 파도가 높은 바다에서 생존 수영으로 꽤 오랜 시간을 버티다가 구출되었다는 보도를 본 적이 있었다.

지하철에서의 주의사항도 몇 가지 더 일러줬다. "지하철에서 서윤이는 내렸는데 엄마 아빠가 내리지 않았으면, 엄마 아빠는 다음 역에 내릴 테니까 서윤이는 다음에 오는 지하철을 타고 다음 역에서 내려" "엄마 아빠는 내렸는데 서윤이가 내리지 못했으면, 서윤이는 다음 역에 내려. 엄마 아빠가 다음에 오는 지하철을 타고 다음 역에 내릴 거니까" "만약 엄마 아빠를 잃어버렸을 때는 서로 엇갈릴 수 있으니까 그 자리에 가만히 있어. 그러면 찾을 수 있을 거야" "누가 말을 걸거나 곤란한 상황이 생기면, 아빠를 가리키면서 '이 사람이 우리 아빠예요(He is my father)'라고 말해."

여행을 떠나기 전에 청소년소아과에 들러 상담을 하고, 해열제와 지사제, 감기약, 콧물약, 두통약, 소화제, 진통제, 소염제, 유산균, 상처에 바르는 약, 밴드, 파스 등 상비약을 엄청나게 준비했다. 위중할 때 요긴하게 쓰일 것이고, 안 쓰면 더 좋다는 생각으로. 캐리어에서 자리를 많이 차지해 불편했지만 빼놓을 수 없었다.

모든 일정이 계획대로 잘 진행될지, 체력이 잘 받쳐줄지, 아이가 잘 따라줄지, 확실한 것은 하나도 없었다. 많은 곳을 다니려고 욕심을 부리다보니 미리 예약해둔 일정이 많았다. 예약 시간을 맞추는 일이 부담스러웠지만, 한편으로는 스릴이 있을 거라는 기대도 있었다. 무엇보다 아이가 힘들어하는 상황이 발생하면 일정을 멈추고 충분히 쉴 수 있게끔 하기로 했다.

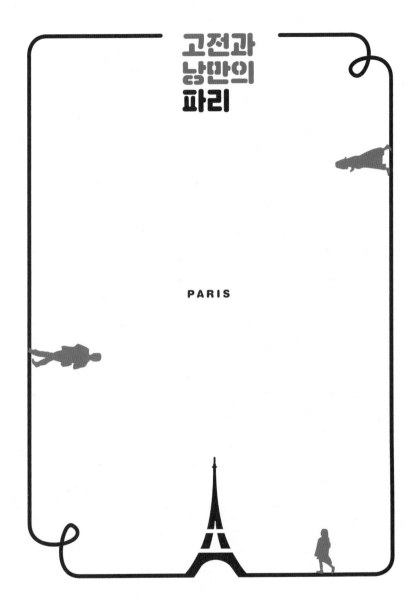

고전과
낭만의
파리

PARIS

1일차

|

파리의 금요일

　　　　　　　　　　　　새벽 일찍 일어나 서둘러 인천공항으로 향했다. 밤늦게까지 짐을 싸느라 전날 밤 두 시간이나 잤는지 모르겠다. 비행기는 예정대로 아침 9시 20분에 출발했다. 엄마는 런던에서 20대의 추억을 되새기기 위해, 딸은 파리에서 유치원 시절부터 꿈꿔온 소원을 이루기 위해, 아빠는 베네치아에서 12년 전의 기억을 찾기 위해 떠났다. 그리고 공유하기 위해.

　좁은 이코노미석에서 열두 시간의 비행이 초등학교 1학년생에게는 큰 고통이고, 그것이 아내와 나에게 고난이 될 것임을 잘 알고 있던 터라 우리는 각오를 단단히 했다. 하지만 그것은 다행히 기우였다. 파리로 향하는 에어프랑스 267편은 보잉 777 기종으로 이코노미석치고는 공간이 여유롭고 깨끗했으며 좌석마다 달린 모니터 화면이 꽤 컸다. 아이는 애니메이션 영화를 보았고 게임과 그림 그리기도 할 수 있다면서 좋아했다. 잠도 자지 않

고 장거리 비행을 즐겼다. 음식도 맛있다면서 아주 잘 먹었다. 긴 비행시간
은 문제가 되지 않았다.

순조로운 출발,
그리고 돈봉투 실종 사건

오후 1시 30분에 비행기가 파리 드골
공항에 도착했다. 예정보다 30분 빨리 도착해서 파리를 구경할 시간을 벌
었다는 생각에 기분이 좋아졌다. 휴대폰 전원을 켜서 예약했던 택시 회사
에 메시지를 보냈다. 일찍 도착했으니 기사님이 빨리 오면 좋겠다고. 다행
히 곧바로 택시 기사가 공항에 도착했다는 답변을 보내왔다. 아이가 불평
없이 긴 비행을 즐긴 것도 그렇고, 파리에 일찍 도착한 것도 그렇고, 착착
맞아 떨어지는 것이 느낌이 좋았다.
순조로운 출발이었다. 세 사람 모두
에게 첫 방문인 파리에 대한 설렘과
기대감은 점점 커져갔다.

비행기가 완전히 멈춘 후 자리에
서 일어나 선반 문을 열어 가방을 내
려놓고 중요한 것들이 잘 들어 있는
지 확인했다. 그런데 돈을 넣어둔 봉
투가 보이지 않았다. 유로화, 파운드
화, 원화로 구분한 봉투 세 개를 집
게로 집어서 가방에 뒀는데, 보이지

파리 드골공항 도착.

않았다. 지갑도 보이지 않았다.

　지나간 영상을 되돌리듯 기억을 더듬었다. 인천공항 검색대에서 지갑을 플라스틱 바구니에 내려놓은 장면은 기억났지만 그다음이 기억나지 않았다. 돈봉투를 화장대에 두고 왔나? 인천공항 검색대에서 지갑을 흘렸나? 하나씩 생각해내려 해도 정리하기가 쉽지 않은데, 돈을 넣은 봉투와 지갑에 대한 두 가지 기억을 동시에 끄집어내려고 했던 탓에 기억이 더 꼬였다. 아내는 인상을 쓰고 있는 나에게 무슨 일이냐고 물었고, 비행기에서 내리려는 승객들이 길을 막고 서 있는 우리에게 따가운 눈총을 보냈다. 기억의 퍼즐을 맞추고 싶었지만, 우선 비행기 밖으로 나가야만 했다.

　내가 빨리 오라고 재촉했던 택시 기사는 이제 나를 재촉하기 시작했다. 계속해서 전화벨이 울렸고 메시지가 들어왔다. 기억을 되살리랴, 가방을 뒤지랴 정신없는 와중에 전화벨과 메시지 알림음 소리에 더 정신이 없었다. 기사에게 일단 전화를 해서 시간을 끌어야 하는데 도무지 아무 생각이 나지 않았다.

　입국 심사를 마친 후 화물용 캐리어를 찾았다. 캐리어를 바닥에 눕혀놓고 뚜껑을 열었지만, 빼곡히 쌓여 있는 짐을 뒤지는 것은 보통 일이 아니었다. 다행인지 모르겠으나 캐리어에 돈봉투를 넣지 않은 기억만큼은 확실했다. 집에 두고 왔을 수도 있어서 부모님께 전화를 했다. 화장대나 서재 책상을 한번 확인해달라고 부탁했지만 보이지 않는다고 하셨다. 걱정만 끼칠 뿐 딱히 방법이 없을 거라는 걸 알고 마음에 걸렸는데, 상황이 그렇게 돼버렸다. 아무튼 잘 해결하겠다는 말을 전하고 전화를 끊었다. 일단 택시를 타기로 하고 기사에게 잠시만 기다려달라는 메시지를 보냈다. 이미 부재중

전화가 네 통이나 와 있었다.

같은 비행기를 탄 다른 승객들은 벌써 공항을 모두 빠져나갔는지 출구는 텅 비어 있었고 은테 안경을 쓴 수줍은 표정의 한 젊은 청년이 홀로 서 있었다. 택시는 기사의 외모와 다르게 연식이 오래돼 보였고 지저분했다. 쌓여 있는 쓰레기를 한쪽으로 밀어놓고 겨우 앉을 공간을 만들었다. 운전하는 동안 그는 다른 차가 끼어든다거나 양보하지 않는다고 거친 말을 쏟았다. 본인의 운전 실력은 탓하지 않고서. 반갑고 감동스러워야 할 파리 시내의 모습은 눈에 들어오지 않았고, 돈봉투과 지갑에 대한 생각으로 머리는 쥐가 날 것 같았다. 지저분한 택시와 미숙한 택시 기사의 운전 실력은 나의 스트레스 지수를 한껏 끌어올렸다.

비상금으로 현금 300유로를 아내에게 맡겼는데 이렇게 빨리 쓰게 될 줄이야. 그나마 이 돈이라도 있어서 당장 택시비 60유로는 지불할 수 있었다. 나머지 240유로를 가지고 2주를 어떻게 버틸지 고민이었다. 지갑도 없어졌으니 카드 분실 신고를 해야 한다는 생각에 이르자 귀찮고 번거로운 마음이 긴 비행의 여독과 함께 물밀듯 밀려왔다. 생각은 다시 근원적 고민에 이르렀다. 도대체 돈봉투는 어디에 있는 거야?

택시가 숙소 앞 골목에 도착했다. 기사는 차 안에서 택시비를 지불해달라고 했다. 바깥은 위험할 수도 있다는 것이다. 황망한 돈봉투 실종 사건과 매끄럽지 않은 택시 기사의 응대는 파리의 첫인상을 느낄 기회를 빼앗아갔다.

파리 체크인,
예약을 잘못한 줄 알았다

택시 트렁크에서 짐을 내리고, 숙소 앞에 섰다. 우리가 묵을 파리의 숙소는 아파트의 개별 세대를 개조해서 숙박시설로 운영하는 곳이었다. 매니저를 만나서 체크인을 해야 하는 시스템이라 우리는 필립이라는 이름의 매니저에게 전화를 걸어 도착을 알렸다. 그는 금방 그리로 갈 테니 조금만 기다리라고 했다.

10분 정도 지났을까. 그사이 두세 명이 아파트 출입문을 열고 들어갔다. 이들 중 필립이 있지 않을까 하는 기대로 뚫어져라 쳐다봤지만, 하나같이 내 응시를 무시하고 아파트로 들어갔다. 필립에게 다시 전화를 걸어 언제 오느냐고 물었다. 금방 도착할 거라는 똑같은 답변을 들었고, 언제 도착할지 알 수 없지만 안 오지는 않을 거라는 뜻으로 알아들었다. 멍하니 서 있을 바에야 뭐라도 생산적인 것을 해야 했다. 우리는 파리 뒷골목을 배경으로 사진을 찍었다.

검은색 줄무늬가 있는 은색 헬멧에 검은 선글라스를 쓴, 수염이 덥수룩한 젊은 청년이 앙증맞은 스쿠터를 몰고 나타났다. 그는 제법 큰 강아지를 안고 있었다. 회색 후드 티셔츠에 검은색 트레이닝 바지, 주황색 그물망 패턴이 들어간 운동화를 신고 있었다. '파리스럽다'를 명쾌하게 정의하기는 어렵지만 그의 패션은 왠지 파리지앵 같아 보였다. 단번에 그가 필립이라는 느낌이 들었다. 그는 헬멧을 벗으면서 나에게 먼저 말을 걸었다.

통성명을 한 후 필립은 지은 지 100년은 넘었을 건물 안으로 우리를 안내했다. 곡선의 나무 계단을 따라 2층으로 올라갔다. 파란색 페인트로 칠한 작은 문 네 개가 보였다. 그는 문 하나를 열쇠로 열었다. 방이 나타날 줄 알았는데, 또다시 좁은 복도가 나오더니 문 세 개가 보였다. 양옆으로 문이 하나씩 있었고 길지 않은 복도 건너편에 문 하나가 더 있었다. 예전에 한 가구가 살던 집을 임대하기 위해 세대를 나누면서 문이 많아진 것 같았다.

복도 건너편에서 키가 190센티미터는 족히 넘어 보이는 백인 청년이 문을 열고 나타났다. 그는 우리에게 "헬로(Hello)?" 하고 인사했다. 억양을 들어서는 동유럽 출신인 듯했다. 얼떨결에 나도 "헬로?"라고 반응했다.

파리 숙소 앞 골목.

어색한 순간이었다. 내가 남의 집에 들어온 것 같기도 하고, 남이 우리 집을 침범한 것 같기도 했다. 필립은 오른쪽 문을 열면서 말했다. "여기가 네 방이야." 그리고 왼쪽 문을 가리키며 말했다. "여기가 네 화장실이야."

순간적으로 예약을 잘못한 줄 알았다. 숙소 예약 사이트의 설명과 사진이 실제 모습과 다른 경우가 있다는 글을 본 적이 있는데, 지금 내가 그런 상황일 수도 있겠다는 생각이 들었다. 필립에게 이 화장실은 공동으로 사용하는 것인지 물으니 아니라고 했다. 나는 방금 우리에게 인사를 한 친구가 이 화장실을 사용하는지 다시 물었다. 그러자 그의 화장실은 따로 있다는 대답이 돌아왔다.

여전히 이해하지 못한 채 일단 방으로 들어갔다. 방의 모습은 예약 사이트에서 봤던 사진과 똑같았지만, 방 안에는 화장실이 없었다. 필립이 말한 복도 건너편 화장실이 정말로 우리 화장실이었다. 샤워 순서를 상상했다. 옷을 입은 채로 수건과 세면도구를 들고, 방문을 열고, 복도를 지나, 동유럽에서 왔을 것 같은 청년과 그의 일행들(그의 방에서는 서너 명쯤 되는 사람들의 목소리가 들렸다)을 마주치기라도 하면 인사를 하고, 열쇠로 화장실 문을 따고 들어간다. 샤워를 마치면 옷을 다시 입고, 화장실 문을 잠그고, 복도를 지나, 방문을 열고 들어간다.

예상치 못했던 경우의 수를 맞닥뜨려서 적잖이 당황스러웠다. 한편으로 건장한 동유럽 청년들과 화장실을 공유하지 않아도 된다니 도리어 다행으로 느껴지는 현실의 오묘함은 정말이지 적응이 되지 않았다.

화장실의 충격을 잠시 접고, 필립과 나는 계산기를 두드리며 돈 이야기를 시작했다. 숙소를 예약할 때 15유로를 미리 지불해서 잔금이 199유로이고, 청소비 40유로에 세금 7유로를 더해서 총 246유로를 지불해야 했다. 카드로 지불하겠다고 하자 필립은 검은색 가방에서 휴대용 카드단말기를 꺼냈다. 만약 그에게 휴대용 카드단말기가 없었다면, 그래서 현금을 내야 했다면, 수중에 있는 240유로를 탈탈 털고도 6유로는 외상을 해야 했는데 다행이었다. 돈 계산을 마치고 와이파이 사용법과 조리대 이용하는 방법, 쓰레기 처리 방법을 설명한 후 필립은 인사를 하고 떠났다.

필립이 나가자마자 나는 짐을 뒤지기 시작했다. 화장실의 구조적 충격과 숙소 비용을 계산하는 와중에도 머릿속에서는 돈봉투와 지갑 생각이 떠나지 않았다. 어이없게도 돈봉투와 지갑 실종 사건은 싱겁게 종료됐다. 짐을 뒤진 지 1분도 채 지나지 않아 돈봉투와 지갑을 모두 되찾은 것이다.

여행을 떠나기 일주일 전에 짐을 싸면서 돈봉투를 기내용 캐리어의 겉주머니에 넣어두었다. 일주일 동안 그 자리에 있었는데, 비행기를 타기 전날 더 안전한 곳에 둬야겠다고 생각하고 돈봉투를 캐리어의 안주머니에 옮겨 담았다. 인천공항 검색대를 지난 후 지갑도 이곳에 담았다. 이때까지는 캐리어의 안주머니에 중요한 것이 있다는 사실을 인식했던 것 같다. 그러나 비행기를 타자마자 안주머니에 대한 기억은 머릿속에서 지워졌고, 일주일 전의 기억만 남아 캐리어의 겉주머니를 뒤졌으니 돈봉투가 없어졌다고 섣불리 결론을 내렸던 것이다. 남은 현금으로 여행 기간 동안 어떻게 나눠 쓸지 고민하면서 말이다.

일주일의 장기 기억이 하루짜리 단기 기억을 지배해버린 순간이었다. 빌 게이츠가 말하길, 판단력이 떨어질 때 여행이 필요하다고 했던가. 딱 나를 두고 한 말이었다. 파리에 도착한 후 세 시간 만에 큰 문제를 하나 해결했다. 어이가 없었지만 천만다행이었다. 그러나 조금 지나 또다른 문제가 있음을 깨달았다.

또다른 문제

파리의 첫날 계획은 이랬다. 숙소에 짐을 풀고 가까운 문구점에 간다. 숙소 근처에는 레크리투아르 L'Ecritoire라고 하는, 파리에서 유명한 문구점이 있었다. 파리의 문구점이라면 잘 모르긴 해도 예쁘고 실용적인 문구류가 많을 거라는 기대가 있었다. 그리고 개선문 옥상에 올라가 파리의 도시 전경을 감상한다. 친구가 개선문 옥상에서 찍은 사진을 보고 감명을 받았고, 이곳에 꼭 오르리라 다짐했었다. 에펠탑도 보고 시간이 허락되면 센강 유람선도 탈 계획이었다.

파리 지하철에는 소매치기가 많고, 택시는 잡기가 어렵고 불친절하며, 영어로 대화하기가 쉽지 않은 데다 바가지요금이 있다고 들었다. 그래서 소매치기를 방지하면서 이동 시간을 절약하기 위해 우버를 이용하기로 했다. 우버는 행선지를 입력하면 차량 종류와 기사의 정보가 사진과 함께 나타나고, 차량을 선택하면 내가 있는 곳으로 와서 태운 후 행선지로 이동한다. 따로 기사와 대화를 나눌 필요가 없고, 요금은 미리 등록한 신용카드로 결제되기 때문에 바가지 염려도 없다. 기사에 대한 평가도 있어서 서비스가 괜찮은 편이다.

우버는 최초 탑승에 대한 지원금이 있다. 한국에서 등록하면 지원금이 1만 원이고, 파리에서 등록하면 10유로, 런던에서 등록하면 10파운드다. 환율 때문에 한국에 비해 파리는 2500원 정도, 런던은 4500원 정도 절약하는 셈이다. 조금이라도 비용을 아낄 요량으로 유럽에 도착한 후 등록을 하기로 했는데, 그것이 큰 화근이었다.

우버 앱을 열어 등록을 시작했다. 등록하는 순서를 미리 알아뒀지만 막상 해보니 모든 게 새로웠다. 마지막 인증 단계가 남았다. 인증번호를 문자로 받아 입력해야 했고, 이를 위해 문자를 받을 전화번호를 입력해야 했다.

통신사의 해외 로밍 서비스는 데이터 요금이 비싸서 유럽에서 사용할 수 있는 저렴한 유심을 구입해 인천공항에서 휴대폰에 설치했다. 유심 회사가

개선문 옥상에서 바라본 파리.

알려준 '070'으로 시작하는 번호를 입력했는데 문자가 오지 않았다. 이번에는 한국에서 쓰던 휴대폰 번호를 입력했지만, 역시 문자가 오지 않았다. 유심 판매회사 직원과 나눴던 몇 안 되는 대화를 되짚었다. 유럽에 있는 동안 전화 수신은 무료지만 문자 수신은 추가 요금이 있다고 해서 문자 수신을 신청하지 않았던 게 기억났다. 광고와 업무 문자에서 벗어나 여행에 집중하고 싶었고, 비용이 발생할 일을 차단해야겠다고 생각했기 때문이다. 하지만 당장 문자를 받아야 했다.

한국에서 쓰던 유심을 다시 휴대폰에 끼워서 새로 입력을 하고, 휴대폰 번호를 입력했다. 그런데도 문자가 오지 않았다. 나름 꼼꼼히 준비한 여행인데, 돈봉투 실종 사건도 그렇고, 우버 등록 문제도 그렇고, 어설프기 짝이 없었다. 폭풍 검색 끝에 통신사 로밍센터 연락처를 알아내어 번호를 눌렀다.

상담원에게 해외에서 문자를 받을 수 있는 방법을 물었다. 상담원은 본인 확인이 필요하다면서 이름과 생년월일, 주소를 차례로 물었고, 나는 그가 잘 알아듣게끔 신상정보를 또박또박 발음했다. 그러자 돌아온 답변은 "고객님, 확인 감사합니다. 무엇을 도와드릴까요?"였다. 파리에서 문자를 받을 수 있는지 다시 물었다. 상담원은 본인이 로밍 서비스 담당이라면서 문자 담당 부서를 연결해주겠다고 했다. 신호음이 얼마간 흐른 후 다른 상담원이 전화를 받았다. "고객님, 반갑습니다. 무엇을 도와드릴까요?" 나는 똑같은 질문을 했고, 이 상담원도 조금 전의 상담원과 똑같은 방법으로 본인 확인을 요구했다. 순간 이런 상황이 계속 이어지는 건 아닌가 하는 불길한 예감이 들었다.

또다른 상담원이 전화를 받아도 똑같은 말투에 본인 확인을 빼놓지 않았다. 질문을 아무리 다르게 해도 그들의 대답은 한결같았다. 이런 상황이 수차례 반복되자 어느 개그 프로그램에서 본 듯한 데자뷔를 느꼈다. 한 손으로 통화를 하고, 다른 손으로 아내의 휴대폰을 쥐고 인터넷을 검색했다. 우버 등록에 관한 글을 수백 개는 본 것 같다. 다들 쉽다는데, 나는 왜 이렇게 힘들지? 나처럼 유심을 구입한 사람들도 있을 텐데, 무엇을 놓친 거지?

그렇게 시간이 흘러 파리에서의 첫날 해는 지고 말았다. 여행의 감흥은 나타나기도 전에 사라져버렸고, 시차 때문에 피로감이 온몸을 짓눌렀다. 우버 등록이 되지 않을 경우 이메일로 문의하면 조치해준다는 글을 보고 이메일을 보냈다. 한참 후 답장이 왔지만 내용이 시원찮았다. 인증번호를 수신해서 등록하고, 인터넷이 작동되는 곳에서 우버를 이용하라는 것이었다. 문자를 받을 수 없는 경우의 등록 방법을 물었지만, 되돌아온 답변은 일관성을 유지했다.

배가 고팠다. 숙소 근처 슈퍼마켓에 가서 과일과 물, 사과 주스, 맥주를 샀다. 아이가 창밖으로 얼굴을 내밀고 내가 오는 모습을 보고 있었다. 큰 소리로 아빠 왔다며 엄마를 불렀다. 창밖으로 얼굴을 내민 아내와 아이를 배경에 두고 함께 셀카를 찍었다. 나중에 사진을 확인하니 아내와 나는 피곤에 찌들고 불만이 가득한 표정이었고, 아이는 신이 나서 손으로 브이를 하고 있었다. 즉석밥과 라면으로 저녁을 때우고 나니 저녁 8시였다. 한국 시간으로는 새벽 3시다. 아이는 엄마 어깨에 기대어 잠들어버렸다. 개선문을 오르고, 에펠탑을 보고, 센강 유람선을 타는 것은 다음으로 미뤄야 했다.

인터넷은 작동하고 있고, 문자를 받아야 한다. 아이디어가 하나 떠올랐다. 미국에 사는 막내 동생에게 카톡을 보내 사정을 이야기했다. 동생의 휴대폰 번호를 우버 등록 창에 입력했고, 인증번호 문자가 동생 휴대폰으로 갔으며, 동생은 나에게 인증번호를 카톡으로 알려줬다. 번호를 입력했더니 등록이 완료됐다는 메시지가 떴다. 어찌됐든 우버 등록을 했다!

파리에 와서 딱히 한 것도 없이 하루를 공쳤지만, 그래도 작은 위안이 있었다. 숙소 아래 1층의 식당은 밤늦게까지 영업을 했고 사람 소리로 시끌벅적했다. 아내는 수다스러우면서 둥글둥글 부드러운 프랑스어가 듣기 좋다고 했다. 우리는 창문을 열어 그들과 건배하듯 맥주잔을 들어올렸다.

문제의 해결

다음날 아침 이메일을 확인하니, 우버에서 보내온 메일이 조금 과장해서 수십 통이 와 있었다. 하지만 메일의 내용은 어제처럼 일관성을 놓치지 않았다. 엄밀히 말해 어제 성공한 우버 등록은 불완전한 것이었다. 우버 기사와 서로 위치 파악이 어려울 때 전화를 해야 하는데, 기사가 미국에 있는 동생에게 전화를 걸면 낭패가 아닐 수 없었다.

유심이 들어 있던 비닐 봉투에 붙은 스티커를 유심히 살폈다. '1'로 시작하는 전화번호 비슷한 숫자가 어떤 의미인지 궁금했다. '1'은 미국의 국가번호인데, 그 옆에 있는 'WORLD'는 무슨 의미일까? 혹시 외국에서 사용하는 번호인가? 우리는 지금 프랑스에 있는데……(프랑스의 국가번호는 '33'이다).

유심 설명서를 주의 깊게 읽었지만 이 부분에 대한 언급이 없었다. 대신 상담용 카톡 아이디를 발견했다. 서울은 지금 토요일 늦은 오후쯤일 텐데 상담이 가능할까? 지푸라기라도 잡는 심정으로 카톡 친구 신청을 했고, 수락이 됐다. 사진을 찍어 보내면서 이 번호가 무엇인지 물었다. 15분 정도 흘러 "현지 번호입니다"라는 답변을 받았다.

왜 미국 번호가 프랑스에서 통하지? 논리적으로 설명되지는 않지만, 어쨌든 좋은 일이었다. 원하는 답을 유도할 질문을 궁리했다. "제 유심의 현지 번호라는 말씀인가요? 제가 지금 유럽에 있는데, 이 번호로 인증문자 수신이 가능한가요?" 그러자 "네"라는 짧은 답변이 올라왔다. 확실히 하기 위해 질문을 하나 더 했다.

유심 봉투에 표시된 전화번호.

"이게 미국 번호인데, 유럽에서 인증문자 수신이 가능하다는 거죠?"

"유심을 가지고 가신 분들은 그렇게 인증해서 쓰는 걸로 알고 있습니다."

"네! 알겠습니다!"

우버 앱을 다시 열었다. 등록 창에서 '1'로 시작하는 번호를 입력하자 인증번호 문자가 빛의 속도로 도착했다. 인증번호를 입력했다. 드디어 완전한 우버 등록에 성공했고, 완벽한 카타르시스를 느꼈다.

숙소 분석

프티드퐁피두

Petit de Pompidou

주소: 3 rue Geoffroy l'Angevin, Paris

연락처: +33-6-5001-8321

이메일: rent.hedia@gmail.com

숙박비: 2박 3일 261유로(대실 214유로, 청소비 40유로, 세금 7유로)

위치와 주변 환경　　　오래된 아파트의 투룸 구조인 개별 세대를 스튜디오 타입 두 개로 개조해서 숙박시설로 운영하고 있다. 프티petit가 '작은'이라는 뜻이므로, '프티드퐁피두'는 '퐁피두센터 근처의 작은 집' 정도의 의미다. 파리 중심에 있으면서 여러 노선으로 환승할 수 있는 샤틀레레알 지하철역과 10분 거리에 있는 위치다. 퐁피두센터가 걸어서 2분 정도 걸리고, 1분 거리에 슈퍼마켓(까르푸시티)이 있어서 장보기가 편하다. 요새 한창 뜨는 핫플레이스인 마레지구의 프랑부르주아거리가 바로 근처에 있다.

외관　　　　　　　건물 전면의 골목은 차 한 대만 지나갈 정도로 폭이 좁고 양옆에 보도가 있다. 19세기 파리 개조 시절의 오스만 양식으로 지붕층까지 포함해서 5층 건물이다. 1층에는 이탈리안 레스토랑과 미용실이 있고 2층부터

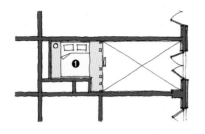

다락 평면도

화장실과 복도의 상부 공간을 다락으로 활용
했다. 거의 수직으로 설치된 사다리를 타고
오르내린다.

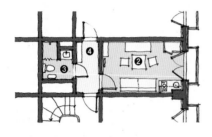

아래층 평면도

공용 복도를 사이에 두고 객실과 화장실이
분리되어 있다. 침대로 사용할 수 있는 카우
치, 작은 조리대, 옷장, 식탁과 의자, 작은 TV
선반 등의 가구가 있다.

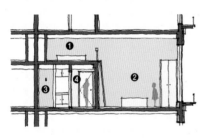

단면도

다락방이 있어서 아래층의 천장고가 매우 높
다. 프렌치 윈도 스타일의 좁고 긴 여닫이창
밖에는 작은 발코니가 있다.

❶다락방 **❷**객실 **❸**화장실 **❹**복도

아파트다. 대로변 건물보다 층이 낮고 디자인도 소박하다. 층마다 작은 발코니
가 있으며, 위아래로 긴 직사각형 프렌치 윈도french window가 줄맞춰 배열된 베
이지색 입면은 회반죽 면에 골을 파서 멀리서 보면 돌나누기를 한 것처럼 보인
다. 정확하지 않은 골의 간격과 조금 비뚤어진 듯한 선형이 오히려 건물을 자연
스럽고 고전적으로 보이게 한다.

위아래로 긴 직사각형 프렌치 윈도.

내부 공간　　　　　이름처럼 매우 작은 집인데, 객실 바깥의 공용 복도 건너편에 화장실이 있다. 한 세대이던 것을 두 세대로 나누다보니 중간에 복도를 만들면서 독특한 구조가 된 것 같다. 화장실과 복도의 상부 공간을 다락으로 활용했다. 다락은 수직에 가깝게 설치된 사다리를 타고 오르내린다. 다락이 있어서 아래층의 천장고가 약 3.5미터 정도로 매우 높다.

문을 열면 천장까지 닿은 프렌치 윈도 스타일의 좁고 긴 여닫이창이 정면으로 보인다. 창밖에는 밝은 연두색 금속 난간을 설치한 작은 발코니가 있고, 잘 관리된 화분이 놓여 있다. 침대로 사용할 수 있는 카우치, 작은 싱크대와 가스레인지, 그릇을 놓을 선반이 있는 조리대, 옷장, 식탁과 의자, 작은 TV 선반 등을 갖추고 있다. 한쪽 벽에는 미국, 캐나다, 브라질, 튀니지, 알제리 등 세계 각국의 국기와 도시 이름이 표시된 시계가 열 개쯤 걸려 있는데 제대로 작동하지 않는 것이 많다.

바닥은 마루로 마감했고, 벽면은 흰색으로 도장했다. 나무 들보가 노출되어 있는 천장은 이 아파트가 꽤 오래된 역사를 갖고 있음을 말해준다. 사다리를 타고 올라가면 의외로 여유로운 다락이 있다. 아늑한 2인용 매트리스가 놓여 있고, 조명이 벽에 걸려 있다.

창밖 풍경　　　　　좁은 골목길을 따라 1층 상가, 2층 이상 아파트로 구성된 오스만 양식 건물들이 줄지어 서 있다. 입면도 대체로 비슷하다. 건물 사이 골목길 너머로 설비가 노출된 퐁피두센터의 입면이 보인다.

총평　　　　　이곳을 숙소로 정한 가장 큰 이유는 교통과 위치, 그리고 가격 때문이었다. 막상 도착해보니 가격이 저렴한 이유가 분명했다. 하지만 처음 경험하는 숙소의 독특함은 이국적이어서 여행하는 기분을 고취시켰다. 아이는 다락방이 마음에 든다며 좋아했다.

2일차

|

파리의 토요일

아이와 나는 다락방에서 자고, 아내는 아래층의 카우치 겸 침대에서 잤다. 사다리 각도가 가파르고 워낙 높아서 아이가 자다 깨어 화장실을 가거나 물을 마시려고 내려갈 때 위험할 수 있었다. 그래서 다락방 외곽을 철저하게 봉쇄하는 자세로 누웠다. 다행히 밤중에 일어나 사다리를 내려가는 상황은 없었다. 많이 피곤했지만 시차 때문인지 잠을 얼마 못 자고 새벽에 깨어버렸다. 어제의 해프닝에 긍정적인 면이 없는 것은 아니었다. 계획했던 일정을 하나도 진행하지 못한 덕에 아이는 초저녁부터 잘 수 있었고, 아침에는 컨디션이 좋아 보였다.

파리의 첫 아침

오늘은 파리 패키지 투어가 예정되어 있다. 오전 8시 50분에 콩코르드광장의 오벨리스크 앞에서 모이기로 했다.

콩코르드광장 중앙에 오벨리스크가, 오른쪽으로 멀리 에펠탑의 상부가 보인다.

아이는 집이 아닌 곳에서의 식사가 마냥 즐거운 것 같았다. 앙증맞은 식탁에 모여 앉아 즉석밥과 라면, 인스턴트 반찬으로 차린 조촐한 아침 식사를 했다.

우버 앱을 열었다. 숙소 근처에 있는 우버 차량이 여러 대 표시되어 나타났다. 행선지를 입력하자 이용 가능한 차량 몇 대가 표시됐다. 인상이 좋아 보이는 기사로 선택한 후 2분이 채 지나지 않아 차가 도착했다. 우리는 콩코르드광장을 향해 출발했다. 어렵게 우버 등록 문제를 해결했지만, 여행의 불확실성에 대해 조금은 불안한 마음이 있었다.

토요일 이른 아침이어서인지 거리는 한산했다. 차창 밖으로 보이는 파리 시내는 어제 공항에서 숙소로 가면서 본 것과 느낌이 많이 달랐다. 깔끔한 가로 주변으로 클래식한 건물들과 최신 유행의 패션숍이 줄지어 있었다. 루브르박물관으로 보이는 건물을 지나쳤고 잘 정리된 공원도 지나갔다. 아내는 어제의 해프닝을 이야기하면서 숙소 근처에 이렇게 좋은 곳이 있는 줄 모르고 아무 구경도 하지 못했다며 아쉬워했다. 문제를 해결한답시고 숙소에 박혀 있지 말았어야 했다. 파리의 아침 풍경은 왜 우리가 파리를 찾아야 하는지 그 이유를 확실하게 설명하고 있었다.

10분 만에 콩코르드광장에 도착했다. 하늘은 구름이 있지만 청명했고, 공기는 차가웠지만 신선했다. 구름의 형상마저 예술적으로 보였다. 19세기에 이집트 정부가 프랑스에 선물로 준 오벨리스크는 금빛을 반짝이며 광장 한가운데에 당당히 서 있었다. 분수대에서는 물줄기가 힘차게 솟구치고 있었다. 영화 「악마는 프라다를 입는다」에서 주인공 앤드리아가 편집장인 미란다에게서 전화가 걸려오자 과감하게 휴대폰을 던져버렸던 바로 그 분수대였다. 샹젤리제거리 너머로 개선문이 보였다. 저 멀리 일부만 보이는 에펠탑은 분위기 있어 보였다. 생각보다 높아 보이지 않았지만, 높이는 중요하지 않았다.

패키지 투어 가이드를 만나기로 한 약속 시간까지 15분 정도 남았다. 멀지 않은 곳에 있는 마들렌성당에 다녀오기로 했다. 아낌없이 카메라 셔터를 눌렀다. 네모난 사괴석이 깔린 도로는 고풍스러우면서 깔끔했고, 비슷한 높이와 형태의 건물은 질서정연하면서 세련됐다. 파리를 배경으로 하는 영화 세트장에 온 것 같은, 비현실적인 또는 초현실적인 느낌마저 들었다. 왜 사람들이 파리, 파리 하는지 알 것 같았다. 몸은 어제 파리에 도착했지만, 마음은 방금 파리에 닿았다.

마들렌성당이 보이는 가로.

파리 패키지 투어

마들렌성당은 먼발치에서 사진 한 장을 찍고 콩코르드광장으로 발길을 돌렸다. 단체 여행에서 약속 시간을 지키지 않는 누를 끼칠 수 없기 때문이다. 횡단보도 신호를 기다리면서 오벨리스크가 있는 쪽을 보니 한국인으로 보이는 세 사람이 서 있었다. 우리 일행인 것 같았다. 그들도 비슷한 생각을 했는지 우리를 뚫어져라 쳐다봤다. 파란색 빵모자를 쓰고 노란색 바지를 입고 DSLR 카메라를 목에 맨, 누가 봐도 딱 여행 가이드처럼 보이는 사람이 우리에게 손을 흔들었다. 인원이 적으면 좋겠다고 생각했는데, 우리를 포함해서 여섯 명이 모였다. 8인승 승합차에 이 정도 인원이면 무난하겠다는 생각이 들자마자 가이드가 말했다. "지각인 분이 두 명 있는데 오페라에서 만나기로 했습니다. 출발하시죠."

처음 여행을 계획했을 때는 파리를 전체 일정 중 앞뒤로 2박 3일씩 잡고 파리 시내와 외곽을 구분해서 다닐 생각이었다. 하지만 파리 디즈니랜드를 가기로 결정하면서 구경 다닐 시간이 줄어들어 고민이 커졌다. 머무르는 기간이 짧고, 지리는 익숙지 않으며, 교통도 잘 모른다. 하지만 많은 것을 보고 싶고, 초등학교 1학년 아이와 그만큼 다닐 생각을 하면 패키지 투어가 적절한 선택이라고 생각했다. 길을 찾느라 시간을 들이는 것보다 정해진 루트를 따라 쫓아다니는 편이 효율적이고 안전하며, 무엇보다 많은 곳을 수월하게 다닐 수 있기 때문이었다. 그렇게 해서 파리 현지 여행사가 운영하는 패키지 투어를 검색했고, 적당한 코스와 가격의 상품을 골랐다.

하루짜리 파리 패키지 투어의 코스는 이랬다. 콩코르드광장에서 출발해 마들렌성당, 오페라가르니에, 몽마르트르언덕, 사크레쾨르대성당, 노트르담대성당을 차례로 구경한다. 그리고 점심을 먹은 후, 셰익스피어앤컴퍼니, 샹젤리제거리, 개선문, 베르사유궁전, 에펠탑을 보고 다시 샹젤리제거리로 돌아와 헤어지는 일정이다.

___ 마들렌성당

단체 여행객을 태운 차는 마들렌성당 방향으로 출발했다. 2분쯤 지났을까. 마카롱 가게 라뒤레^{Ladurée} 앞에 차가 멈춰 섰다. 유명한 곳이라기에 초록색 차양에 이름이 새겨진 가게 입구를 배경으로 사진을 찍었다. 이른 아침이라 가게는 한산했다. 가이드 말로는 평소에 줄을 많이 서야 하는데 우리가 운이 좋다고 했다. 다양한 크기와 색깔의 마카롱도 예뻤지만 구매 욕구를 자극하는 멋들어진 종이상자가 눈길을 끌었다. 종이상자에 담긴 마카롱이 꽤 고급스럽고 먹음직스러워 보였다. 하나씩 먹어보기로 하고 아내와 아이는 초콜릿 맛을, 나는 바닐라 맛을 골랐다. 하지만 마카롱은 내 취향이 아니라는 생각이 들었다. 한입 깨물었는데, 나름 초딩 입맛의 소유자임에도 나에겐 달아도 너무 달았다.

마들렌성당은 바깥 모습만 보고 지나갔다. 성당의 외관은 기원전 그리스 아테네의 파르테논신전과 비슷했다. 마들렌성당이 지어진 19세기에는 영국과 프랑스에 고전주의가 유행했다. 건축 양식은 시대정신과 문화적 가치의 표현이라고도 한다. 당시 서유럽은 이성을 중시했고 예술에서는 신고전주의라는 이름으로 고대 그리스와 로마의 아름다움을 되살리고자 했다. 형식의 정연한 통일과 조화, 표현의 명확성을 강조했다. 패션의 유행을 이야기할 때 '복고'가 많이 회자되는데, 그 시기는 보통 짧게는 10년 전, 길게는 30~50년 혹은 100년쯤 전을 말한다. 그런 한편 건축에서 복고는 2000년 전까지 거슬러 올라가는 걸 보면 패션보다 스케일이 커서 그런 걸까?

___ 오페라가르니에

차가 오페라가르니에 앞 광장에 섰다. 이곳에서 아직 합류하지 못한 패키지 투어의 구성원을 기다렸다. 1875년에 문을 연 오페라가르니에는 샤를 가르니에Charles Garnier가 설계했다. 전면 파사드에는 조각가 장바티스트 카르포Jean-Baptiste Carpeaux의 조각상 「춤」이 있다. 나체 군상을 정열적으로 표현한 이 작품은 처음 공개됐을 때 외설적이라는 이유로 비난의 대상이 되었다. 현재 오페라가르니에에 있는 조각상은 복제품이고 원작은 오르세미술관에 있다고 한다. 이 작품과 함께 그리스 로마 신화에 나오는 아폴로와 페가수스, 그리고 모차르트와 베토벤 같은 음악가의 조각상들도 볼 수 있다. 각각의 조각들은 아치, 열주, 난간 등 입면 요소와 완결체가 되어 건물이 하나의 큰 조각상처럼 보였다.

오페라가르니에 건물은 지하수위가 낮아 지하에 항상 물이 고였고, 물을 빼는 일이 건물 관리인의 중요한 임무였다. 1910년 가스통 르루Gaston Leroux가 쓴 소설 『오페라의 유령』은 이 건물에서 영감을 받아 쓴 작품으로 소설 속 지하 호수의 아이디어도 여기서 얻었다고 한다. 소설은 뮤지컬과 영화로도 만들어졌고 그 속에서 오페라가르니에의 웅장한 계단과 화려한 샹들리에, 그리고 안개가 자욱한 지하 호수를 묘사한 장면들을 볼 수 있다.

오페라가르니에, 조각상과 아치, 열주, 난간 등 입면 요소가 완결체가 되어 건물이 하나의 큰 조각상 같다.

얼마 전 가족들과 함께 애니메이션 영화 「발레리나」를 본 적이 있다. 100여 년 전 파리를 배경으로 한 이 애니메이션에는 고아원 출신으로 춤을 좋아하는 주인공 소녀가 오페라가르니에 건물 안으로 들어가는 장면이 있다. 여기서도 웅장하고 화려한 극장 내부의 모습, 그리고 붉은색과 황금색으로 조합된 객석과 무대가 나온다. 아내와 나는 다음에 이곳에 오면 꼭 내부 공간을 실물로 확인하고 공연도 보기로 약속했다. 그때가 되면 아이도 성숙해서 아마도 지금과는 다른 감성을 느낄 것이다.

    파리 패키지 투어의 구성원을 소개하면, 중년의 부부, 초등학교 3학년생 아들과 함께 온 어머니, 혼자 여행 왔다는 20대 여성, 그리고 우리 세 가족이다. 구성원의 공통점이 있었다. 다들 파리에 소매치기가 많다는 소문을 들었는지, 가방마다 자물쇠가 달려 있었고 휴대폰을 가방에 줄로 매달아놓았다.

    파리의 건물은 구성과 양식이 대체로 비슷했다. 유럽에서는 1층을 '그라운드 플로어 ground floor'라고 하고, 2층부터 '첫번째 층 first floor'이라고 한다. 1층에는 보통 식당, 옷가게, 사진관, 미용실, 슈퍼마켓 등 근린생활시설이 위치해 있고, 2층부터는 사람이 거주하는 아파트다. 저층부에 있는 근린생활시설, 중층과 고층을 차지하는 아파트, 그리고 지붕, 이렇게 구분된 건물의 외관은 딱 좋은 비례감으로 분절되어 있다. 벽면은 주로 크림색 계열이고, 지붕은 청회색이다. 건물 높이가 비슷하고 스타일도 비슷해서 도시가 하나의 큰 단지처럼 보였다. 그런 한편 건물마다 벽, 지붕, 창의 디테일과 색깔이 나름의 특징을 가지며 조금씩 달랐다. 비슷한 듯 다른 건물들의 조합은 도시 경관을 자연스럽고 세련되어 보이게 했다.

___ 몽마르트르언덕과 사크레쾨르대성당

몽마르트르언덕 정상 가까이에 주차를 하고 하얗고 동그란 돔 지붕이 인상적인 사크레쾨르대성당으로 걸어갔다. 성당 앞에는 광장이 있고, 광장 아래에는 큰 계단이 있으며, 계단 아래에는 잔디로 된 언덕이 있었다. 언덕

몽마르트언덕과 사크레쾨르대성당.

아래의 드넓은 평지에 파리 시내가 펼쳐져 있었다. 지형적 특색마저 이국적으로 느껴졌다. 우리는 사크레쾨르대성당을 배경으로, 그리고 파리 시내를 배경으로 사진을 찍었다.

사크레쾨르대성당은 프로이센—프랑스전쟁에서 프랑스가 패배한 것이 종교적 믿음의 부족과 타락에 대한 징벌이라고 간주하고 속죄하는 의미로 건립됐다. 1919년에 완공된 이 성당은 베네치아의 산마르코대성당, 과거 콘스탄티노플이었던 이스탄불의 아야소피아성당에서 영향을 받아 로마-비잔틴 양식으로 지어졌다. 외벽에 사용한 트래버틴 대리석은 빗물과 접촉하면서 석회질이 추출되었고, 세월이 흐르면서 점점 더 하얗게 되었다. 성당의 출입구 위에는 잔 다르크와 루이 9세의 청동 기마상이 있다.

외관은 둥근 지붕과 섬세한 장식으로 밝고 화려해 보이는 반면, 내부는 직선적이고 어둡고 차분했다. 돔 지붕 아래 고측창●을 통해 곧게 들어오는 광선 같은 빛은 마치 영적 기운이 성당 안으로 들어오는 듯 신비로워 보였고, 불을 밝히고 있는 촛불과 예배당에 감도는 은은한 향기가 종교 건축물의 신성함을 더했다. 바깥에서 돔 지붕을 보면 위로 올라갈수록 뾰족하지만 안에서 보이는 천장은 반구형으로 되어 있다. 지붕 아래에 별도의 천장이 있는 구조다. 이는 사크레쾨르대성당을 설계한 폴 아바디Paul Abadie가 그린 횡단면도에서도 확인할 수 있다. 알랭 드 보통은 자신의 책『행복의 건축』에서 피어첸하일리겐성당Basilika Vierzehnheiligen의 지붕 아래 천장을 두고 '부정직한 천장'이라고 했다.

아이는 연필을 수직으로 세워 잡고 엄지손가락에 나머지 손가락을 모은 채 방명록에 글을 썼다. 아내는 십자가, 묵주, 촛대 같은 성물과 종교서적을 판매하는 기념품숍에서 눈빛을 반짝거렸는데, 이곳보다 유명한 노트르담대성당에 가면 더 멋지고 좋은 물건이 있을 거라고 기대하며 자제했다.

밖으로 나와 성당 주변을 걸었다. 네모난 사괴석으로 포장된 테르트르광장과 낮은 건물들의 구성이 서울의 인사동과 느낌이 비슷했다. 기념품이라도 구경할 겸 가게에 들어가보고 노천카페에서 커피를 마시면서 분위기를 음미하고 싶었으나 패키지 투어 인원들이 모이는 시간이 됐다. 사진 몇 장

● clearstory, 벽면의 상부에 있는 창으로 조망보다 채광의 의미가 크다. 외부 빛이 고측창을 통해 내부 공간으로 들어오면서 공간의 분위기에 영향을 미친다. 교회 건축물의 천장 가까이에 고측창을 적용한 사례가 많다.

사크레쾨르대성당 내부.

만 찍은 후 서둘러 약속 장소로 갔다.

—— 노트르담대성당

노트르담대성당이 있는 시테섬으로 향했다. 강변에는 초록색 페인트가 칠해진 노점 헌책방이 줄지어 서 있었다. 가이드 말로는, 운이 좋으면 이곳에서 문학적 가치가 있는 고서적을 구할 수도 있다고 하는데 오늘은 그런 운을 시험해보지 못하고 지나쳐야 했다. 노점상의 초록색 가판대 뚜껑이 닫혀 있는 것을 보아 아직 영업시간이 되지 않은 것 같았다.

노트르담대성당 앞 광장에 차를 세웠다. 예전에 골목길과 주택들이 이곳에 자리하고 있었는데, 오스만 남작이 파리 재건을 진행할 때 광장으로 확장했다고 한다. 성당에 입장하는 순서를 기다리는 동안 집시 여인 몇 명이 아내에게 다가와 기부를 하라면서 서명을 요구했다. 나는 아내가 나를 바라보도록 몸을 돌려 그들을 막아서면서 입장을 기다리는 줄이 줄어드는 속도에 집중했다.

성당은 빅토르 위고의 유명한 소설 『파리의 노트르담』의 배경이 되는 곳이다. 사전적 의미로 노트르담은 '우리 어머니'를 뜻하며 성모 마리아를 가리킨다. 성당은 오랜 세월 동안 증축을 반복하여 1345년에 완공되었다. 18세기 프랑스혁명 때 시민들은 교회가 절대왕정을 지지한다는 이유로 노트르담대성당을 공격하기도 했다. 1804년 나폴레옹은 폐허 상태의 노트르담대성당을 임시변통으로 수리해 이곳에서 황제 즉위식을 열었다. 지금의 성당은 오스만 남작의 파리 지사 시절에 재건된 상태로 유지되어 왔다.

고딕 양식의 노트르담대성당은 지붕의 하중을 담당하는 플라잉 버트레스• 덕분에 외벽의 구조적인 부담을 덜어서 벽면에 큰 개구부를 만들 수 있게 됐고, 찬란한 스테인드글라스를 구현할 수 있었다. 플라잉 버트레스는 구조 요소임에도 전반적인 실루엣과 디테일이 매우 아름답다.

2019년 4월 성당 보수공사 과정에 화재가 발생해서 첨탑이 무너지고 지붕 대부분이 불에 타버리는 안타까운 사건이 발생했다. 프랑스 정부는 노트르담대성당의 재건을 약속했다. 단순히 예전 모습 그대로 복원하는 것이 아닌 현대의 미적 가치와 기술을 접목한 새로운 디자인이 되게끔 현상설계를 진행하겠다고 발표했다. 하지만 한 달이 조금 지나 프랑스 의회는 프랑스 정부가 제안한 노트르담대성당 재건 법안을 승인하면서 화재 이전의 모습으로 복구해야 한다는 조건을 달았다. 향후 이 성당의 재건이 어떤 양상으로 진행될지 귀추가 주목된다.

노트르담대성당이 예전의 모습으로 복원되기를 바라는 사람이 많다. 하지만 오늘날의 건축도 먼 훗날에 유산으로 인식될 것을 생각하면, 그리고 노트르담대성당이 수백 년에 걸친 증축 과정에서 새로운 양식을 적용해왔다는 사실을 고려하면, 지은 지 오래되고 세월의 풍파를 겪은 이 건축물에 최신 기술과 디자인 트렌드를 반영하는 작업이(물론 완성도가 높다는 전제하에) 역사의 맥락에서 자연스러운 일일 수도 있겠다는 생각이 든다.

• flying buttress. 고딕 성당에서 외벽 바깥으로 분리된 반아치 형상의 구조재로, 지붕의 하중을 지면으로 전달한다. 고딕 성당의 독특한 외관을 결정하는 장식 요소이기도 하다.

아이는 사진을 찍을 때마다 공중부양하는 모습을 담아야 한다면서 점프를 했다. 카메라를 들었다 싶으면 점프할 자세부터 취했다. 공중부양도 좋지만 가만히 서 있는 모습도 찍자고 설득했지만 자기는 공중부양이 좋다며 계속해서 점프를 했다. 그래서 사진을 몰래 찍어야 했는데 그 순간만큼은 재빨리 눈치를 채고는 기어코 점프를 했다. 나중에 보니 온전히 나온 사진보다 흔들린 사진이 훨씬 많았다.

성당 전면의 아랫부분은 세 개의 뾰족아치가 단을 지어 안으로 들어가는 구조로 되어 있고 그 아래에 출입구가 하나씩 있다. 가운데 '마지막 심판의 문'은 폐쇄되어 있고, 오른쪽 '성녀 안나의 문'을 통해 안으로 들어가서 내부를 구경한 후 왼쪽 '성모마리아의 문'으로 나왔다. 내부의 높은 천장은 뾰족아치의 격자형 볼트 구조로 되어 있고, 본당●과 측랑●●의 경계에 세워진 기둥과 기둥 사이에도 뾰족아치로 연결되어 있었다. 노트르담대성당의 내부는 사크레쾨르대성당에 비해 장식이 많고 종교적인 콘텐츠가 다양했다. 십자형 평면에서 양쪽 날개 부분에 해당하는 익랑●●●의 벽면에는 꽃 모양 창틀에 스테인드글라스를 끼워넣은 화려하고 찬란한 장미창이 있었다. 성서의 이야기와 예수의 고난을 표현한 벽면의 부조, 예수에게 씌운 가시면류관, 성녀로 추대된 잔 다르크와 성녀 테레사의 조각상 등 종교적으로 의

● nave, 교회 건축물의 중앙 부분으로 폭이 넓고 천장이 높다. 신랑(神廊)이라고도 불리며, 양쪽에 측랑이 있다.
●● aisle, 교회 건축물에서 본당과 나란히 있는 측면 부분으로 본당보다 폭이 좁고 천장이 낮다.
●●● transept, 교회 건축물의 십자형 평면에서 양쪽 옆으로 돌출된 부분을 말한다. 수랑(袖廊)이라고도 불린다.

노트르담대성당 전면 입구.

미 있는 유물들이 많았다.

아내는 성지를 찾은 순례자처럼 감명을 받았고 기념이 될 만한 종교적인 성물을 갖고 싶어 했다. 기념품숍이 있었지만 사크레쾨르대성당처럼 종교적인 분위기가 아니라 여느 관광지의 기념품숍 같았다. 그래도 뭐든 기념품으로 살 만한 것이 있길 바라며 이것저것 유심히 살펴봤지만 일행이 모두 성당 밖으로 나간 터라 아까 사크레쾨르대성당에서 뭐든 샀어야 한다는 후회와 아쉬움을 남기고 성당 밖으로 나왔다.

── 셰익스피어앤컴퍼니

시테섬에서 남쪽 방향으로 다리를 건너 르프티샤틀레Le Petit Châtelet라는 프렌치 레스토랑으로 점심을 먹으러 갔다. 아내는 양고기 스테이크를, 아이는 소고기 스테이크를, 나는 관자 스테이크를 시켰다. 양고기가 별미라는데 입맛에 맞지 않았고, 관자 스테이크는 몇 입 먹으니 사라져버렸고, 그나마 소고기 스테이크가 먹을 만했지만 세 사람이 나눠 먹을 만큼 양이 충분하지 않았다. 가이드가 소개해준 파리 맛집이었는데, 우리에게는 정통 프랑스 음식보다 보편적인 음식이 입맛에 맞는다는 사실을 확인했다.

식당 바로 근처에 있는 서점 셰익스피어앤컴퍼니에 갔다. 서점 이름이 새겨진 진한 초록색 차양과 비슷한 색상의 오래된 문틀이 인상적이었다. 이선 호크와 쥘리 델피가 주연을 맡은 영화 「비포 선라이즈」의 후속작인 「비포 선셋」에서는 영화 초반에 주인공 제시와 셀린이 셰익스피어앤컴퍼니에서 재회한다. 1919년에 문을 연 이 서점에는 어니스트 헤밍웨이, 제임스 조이스, 스콧 피츠제럴드 같은 문호들이 드나들었다고 한다. 원래는 다른 곳에 있었는데 제2차세계대전 때 독일군이 점령하면서 문을 닫았고 1950년대에 지금 위치에 다시 문을 열었다. 당시 이곳에 서점을 열었을 때 가게 이름은 르미스트랄Le Mistral이었다. 그 후 1964년 셰익스피어 탄생 400주년을 기념해 지금의 이름으로 바꾸었다고 한다.

좁은 공간에 책꽂이가 빼곡히 채워져 있고 통로는 한 명이 겨우 지나갈 정도였다. 진한 갈색 선반의 거친 표면과 오랫동안 쌓여 있었던 것으로 보이는 책더미, 습기를 머금은 구수한 책 냄새는 유서 깊은 서점에서 느낄 수 있는 정체성을 그대로 드러내고 있었다. 좁은 계단을 지나 2층으로 올라가니 유리창 앞 책상 위에 금속 타자기가 놓여 있고, 다른 한쪽에는 낡은 피아노가 있었다. 넓지 않은 서점의 공간을 할애해서 놓아둔 옛 물건들은 이곳이 예전에 작가, 음악가, 화가 등 예술가들이 모여 교유했던 장소였음을 설명하는 기억 장치들이었다.

아내에게 피아노를 연주해보라고 권했다. 아내는 「오페라의 유령」 리듬을 조금 연주하다가 악보가 없어서 못하겠다며 「당신은 사랑받기 위해 태어난 사람」을 연주했다. 연애 기간 2년과 결혼 기간 10년을 통틀어 아내가 피아노를 연주하는 모습을 처음 본 순간이었다. 하지만 연주를 음미하고 감상을 논할 새도 없이 패키지 투어단의 약속 시간이 되었고 자리를 떠야 했다.

___ 베르사유궁전

샹젤리제거리와 개선문을 거쳐 베르사유궁전으로 갈 차례다. 차는 명품 상점이 즐비한 샹젤리제거리를 달렸다. 도로의 사괴석과 타이어가 마찰하면서 나는 소리는 거리의 고전적 풍경과 현대적 상황을 설명하는 배경음이 되어주었다. 가로수의 녹색 잎이 너무 풍성한 나머지 병풍처럼 이어진 가로변 건물의 스카이라인과 입면을 온전히 보지 못해 아쉬웠다. 곧게 뻗은 대로의 광활한 폭과 그 기세, 교차로 가운데에서 자리를 지키는 개선문을 보니 세종로 가장자리에 놓인 광화문이 연상됐다. 개선문 주위를 돌아 좌회전해서 고속도로를 따라 20킬로미터쯤 더 달렸다.

베르사유궁전 앞 광장에 서니 황금색으로 도색된 화려한 출입문을 기준으로 울타리가 대칭이고, 울타리 안 건물도 대칭이며, 그 너머 정원도 중앙의 운하를 기준으로 완벽한 대칭을 이루고 있었다. 엄격한 대칭의 장대함은 당시 프랑스 절대왕권을 반영한 결과물이었다.

전면에 좌우로 포진한 건물은 높은 기단 위로 열주°와 엔타블러처°°, 삼각형 페디먼트°°°로 구성된 외관에서 고전주의를 엿볼 수 있었다. 안쪽에 놓인 중앙의 3층짜리 건물은 발코니가 있는 2층에 곡선의 아치창이 설치되어 있는데, 대부분 직사각형 창을 설치한 건물 사이에서 유독 중요한 장소임을 암시했다. 이곳은 바로 왕이 머물던 처소와 '거울의 방'이 있는 그랑아파르트망Grand Apartment이었다. 지붕마루와 지붕창의 테두리는 금장으로 장식되어 있었다. 다면적 디자인과 화려한 장식은 바로크 양식이었다. 망사르

● colonnade, 원기둥을 줄지어 세운 것으로 고전주의 건축물에서 엔타블러처를 지탱한다.
●● entablature, 고전주의 건축물에서 기둥이 받치고 있는 지붕 아랫부분을 통칭한다. 엔타블러처는 위에서부터 다시 코니스, 프리즈, 아키트레이브로 구분된다.
●●● pediment, 고전주의 건축물의 경사지붕에 의해 생긴 측면의 삼각형 박공벽으로 장식을 하거나 창을 낸다.

드지붕••••에 붉은색 벽돌과 회색 계열의 석재를 적용한 건물, 평평한 지붕에 라임색 계열의 석재를 적용한 건물 등 다양한 양식이 혼합된 건물군도 볼 수 있었다.

베르사유궁전은 원래 왕이 사냥을 다닐 때 이용하는 별장이 있던 곳으로, 루이 14세가 왕궁으로 사용하기로 결정한 후 건물을 증축하고 정원을 조성했다. 대규모 토목, 건축, 조경 공사에 엄청난 인력과 비용이 투입됐다. 루이 14세와 루이 15세가 통치하던 17~18세기, 절대왕정이 절정에 이르는 동안 국민의 원성은 극에 달했고, 이는 프랑스혁명으로 이어졌다. 그 결과 루이 16세와 마리 앙투아네트 왕비가 콩코르드광장에서 처형당했다. 나폴레옹이 황제가 된 후 베르사유궁전을 거처로 삼을지 고민했지만, 프랑스혁명 당시 훼손됐던 이곳을 수리하는 비용이 천문학적이어서 포기했다고 한다.

휴대폰 카메라가 건물의 전경을 찍기에는 한계가 있어서 광각 렌즈를 하나 마련했었다. 착탈식인데 정교하지 않지만 그래도 쓸 만했다. 가까운 거리에서 건물이 한꺼번에 나오게 찍을 때는 광각 렌즈를 사용하고, 인물 사진이나 파노라마 사진을 찍을 때는 광각 렌즈를 뗐다. 나중에 독특한 사진을 하나 발견했다. 베르사유궁전의 광장 뒤로 황금색 울타리와 건축물을 찍은 사진인데, 소점이 여러 개로 나와서 마치 일부러 왜곡해서 그린 만화 속 장면 같았다. 아마도 파노라마 사진을 찍을 때 광각 렌즈를 떼지 않았던

•••• mansarde roof, 2단으로 경사진 지붕으로, 상부는 경사가 완만하고, 하부는 경사가 급하다. 지붕 아래 공간은 다락방으로 사용했다.

것 같다. 의도하지 않았지만 운 좋게 멋진 사진을 얻었다.

건물 안으로 들어갔다. 실내 기둥의 오더*, 엔타블러처, 천장화, 액자, 샹들리에, 가구, 커튼까지, 어느 것 하나 화려하지 않은 것이 없었다. 벽난로는 황금색, 보라색, 검은색, 진회색, 연회색 등 다양한 색상의 석재가 정교하게 조합되어 세밀한 회화를 보는 듯했다. 권력자의 편집증적 허세가 느껴질 정도였다.

---

* order, 고전주의 건축물에서 원기둥과 엔타블러처가 만나는 부분의 양식으로, 도리스식, 이오니아식, 코린트식 등이 있다.

베르사유궁전의 전면 파사드.

중앙의 그랑아파르망에 위치한 '거울의 방'은 폭 10.5미터, 길이 73미터, 천장 높이 12.3미터로 유명세만큼이나 구경하는 사람으로 북적였다. 금방이라도 끊어질 듯 얇은 줄에 매달린 육중하고 섬세한 샹들리에가 방의 분위기를 한층 더 화려하게 만들어주었다. 금장 몰딩 위로 루이 14세의 일생을 신화처럼 묘사한 천장화는 화려하면서 장엄했다.

대관식과 결혼식, 대연회가 열렸던 장소에는 반원형 아치 창호가 줄지어 있고, 금장 동상 위에 올린 화려한 촛대가 아치 기둥 간격으로 줄맞춰 서 있었다. 황갈색 목재로 마감한 마루는 헤링본 패턴이 연상되는 마름모 테두리 안에 수직 수평을 꼬아 만든 직물 같은 패턴으로 꾸며져 있었다. 하나

거울의 방.

로 쭉 이어진 마루는 찾아볼 수 없었다. 이 방을 만들던 당시 작업자의 장인정신과 그가 느꼈을 고통이 함께 느껴졌다.

아내는 거울의 방에 대한 기대가 너무 컸는지 조금은 실망이라고 했다. 사람들이 많아서 거울의 방을 온전히 관람하기 어려운 것이 사실이었다. 방을 가득 채운 사람들이 공간의 주요 요소였고, 장소의 성격을 지배하고 있었다. 안내책자 속 사진처럼 사람이 없는 모습과는 전혀 다른 장소였고 느낌도 많이 달랐다. 아이는 거울 벽면 중간의 원형 조명에 관심을 보였다. 사람이 많아 줄을 서서 오래 기다린 후 조명을 배경으로 사진을 찍었으나 괜찮은 사진을 얻지 못했다.

웅장하고 화려한 궁전이라도 왕정 당시 화장실만큼은 초라했다. 화장실 설비가 거의 없어서 왕과 왕비, 황태자 정도만 화장실을 이용할 수 있었다. 신하들은 이동식 변기를 사용했는데, 그마저도 수가 넉넉하지 않아 궁전 안 사람들은 대부분 정원과 숲에서 해결해야 했다고 한다. 그 결과 궁전은 지독한 악취가 진동했고 전 유럽으로 소문이 퍼졌다.

관람 경로를 따라가다보니 띄엄띄엄 기념품숍이 있었다. 아이는 베르사유궁전의 유명한 방과 정원 사진이 들어 있는 필름 슬라이드를 골랐고, 아내는 에코백을 골랐다. 기념품숍을 나와 정원으로 갔다. 궁전의 건물 중앙에서 뻗어나온 축을 따라 긴 운하가 있고 그 양쪽으로 잔디밭과 나무숲이 대칭을 이루고 있었다. 처음 봤을 때 운하가 일직선으로 나 있는 줄 알았는데 나중에 안내도를 확인하니 십자 형태였다. 전형적인 프랑스식 정원의 모습이었다. 인위적인 배치였지만 아름답고 훌륭한 정원이었다. 모든 장소가 대칭인 것은 아니었다. 마리 앙투아네트의 공간이었던 프티트리아농Petit

베르사유궁전의 정원과 분수.

Trianon과 '왕비의 작은 마을Hameau de la Reine'은 자연스러운 선형으로 조성
한 영국식 정원과 밭, 주택, 축사가 있었다.

궁전 정원을 조성하면서 방대한 규모의 운하에 물을 대기 위해 주변 강
으로부터 수로를 연결하는 엄청난 토목공사가 진행됐다. 분수를 많이 만들
었지만 지형적 특성상 물 공급이 원활하지 않았고, 그래서 왕이 행차할 때
만 간간히 작동시켰다고 한다. 운하 중간 지점에 덴마크 출신의 현대미술
작가 올라푸르 엘리아손Olafur Eliasson의 여름 프로젝트 작품인 인공폭포가

세워져 있었다. 높이 40미터 정도 되는 철재 구조물 위에서 물이 쏟아져 내렸다.

아이는 패키지 투어에 함께 참여한 3학년 오빠와 처음엔 서먹서먹하다가 점심을 먹으면서 말을 트게 되었다. 베르사유궁전에 가서는 함께 사진을 찍고 운하에서 잉어에게 먹이도 주고 잔디밭에서 달리기 시합을 했다. 하루 종일 건물만 보다가 초록의 정원을 걷는 동안에는 어느 정도 힐링이 됐다. 나무숲 사이에 있는 작은 매점에서 먹었던 따뜻한 핫초코가 참 좋았다. 조금 쌀쌀한 날씨에 굳은 몸을 녹여줬고, 달콤한 맛이 피곤함을 가시게 했다. 짧은 망중한을 즐긴 후 파리로 돌아가기 위해 차로 이동했다.

패키지 투어는 알찼지만 한편으로는 아쉽기도 했다. 짧은 시간에 여러 장소를 다닐 수 있다는 점에서 알찼고, 특히 가이드가 들려준 장소에 관한 역사와 에피소드, 재미있는 만담이 좋았다. 일정이 여유롭지 않아 한 장소에 오래 머무를 수 없다보니 제대로 구경하기가 쉽지 않았다. 몽마르트르 언덕을 느긋하게 배회하지 못한 점, 노트르담대성당의 구석구석을 살피지 못한 점이 아쉬웠다. 아내는 마음에 드는 성물을 사지 못한 것을 아쉬워했고, 아이는 기념품 고를 시간이 너무 부족했다며 볼멘소리를 했다.

에펠탑에서 화장실 찾기

토요일 오후의 파리 외곽 고속도로는 주차장을 방불케 했다. 가이드는 꽉 막힌 길을 운전하는 동안 힘든 내색을 하지 않고 프랑스의 역사, 정치, 교육, 패션 등에 관한 이야기보따리를 풀어놓았다. 프랑스는 대학까지 학비를 내지 않고 공부를 강요하지 않는다고 한다. 대신 대학에 가서 공부를 하지 않으면 졸업할 수 없다. 소수의 엘리트가 다수를 이끄는 사회 구조인데, 서로의 차이와 역할을 인정하는 분위기가 우리나라와 많이 다르다. 그리고 각자의 프라이버시를 존중하는 것이 불문율이다. 프랑스 사람들은 서로의 패션에 대해서는 크게 신경을 쓰지 않지만 색깔만큼은 '깔맞춤'을 선호한다고 한다. 길에서 본 프랑스 사람들은 옷 색상이 대체로 원색이거나 파스텔 톤이었다. 무채색을 주로 입는 영국 사람보다 프랑스 사람의 인상이 상대적으로 부드러워 보였던 것이 이런 연유가 아닐까 싶다.

예정보다 많이 늦게 파리 시내로 들어섰다. 트로카데로광장에 차를 세웠다. 이곳이 에펠탑을 볼 수 있는 최고의 장소라고 했다. 우리는 10분 후에 다시 만나기로 하고 가이드와 헤어졌다.

1889년에 프랑스혁명 100주년을 기념해 열린 파리 만국박람회에서 박람회장 출입구 가설 구조물로 세워진 에펠탑은 당시 많은 사람들에게 비난의 대상이었다. 철재 구조물이 파리 건물들과 어울리지 않고, 너무 높아서 스케일도 맞지 않으며, 쓸모없고 흉물스럽다는 여론이 거세게 일었다. 20년 후 철거하는 조건으로(만국박람회를 위해 지은 건물 중에 행사가 끝난 후 철거된 것이 몇몇 있다) 허가를 받았지만 철거 비용이 천문학적이었다. 철거를 차일피일 미루면서 수십 년이 흘렀고, 라디오가 보급되면서 에펠탑에 전파 송신탑이 설치되기도 했다. 자꾸 보니까 괜찮게 보이고 전에 없던 디자인의 어색함도 적응이 되었던 것 같다. 오늘날 에펠탑은 파리를 상징하는 대표적인 랜드마크로 사랑받고 있다.

트로카데로광장에서 바라본 에펠탑.

　에펠탑을 배경으로 사진을 찍었다. 하늘은 회색 구름으로 뒤덮여 잔뜩 찌푸린 날씨였지만, 에펠탑은 그런 하늘과도 잘 어울렸다. 관광객이 많아서 사진 속에 우리만 나오게 하는 일이 쉽지 않았다. 사람들을 피해 이리저리 왔다 갔다를 반복했다. 아이가 공중부양 사진을 찍겠다고 카메라 앞에서 열심히 점프를 하더니 갑자기 화장실이 급하다고 했다. 표정을 보니 상황이 보통 위중한 것이 아닌 듯했다. 광장에서 보이는 첫번째 건물 안으로 들어갔다. 화장실이 바로 보이지 않아 다시 밖으로 나왔다. 안으로 더 들어가봤자 소용없을 것 같았다. 정말이지 파리에서 화장실 찾기란 너무 어려웠다. 큰 길 건너에 레스토랑이 몇 개 보였다. 건널목을 건너 가장 먼저 보이는 레스토랑을 향해 뛰었다.

레스토랑 앞에서 매니저로 보이는 중년의 직원에게 아주 심각한 표정으로 말했다. "내 딸이 화장실을 가야 해요. 응급 상황이에요." 감사하게도 그는 안으로 들여보내주었다. 아이 손을 잡고 레스토랑 안으로 들어갔다. 화장실이 바로 보이지 않아서 서빙을 하는 직원에게 화장실이 어디 있는지 물었다. 그는 길 건너 공중화장실이 있으니 그리로 가라고 했다.

레스토랑 입구에서 친절을 베풀었던 매니저에게 다시 사정을 이야기했다. 그는 서빙 직원에게 설명했고, 안으로 들여보내줬다. 야속하게도 우릴 막았던 직원이 한 명만 가라며 아내와 나를 들어가지 못하게 했다. 아이가 혼자 볼일을 보기 어려워하고 안전을 위해서라도 부모가 함께 가야겠다고 다그치듯 말했다. 속에서 '이런 센스 없는 사람을 봤나'라는 말이 목구멍까지 올라왔다. 하필 화장실은 지하에 있었다. 더이상 지체할 수 없어서 쌀자루를 어깨에 얹듯이 아이를 짊어지고 지하로 이어진 계단을 뛰어 내려갔다. 다리가 후들거렸지만 고비를 넘겼다.

아이는 여유로운 표정을 지으며 응급 상황이 해결됐음을 알렸다. 잘 참아줬으니 다행이지 하마터면 큰 일 날 뻔했다. 레스토랑에서 나온 후 약속 장소로 다시 뛰었다. 가이드는 짧은 시간 동안 어디에서 만들어왔는지 패키지 투어 사진 중 하나를 인쇄해서 나눠줬다. 화장실 소동 때문에 낮에 찍은 에펠탑 사진은 멀쩡한 것이 한 장밖에 없었다.

파리의 낭만

패키지 투어 승합차는 우리를 샹젤리 제거리에 내려줬다. 가이드에게 명함을 건네주면서 언제가 될지는 모르겠지만 또 보자고 인사하며 헤어졌다. 배가 너무 고파서 고민할 것도 없이 바로 앞에 보이는 맥도날드에 들어갔다. 2층 한구석에 자리를 잡고, 다시 1층으로 내려가 주문하는 기계의 화면에서 메뉴를 골랐다. 빅맥 두 개와 크로크무슈, 감자튀김, 음료수 등을 주문하고 카드를 넣어 결제하니 영수증이 출력되어 나왔다.

주문이 자동으로 전송됐을 거라고 생각하고 한참을 기다렸는데 음식이 준비되고 있다는 느낌이 들지 않았다. 사람들이 어떻게 하는지 유심히 살펴보니, 카운터에 줄을 서서 작은 종이를 직원에게 전달하고 있었다. 기계는 결제만 할 뿐 영수증을 직원에게 전달해야 주문이 되는 시스템이었다. 긴 줄을 선 후 직원에게 영수증을 전달했고, 한참을 기다린 끝에 음식을 받을 수 있었다.

샹젤리제거리로 나왔다. 맥도날드에서 시간을 많이 지체했는지 거리의 가게는 대부분 문을 닫은 상태였다. 유람선을 타러 센강에 가기로 하고 횡단보도를 건넜다. 횡단보도 가운데에 있는 중앙분리대 겸 보도에 서서 정면으로 보이는 개선문을 배경으로 사진을 찍었다. 샹젤리제거리에 있는 루이비통 숍 옆으로 난 길을 따라 알마다리를 향해 걸었다. 대로에 비해 인적이 드물고 조명이 어둑어둑했다. 파리에서 처음으로 밤길을 걸어보는 터라 신경이 꽤 쓰였고, 경호원처럼 사방을 살피며 걸었다. 그러거나 말거나 아내와 아이는 깔깔 웃으며 서로 사진을 찍어주느라 아주 신이 났다.

이에나다리 아래에 있는 바토파리지앵 선착장에 도착했다. 3층짜리 유람선은 갑판 아래에 화장실이 있고, 1층에는 부스 형식의 의자와 테이블이 있으며, 2층에는 외부 테라스의 나무 데크에 벤치처럼 생긴 긴 의자가 있었다. 일찍 가서 유람선에서 좋은 자리를 쟁취하리라 생각했는데, 사람이 많지 않아서 쟁취라고 할 것도 없었다. 우리는 2층에 자리를 잡았다. 좌석이 강변 쪽을 바라보고 있어서 센강 주변의 모습을 제대로 즐길 수 있었다.

10시 정각이 되자 유람선의 출발을 기념하듯 에펠탑에서는 수많은 전구가 켜짐과 꺼짐을 반복하는 점멸 조명이 작동했고, 익숙한 멜로디의 샹송이 흘렀다. 파리의 낭만이 느껴지는 순간이었다. 시카고 중심부를 가로지르는 시카고강에서 유람선을 타면 유명 건축물 전시장을 관람하는 느낌이 드는데, 센강에서도 그랬다. 도시가 거대한 건축 박물관이라면 강은 박물관의 전시물을 관람하는 통로였다.

유람선은 화려한 알렉상드르3세다리 아래를 지나갔다. 영화로도 유명한 퐁네프다리는 교각마다 동그랗고 작은 발코니가 돌출되어 있는데, 연인이 둘만의 낭만을 즐기기에 딱 좋은 크기였다. 원형 시계가 있는 오르세미술관과 비슷한 높이의 루브르박물관은 강을 경계로 서로 마주보고 있었다. 유람선이 시테섬 주변을 한 바퀴 돌자 노트르담대성당의 배면이 보였다. 전면에 놓인 두 개의 종탑을 배경으로 뾰족한 첨탑 아래 경사지붕이 있고, 지붕과 비슷한 각도의 플라잉 버트레스가 지면으로 뻗은 모습이었다. 플라잉 버트레스 하나하나에 조명을 비추고 있어서 건물의 입체감이 더욱 두드러져 보였다.

유람선이 다리 밑을 지날 때면 사람들은 팔을 위로 뻗었고 소리를 질렀

센강 유람선에서 바라 본 노트르담대성당의 야경.

다. 수면 위로 다리가 그리 높지 않아 손이 닿을 것만 같았다. 다리 상판에 부딪치는 소리의 울림이 상당했다. 강가의 사람들은 유람선을 향해 손을 흔들었고, 우리도 그들을 향해 손을 흔들었다. 센강 주변의 모습은 낭만적이고 멋있었지만 9월 중순의 저녁은 꽤 쌀쌀했다. 1층 객실에 내려가 몸을 녹였다. 자판기에서 뽑은 핫초코가 몸과 마음을 따뜻하게 했다. 아이는 이내 고개를 떨어뜨리더니 내 무릎을 베개 삼아 잠들어버렸다.

출발했던 선착장으로 다시 돌아왔다. 한 시간 만에 마주한 에펠탑은 어김없이 정각을 알리는 점멸 조명을 작동했다. 에펠탑이 있는 곳으로 걸어 갔다. 고층 건물이 없어서 파리의 어느 곳에서든 하루 종일 에펠탑이 보였고, 그래서인지 막상 에펠탑 아래에 섰을 때 처음 보는 순간만큼의 감흥은 아니었다. 하지만 감흥과는 무관하게 우리는 에펠탑에 오르고 싶었다. 파리를 상징하는 구조물에 대한 의무감 같은 것이 있었다.

테러의 영향 때문인지 에펠탑 주변은 펜스로 둘러싸여 있었다. 어렵게 입구를 찾았지만 안으로 들어갈 수 없었다. 에펠탑의 실내는 불이 켜져 있었는데, 마지막 입장이 조금 전에 끝난 것 같았다. 프랑스의 소설가 모파상 Guy de Maupassant은 에펠탑을 너무 싫어했던 나머지 에펠탑이 보이지 않는 유일한 장소라는 이유로 매일 에펠탑의 레스토랑에서 식사를 했다고 한다. 모파상이 봤을 에펠탑이 보이지 않는 파리 시내를 언제 볼 수 있을지 의문이었다. 어제에 이어 오늘도 때가 아니었다.

에펠탑의 실루엣과 철재 구조물의 디테일, 그리고 조명으로 이루어진 조화는 예사롭지 않았다. 아래에서 위로 쳐다보면 과감한 곡선의 꺾임이 멋

조명을 밝힌 에펠탑과 회전목마.

을 좀 부릴 줄 아는 것처럼 화려했고, 멀리서는 얌전하고 단정하게 보였다. 에펠탑 근처에 있는 회전목마의 동그란 전구 조명과 에펠탑의 조명이 서로 잘 어울렸다.

 에펠탑 모양의 열쇠고리와 불빛을 발사하는 레이저 펜을 한 보따리 짊어진 이들이 장사진을 치고 있었다. 열쇠고리 흥정을 시작했다. 몇 사람과 대화해보니 얼추 시세가 파악됐다. 그들 중 만만해 보이는 한 명을 골라 집중공략했다. 아이의 관심은 레이저 펜이었지만, 나는 파리에서만 살 수 있는 물건을 사자면서 에펠탑 열쇠고리와 조명이 달린 에펠탑 모형을 샀다. 잘 설득한 줄 알았는데 숙소에 돌아온 후 아이는 레이저 펜에 대한 미련과 속상함을 토로했다. 오늘 하루 잘 구경한 것은 의미가 없었다. 레이저 펜이 있어야 의미가 되살아날 것 같았다. 다음날 아침 아이의 기분이 좋아 보여 다행이라 생각했지만 여행 내내 아이의 마음속에는 레이저 펜이 자리잡고 있었음을 베네치아에 가서야 깨달았다.

이에나다리 쪽으로 걸었다. 이곳 역시 사람들이 많았다. 샴페인과 와인을 파는 사람, 꽃다발을 파는 사람, 다양한 언어를 구사하는 다양한 피부색의 사람들. 시간은 야심한 밤이었지만 분위기는 초저녁이었다. 강 건너에서 에펠탑을 바라봤다. 정시가 됐는지 에펠탑은 점멸 조명을 켜고 반짝거렸다. 숙소로 돌아오니 새벽 1시가 다 되어 있었다. 바로 전날 도착한 파리인데, 다음날 런던으로 떠난다. 밤늦게까지 짐을 싸고 잠이 들었다.

파리의 건물

파리의 아름다운 건물들은 도시의 역사와 함께 자연스럽게 축적된 유산처럼 보이지만, 사실 꼭 그렇지만은 않다. 파리의 가로와 건물 대부분은 19세기 도시계획에 의해 노동자를 비롯한 서민들을 내쫓고 기존 골목과 건물을 밀어버린 다음 새로 지은 것들이다. 최근 우리나라에서 진행하는 도심 재개발에 대해 원주민을 무시한 불도저식 행정이자 기존의 유산과 기억의 흔적도 남기지 않는 무식한 집행이라고 비난하는데, 150년 전 파리도 비슷했거나 더 지독한 상황이었다. 격렬한 반발이 있었던 것은 물론이다.

나폴레옹 3세는 1848년에 임기 4년의 단임제 대통령으로 선출된 후 장기 집권을 위해 헌법 개정을 시도하지만 실패하고, 친위 쿠데타를 일으켜 큰아버지인 나폴레옹 1세처럼 황제시대를 열어 짧지 않은 세월을 통치했다(훗날 프로이센과의 전쟁에서 패하면서 폐위당한다). 황제가 된 후 오스만을 파리 지사로 임명해 과밀하고, 오염되고, 어둡고, 위험한 파리를 쾌적하고, 깨끗하고, 밝고, 안전한 도시로 재건하라고 지시했다.

파리 재건에는 정치 · 경제 · 사회 · 문화 등 개발 독재자가 구현하려 했던 이상이 담겨 있다. 첫번째는 넓은 가로다. 중세의 비좁은 도로는 마차와 사람이 뒤섞여 복잡하고 지저분하며 사고도 많았다. 도로 폭을 크게 넓히고, 차도와 보도를 구분해 가로수를 심고, 가로등을 세우고, 도로 하부에 상하수도를 설치했다. 그 결과 샹젤리제처럼 멋진 가로가 탄생됐다.

넓은 대로는 도심 내 시위가 발생할 경우 시위대를 원활하게 통제하고 진압하려는 목적도 있었다. 짧은 기간 동안 여러 혁명이 일어나 왕정과 공화정을 번갈아가면서 파리 시민의 시위 기술은 나날이 발전했다. 좁은 도로는 바리케이드를 세우기가 수월해 정부의 진압을 어렵게 했다. 장기 집권의 정통성이 부족했던 나폴레옹 3세는 시위를 적절히 진압할 필요가 있었다. 그래서 비좁고 구불구불한 중세 골목길을 밀어버리고, 곧고 넓은 길을 만들었다.

에투알개선문 주변처럼 방사형 로터리를 많이 만들었는데, 여기에는 두 가지 의미가 있었다. 하나는 비슷한 높이로 질서정연하게 배열된 건물들의 아름다운 스카이라인을 조망하기 위해서였고, 다른 하나는 프랑스혁명 때처럼 폭동이 일어날 경우 로터리에서 시야를 확보해 효과적으로 진입하기 위해서였다. 로터리 가운데에 위치한 에투알개선문 위에 있으면 열두 개 도로가 한눈에 보인다. 결과적으로 파리에서는 다른 도시에서 보기 힘든 로터리와 방사형 도로의 독특함을 발견할 수 있다.

두번째는 산업화를 고려한 근대 도시의 모델을 구축하는 것이었다. 가로 정비뿐 아니라 철도를 연장하고, 리옹역과 북역 같은 주요 기차역을 만들어서 도시 네트워크를 구축했다. 또한 주식시장, 은행, 우체국, 병원, 대형 호텔, 극장 등 인프라 시설을 지어서 경제·산업활동을 지원했다. 봉마르셰, 프랭탕 같은 백화점도 이때 문을 열었다. 시민이 휴식할 수 있는 공원을 조성했으며, 거리 광고판, 가판대, 벤치, 울타리, 공중화장실 등 공공시설을 도시 곳곳에 설치했다. 그 디자인은 지금까지도 별다른 변화 없이 유지되고 있다.

세번째는 급증하는 인구를 수용하고 환경오염을 개선하는 것이었다. 파리 인구는 19세기에만 다섯 배 늘었다. 이에 대응하여 주변 지자체를 합병해서 파리 시의 영역을 확대하고 자치구를 늘렸다. 수도 편입 과정에서는 반대 여론이 컸다. 도시 재건에 천문학적인 예산을 투입하는 만큼 높은 세금을 내야 했기 때문이다. 오염된 센강은 상수도로 부적절한 데다 수량도 부족했다. 게다가 콜레라 같은 전염병이 도시에 창궐하기도 했다. 그래서 파리 주변의 강과 저수지를 수로로 연결해서 상수를 공급했다. 센강의 물은 청소용수나 공원의 조경용수로 사용했다.

네번째는 도시 경관의 개선이었다. 이를 위해 건축물을 개별 구조물이 아닌 도시의 통합적 경관 요소로 인식하고 오스만 양식이라 불리는 엄격한 건축물 입면 디자인 지침을 시행했다. 건축물의 층수, 입면 구성과 스타일, 재료와 색상을 정해서 그대로 따르게 했던 것이다. 유지관리 지침도 있었는데, 일정 기간마다 페인트칠이나 청소를 하지 않으면 벌금을 내야 했다. 이로 인해 창의적인 건물이 발현될 가능성은 낮아졌으나, 수준 높은 디자인 지침은 전반적으로 건축물의 미적 완성도를 높였고, 파리 도시 경관의 독특한 정체성을 갖게 했다.

건축가들은 대부분 구체적이고 엄격한 지침이나 기준을 두고 창의성과 자발성을 억압하는 나쁜 정책이라고 생각한다. 지침 때문에 설계 과정에서 골머리를 앓을 때가 많고, 가끔은 적법하게 피할 수 있는 방법을 고민하기도 한다. 당시에도 이런 생각을 한 건축가가 적지 않았을 거라 믿어 의심치 않는다. 덕분에 비슷하면서도 다른 듯한 다양한 입면의 건물이 지어진 것이 아닐까? 기준을 어겼다고 하기에도, 완벽하게 지켰다고 하기에도 애매하게 말이다. 창의적인 계획의 범위가 제한적인 만큼 입면의 디테일 계획에 더 집중했을 수도 있다.

근린생활시설이 있는 그라운드 플로어와 메자닌●의 입면은 간결하고 육중해서 건물이 안정적으로 보인다. 발코니가 있는 아파트의 1층은 면적이 넓은 데다 지면과 가까워서 인기가 많았다. 지금은 전망 좋은 높은 층을 로열층이라고 하

● mezzanine, 층과 층 사이에 중간층을 만든 것으로, 중층이라고도 한다.

파리의 건물, 건물 높이와 스타일이 비슷해서 도시가 하나의 큰 단지처럼 보인다.

지만, 엘리베이터가 없던 시절에는 낮은 층이 로열층이었다. 2·3층은 발코니가 없고 장식을 최소화했다. 4층은 수평 발코니가 있는데, 건축물의 상층부 디자인 요소를 담당했다. 2단으로 경사가 진 망사르드지붕 아래 공간은 다락방으로 지붕창이 있다. 계단을 한참 올라가야 하고 천장이 낮고 공간이 좁아 저임금을 받는 노동자나 하인이 세 들어 살았다. 결과적으로 한 건물에 다양한 계층이 함께 거주하는 형태였다.

도심 내 아파트는 도시 공동화를 방지하고 자연스럽게 감시 기능을 발휘해서 도심 내 범죄를 감소시킬 수 있었다. 그라운드 플로어의 근린생활시설에서 흥미로운 점은 가로에서 쉽게 접근할 수 있어서 상점을 이용하는 사람들로 도심을 활기차게 만들었다는 것이다. 최근 우리나라에서 진행 중인 도시환경정비사업

몽파르나스타워, 주변과 어울리지 않는다고 혹평 받는 59층짜리 고층 건물.

에서 '가로 활성화'가 중요한 이슈 중 하나인데, 업무지역의 저층부에 상업시설
을 도입하여 해당 건물과 상관없는 일반인이 이용하게 유도함으로써 가로를 활
성화하는 것이다.

파리 재건은 런던의 벤치마킹이라는 맥락이 있었다. 황제가 되기 전 런던에
서 망명생활을 했던 나폴레옹 3세는 경제·산업 인프라, 넓은 거리, 광장, 하이
드파크 같은 도시 공원에서 영감을 받았고, 파리를 문화경제의 세계적 도시로
구상했다. 결과적으로 파리는 나폴레옹 3세가 집권하던 20년 내내 공사판이었
다. 일방적 도시 재건에 대한 반발은 폭발 지경이 되었고, 국민의 지지가 떨어
진 나폴레옹 3세는 오스만을 해임했다. 그 후 공사가 마무리된 파리는(나폴레옹

3세는 죽고, 오스만 파리 지사는 현직에서 쫓겨난 이후였다) 많은 사람들이 찬사를 보내는 아름다운 도시가 되었다.

지금도 파리 시내에 고층 건물이 많지 않은 이유는, 오스만 시절에 지어진 건축물을 보존하기 위해서라는 의미도 있지만 도심 지하에 채석 터널과 센강에 물을 대는 수로가 많아서 고층 건물을 세우기가 용이하지 않기 때문이다. 한편 파리 남쪽에는 몽파르나스타워라는 고층 건물이 있다. 1970년대 초에 세워진 59층짜리 210미터의 건물은 육중하기만 할 뿐 아름답지도 않고 주변과 어울리지 않는다는 혹평을 받았다. 몽파르나스타워의 전망대도 파리에서 유명한 관광지다. 이곳 전망대에서 바라보면 파리가 아름답다고 감탄하는데, 이 건물이 보이지 않는 파리의 모습을 볼 수 있는 유일한 장소이기 때문이라는 말이 있다. 에펠탑을 흉물이라고 비난했던 모파상이 생각나는 대목이다. 노후된 몽파르나스타워는 리모델링이 진행될 예정이며, 프랑스 건축가 장 누벨Jean Nouvelle이 현상설계에서 당선됐다. 50년 가까이 흉물로 인식됐던 건물이 대가의 손을 거쳐 어떤 모습으로 재탄생할지 기대가 크다.

3일차

파리의 일요일

　　　　　　　　　　　　　　파리에서의 마지막 아침이다. 워낙 짧
은 일정이라 '마지막'이라는 말이 어쩐지 무색하다. 게다가 도착 첫날 우버
를 등록하느라 씨름하는 바람에 금쪽같은 시간을 날려버렸으니 안타깝기
그지없다. 숙소에서 지척인 마레지구의 프랑부르주아거리라도 갔어야 했
는데……. 다음에 파리에 오면 반드시 이곳에 들르리라.

　오후 1시 13분 파리 북역에서 런던행 유로스타를 탈 예정이다. 아침 일
찍 일어나 서둘러 루브르박물관을 찾았다. 파리에 왔으니 루브르박물관의
유리 피라미드를 배경으로 인증사진 하나쯤은 남겨야 했다. 시간 여유가
많지 않아서 박물관에 입장하지는 않고, 광장과 유리 피라미드, 지하 아케
이드를 둘러보기로 했다.

루브르박물관,
건축가 I. M. 페이의 선견지명

일찍 서두른 덕분에 박물관 입구에 줄을 선 사람이 거의 없었다. 루브르박물관의 광장 중앙에 위치한 유리 피라미드를 이등변삼각형 형태의 분수가 둘러싸고 있었다. 광장 주변의 건물과 피라미드, 분수는 대칭을 이루고 있었다. 이집트 기자Giza에 있는 피라미드의 비례를 적용한 단순한 사각뿔 형태의 철재와 유리로 구성된 구조물은 르네상스 양식의 섬세한 석조 건물과 잘 어울렸다. 피라미드 한쪽 면의 이등변삼각형과 광장 바닥에 깔린 분수의 이등변삼각형은 형태의 연속성을 이어갔다. 검은색 석재로 만든 이등변삼각형의 분수는 중세 건물과 현대 구조물을 잇는 매개체였다. 유리 피라미드 주변을 분수로 둘러싸지 않았다면 피라미드가 얼마나 생뚱맞게 보였을까 하는 생각이 들었다. 건축가의 감각이 느껴졌다.

루브르박물관의 유리 피라미드와 지하 공간은 중국계 미국인 건축가 I. M. 페이I. M. Pei가 설계했다. 2019년에 102세를 일기로 타계한 그가 설계한 건물 중에는 원형, 삼각형, 정사각형 등 기본 기하학 형태를 활용해 구현한 것이 많다. 그중 홍콩의 뱅크오브차이나타워Bank of China Tower는 온전히 삼각형 형태를 평면과 입면에 적용해서 건물 전체를 구성한 것이다.

루브르박물관은 원래 12세기에 군사 요새로 지어진 건물로, 16세기 이후 재건축을 거쳐 왕궁으로 사용됐다. 루이 14세는 이곳을 왕궁으로 사용하다가 베르사유궁전을 만들면서 거처를 옮겼다. 나폴레옹은 전쟁에서 약탈해온 전리품을 루브르에 보관하고 전시했다.

루브르박물관과 유리 피라미드, 그리고 분수.

루브르박물관 지하공간의 역 피라미드.

1981년에 취임한 프랑수아 미테랑François Mitterrand 프랑스 전 대통령은 프랑스의 문화유산을 대대적으로 개조하겠다고 선언했고, 루브르박물관은 가장 중요한 프로젝트 중 하나였다. I. M. 페이의 설계안이 선정되어 1989년에 완성됐을 때 루브르의 유리 피라미드는 혹평에 시달렸다. 현대적인 재료인 철과 유리가 전통적인 건물에 어울리지 않고, 프랑스와 아무런 연관이 없는 피라미드는 문화적 자존심에 큰 상처라고 비판했다. 하지만 연간 방문객 450만 명을 목표로 설계됐던 루브르박물관은 오늘날 1000만 명 넘게 방문하는 파리의 상징적인 장소가 됐다. 처음에는 엄청난 비난을 받다가 나중에 사랑받는 랜드마크가 된 점은 에펠탑과 맥락이 비슷하다. 수많은 사람들이 박물관을 찾으면서 발생하는 불편함을 해결하고 접근성을 개선하기 위해 2014년부터 추가로 지하층 개선사업을 진행했다.

유리 피라미드는 루브르박물관의 지상 출입구 기능을 하고 있다. 에스컬레이터를 통해 아래층으로 내려가면 지상의 피라미드 크기에서 가늠할 수 없는 어마어마한 규모의 지하 아케이드가 나온다. 지상의 건물 외관은 고풍스럽고 섬세한 반면 지하 공간은 모던하고 미니멀했다. 세 개로 구분된 전시장의 출입구는 지상에 있는 세 건물(리슐리외관Richelieu, 쉴리관Sully, 드농관Denon)의 하부와 이어져 있다. 지하 아케이드에는 백화점과 쇼핑몰, 서점이 있고, 지하철 루브르박물관역과 연결되어 있다.

공사 도중에 발견된 문화재는 원형을 보존해서 전시하고 있었다. 서쪽 방향으로 걸어가니 유리 피라미드가 뒤집힌, 아래로 뾰족한 역 피라미드가 나타났다. 시공 과정에 어려움이 있었는지 이가 서로 맞지 않는 부분이 있었고 유리면 안쪽에 먼지가 쌓여 있는 것이 아쉬웠다.

파리의 개선문

지하 아케이드의 서쪽 끝에서 계단을 올라가 바깥으로 나왔다. 카루젤광장에는 중앙의 큰 아치 양옆으로 작은 아치가 하나씩 있는 분홍색 개선문이 서 있다. 바로 카루젤개선문이다. '파리의 개선문' 하면 보통 샹젤리제거리에 있는 개선문을 떠올리는데, 파리에는 세 개의 개선문이 있다. 루브르박물관 근처의 카루젤광장에 있는 '작은 개선문'인 카루젤개선문은 나폴레옹 1세 시절인 1808년에 건립됐다. 높이 14.6미터, 너비 19.5미터로 4세기 로마에 세워진 콘스탄틴개선문과 비슷하다. 지붕에는 네 마리 청동 말이 끄는 전차가 있고 양쪽 옆으로 금장 여신상이 서 있다. 나폴레옹 1세가 베네치아를 정복하면서 산마르코대성당에 있던 청동 말 조각상을 이곳으로 옮겨왔다가 그가 몰락한 후 다시 베네치아로 돌려보내졌고, 지금의 조각상으로 대체됐다.

콩코르드광장에서 시작하는 샹젤리제거리를 따라 쭉 직진하면 열두 개 도로가 만나는 로터리에 샤를드골광장이 있다. 이곳에 있는 '큰 개선문'이 에투알개선문이다. 나폴레옹 1세가 재임하던 시기에 짓기 시작했지만, 그는 살아 있을 때 완성된 개선문을 보지 못했다. 에투알개선문은 루이 필리프Louis Philippe 왕 재임 시절인 1836년에 완성됐다. 높이 50미터, 너비 45미터의 에투알개선문은 중앙에 큰 아치가 앞뒤로 있고, 측면에도 작은 아치가 좌우로 뚫려 있어서 개선문 아래에 십자 형태의 통로가 있다.

카루젤개선문과 에투알개선문은 모두 고전주의를 기반으로 하면서 나폴레옹이 원정을 갔던 터키, 이집트의 장식적 요소가 들어간 앙피르 양식Empire style의 구조물이다. 두 개선문을 연결하는 축을 그대로 서쪽으로 연장

카루젤개선문.

에투알개선문.

그랑드아르슈.

하면 파리 근교 신도시 라데팡스 지역의 그랑드아르슈Grande Arche와 이어진다. '매우 큰' 개선문이라는 뜻을 가진 이 건축물은 프랑스혁명 200주년을 기념하여 1989년에 건립됐다. 높이 110미터에 너비도 110미터로, 가운데가 뚫린 거대한 직육면체 형태에 35층짜리 오피스 빌딩 두 개 동으로 이루어져 있다. 이곳에는 일부 정부 부처도 입주해 있다. 사각형 액자 형태의 그랑드아르슈 계단을 올라가면 천막 구조물 아래에 건물로 들어가는 출입구가 있다.

콩코르드광장에서는 루브르박물관 근처 카루젤개선문은 작아서 잘 보이지 않지만, 샹젤리제거리의 에투알개선문과 그랑드아르슈는 겹쳐서 보인다. 에투알개선문에서 그랑드아르슈까지는 거리가 약 5킬로미터쯤 되는데 그랑드아르슈의 규모가 워낙 커서 더 가깝게 느껴졌다.

퐁피두센터

파리시청사 앞에서 우버를 타고 퐁피두센터로 이동했다. 1970년대 초반 프랑스 대통령이었던 조르주 퐁피두Georges Pompidou의 구상으로 건설된 퐁피두센터는 회화, 디자인, 건축, 사진, 미디어아트 등 현대미술 분야의 쟁쟁한 작품들을 소장하고 있으며, 매년 다양한 전시를 선보이고 있다. 당시로서는 젊은 신진 건축가였던 리처드 로저스Richard Rogers와 렌초 피아노Renzo Piano가 설계한 하이테크 양식의 건축물은 1977년에 문을 열었다. 현재 팔순을 훌쩍 넘긴 두 건축가는 여전히 왕성하게 활동 중이다.

퐁피두센터의 전면을 온전히 볼 수 있는 선큰광장 쪽으로 걸었다. 아이

퐁피두센터, 미래적인 하이테크 건물과 클래식한 옛 건물의 대비.

는 기념품숍을 발견하고는 곧장 그곳으로 들어가버렸다. 우리 셋 중 기념품숍을 인지하는 능력이 가장 탁월했다. 곧 파리를 떠날 예정이라 기념품을 사두는 것도 나쁘지 않다고 생각했는데, 딱히 눈에 들어오는 것은 없었다. 아이도 이를 인정했고, 에펠탑 사진이 들어간 자석과 에펠탑, 사크레쾨르대성당, 개선문, 노트르담대성당이 나란히 있는 금속 장식품을 골랐다.

퐁피두센터 전면에는 초현실주의 화가 르네 마그리트^{René Magritte}의 전시를 알리는 대형 현수막이 걸려 있었다. 콘크리트 바닥의 선큰광장 왼쪽 끝에서 시작해서 꼭대기 층 오른쪽 끝까지 층마다 이어진, 투명한 튜브를 쓱운 에스컬레이터는 건물의 파사드를 지배하고 있었다. 에스컬레이터 아랫면의 붉은색 패널은 리처드 로저스의 아이디어였음이 분명했다. 에스컬레이터와 함께 수직동선 요소인 엘리베이터에도 붉은색을 입혔다. 그는 지금도 건물에 붉은색 포인트를 적용하곤 한다. 리처드 로저스의 설계로 여의도에 짓고 있는 파크원타워를 보면 모서리의 붉은색 기둥이 그의 정체성을 말해주고 있다.

유리 커튼월 바깥으로 노출된 철재 구조물은 적절한 비례감을 지니면서 정교하게 조립된 가설용 비계 같았다. 두꺼운 빨대를 구부려 나란히 세운 듯한 흰색 환기구, 공사장 가설 리프트 같은 붉은색 노출 엘리베이터, 보통 미관상 좋지 않다는 이유로 숨기는 옥상의 둥근 흰색 냉각탑, 건물 밖으로 뻗어올라간 파란색 공조 덕트와 초록색 설비 파이프, 노란색 전기 배선 등, 지은 지 40년 된 하이테크 양식의 건물은 여전히 파격적이고 미래지향적이었다. 숙소로 돌아가기 위해 횡단보도를 건넜다. 도로를 사이에 두고 미래적인 건물과 100년은 족히 넘었을 옛 건물이 서로 대비를 이루고 있었다.

파리 북역,
런던 세인트판크라스행
유로스타 열차

시간이 빠듯했다. 숙소로 돌아오자마자 우버를 부르고 짐을 꺼내 밖으로 나왔다. 우버 기사는 순간이동을 했는지 벌써 아파트 출입문 앞에서 대기하고 있었다. 런던 세인트판크라스역으로 가는 유로스타 열차를 타기 위해 파리 북역으로 이동했다. 오스만의 파리 재건 시절에 파리를 드나드는 철도의 관문으로 지은 북역은 낮이라서 그런지 우범지대라는 소문과 달리 험악한 분위기를 느끼지 못했다. 오히려 클래식한 석조 건물의 아름다운 외관에 감명을 받았다.

석재로 마감한 파사드에 아치 형상의 초록색 창호 프레임으로 구성된 건물 안으로 들어갔다. 역사 내부는 창호 프레임과 같은 색상의 철재 기둥이 지붕을 지지하는데, 지붕과 만나는 부위는 나뭇가지처럼 분기되어 있었다. 직선 형태의 경사 지붕 아래로 열차 여러 대가 사열하듯 줄지어 서 있었다. 우리나라의 종착역은 대부분 차량 기지가 따로 있어서 여러 열차가 한꺼번에 대기하고 있는 모습을 보기가 쉽지 않은데 흥미로운 광경이었다. 역무원에게 런던으로 가는 유로스타를 타려면 어디로 가야 하는지 물었다. 그는 엘리베이터를 타고 2층으로 올라가라고 했다. 2층에서는 줄지어 서 있는 열차의 전경을 제대로 볼 수 있었다. 우리는 열차를 배경으로 사진을 찍었다.

유럽의 많은 나라가 솅겐조약Schengen Agreement에 가입되어 있다. 1985년 룩셈부르크의 도시 솅겐에서 독일, 프랑스, 벨기에, 네덜란드, 스웨덴이 국경을 개방하고 검문검색과 여권 검사를 면제하기로 조약을 맺었다. 이후 유럽연합 소속 국가들과 체코, 헝가리 등 동유럽 국가까지 이 조약에 가입했다. 하지만 영국은 솅겐조약에 가입하지 않았고, 그래서 영국 입국 심사를 받아야 했다. 파리 북역에서 프랑스 출국 심사와 영국 입국 심사를 동시에 진행했다.

영국 입국 신고서를 작성했다. 이름과 생년월일, 국적, 런던에서 머물 호

파리 북역의 플랫폼, 박공 형태의 직선적인 지붕 구조물.

텔의 주소를 적었다. 프랑스 출국 심사는 심사라고 할 것도 없었다. 기차표를 확인하는데 그마저도 건성이었다. 곧바로 영국 입국 심사를 위해 줄을 섰다. 아내는 우리 앞에 줄을 선, 한껏 멋을 부린 젊은 동양인 여성에게 관심을 보였다. 그녀는 커다란 캐리어를 끌고 다니면서 혼자 여행 중이었고, 여권을 얼핏 보니 일본 사람인 것 같았다. "저렇게 혼자 여행하는 사람들을 보면 대단한 것 같아. 당신은 나 혼자 다닌다고 하면 안 보낼 거지?" 아내의 물음에 나는 어깨를 으쓱하며 되물었다. "혼자 다닐 용기는 있어?"

머리가 벗어진 영국 입국 심사관은 여권과 입국 신고서, 기차표를 무표정하게 보며 몇 가지 단답형 질문을 했고, 나도 단답형 대답을 했다. 그는 무표정을 일관하며 여기저기에 도장을 쾅쾅 찍었다. 더 이상의 질문도, 좋은 여행을 하라는 덕담도 없었다. 입국 심사를 마치고 다시 줄을 섰다. 플랫폼으로 가는 줄이다. 우리가 탈 열차 번호가 전광판에 표시됐다.

유로스타의 짐칸이 넉넉한지 부족한지 사전에 알지 못해서 크고 많은 짐들을 어떻게 실어야 할지 신경이 쓰였다. 그래서 누구보다 빨리 열차에 올라탔다. 다행스럽게도 짐을 올리는 선반은 꽤 여유로웠다. 큰 캐리어 두 개와 작은 캐리어 하나를 다이소에서 구입한 줄로 칭칭 감고, 선반 프레임에 연결했다. 누가 가져간들 별 볼 일 없는 물건이지만, 우리에겐 소중한 것들이어서 아무도 건드릴 수 없도록 원천봉쇄를 했다.

유로스타는 우리나라의 KTX와 비슷한 구조였다. 좌석의 절반은 순방향, 나머지 절반은 역방향이었다. 열차가 전진, 후진하는 방식에 맞춘 좌석 배치였다. 우리 좌석은 서로 마주보는 가운데 자리였다. 유로스타를 예약할 때 좌석을 지정하면 가격이 추가되기 때문에 조금이라도 아낄 요량으로 자동 배정을 선택했는데, 일행이라서 이 자리로 배정된 것 같았다. 마주보는 네 자리 중 한 자리가 남았지만 아무도 오지 않았다. 덕분에 모르는 사람과 마주보며 앉아 있는 어색한 상황은 면했고, 마음 편히 기차 여행을 할 수 있었다.

파리 북역을 출발한 유로스타는 평야지대를 한참 달렸다. 도버해협의 해저터널을 지나 완만하게 굴곡진 벌판을 거쳐 영국 런던으로 향했다. 거리는 약 450킬로미터, 도착하는 데 두 시간 반 정도 걸린 것 같다.

도버해협의 바다 밑을 지난다는 사실에, 무엇이든 간에 시각적인 어떤 것이 있으리라 기대를 했다. 그러나 현실은, 수족관처럼 바닷물을 보면서 가는 것이 아니라 암흑 터널 속을 관통하는 것이어서 산을 뚫어 만든 터널과 다를 바가 없었다. 바닷가를 가기 한참 전부터 이미 지하로 내려갔기 때문에 바다의 모습도 거의 보지 못했다. 굳이 특이점을 찾자면 터널이 상당히 길다는 것 정도랄까. 유럽 대륙에서 바다를 건너 섬나라 영국으로 가는 기분을 느낄 수 없다는 점이 조금 아쉬웠다.

과거와
현재가
공존하는
런던

LONDON

3일차

|

런던의 일요일

오후 2시 30분 정각, 유로스타는 런던 세인트판크라스역에 도착했다. 런던이 파리보다 한 시간 늦기 때문에 한 시간을 벌었다. 세인트판크라스역은 클래식한 스타일과 분위기가 그대로 남아 있어서 과거의 공간에 들어선 느낌이 들었다. 기차는 최신형이지만, 공간은 100년 전과 다를 바 없을 것 같았다. 플랫폼은 높이 30미터, 폭 72미터, 길이 210미터의 뾰족아치 구조의 철골 지붕으로 이루어져 있어 그 아래 공간이 매우 크게 느껴졌다. 1868년에 문을 연 세인트판크라스역의 지붕 구조는 근대 철도역의 프로토타입이 되었다. 중간 중간 기둥이 세워져 있고 직선적인 파리 북역의 지붕 구조와 확연히 다른 느낌이었다. 플랫폼의 끝부분과 맞닿아 있는 세인트판크라스르네상스호텔의 창호도 뾰족아치 형태였다.

시침과 분침이 있는 원형 시계가 플랫폼의 클래식한 분위기를 더욱 끌어올렸다. 철도역의 성공적인 운영을 가늠하는 척도는 기차 시간표의 준수

런던 세인트판크라스역의 플랫폼, 뾰족아치의 곡선 지붕과 클래식한 원형시계.

였다. 세인트판크라스역을 건설한 회사인 미들랜드 레일웨이는 지역마다 다르게 적용되던 시간을 그리니치천문대의 런던 시간을 기준으로 1846년에 통일했다. 이는 영국의 표준시간을 법으로 정한 1880년보다 더 앞선 것이었다. 기차 이용객이 역에 접근할 때 잘 보이는 위치에 시계탑을 세우고, 플랫폼 어디에서나 보이는 가장 눈에 띄는 자리에 직경 5.15미터의 원형시계를 설치했다. 이 시계는 영국 국회의사당 빅벤과 그리니치천문대의 시계를 설치한 시계회사 덴트Dent와 스미스 오브 더비Smith of Derby가 작업했다. 우리는 세인트판크라스역의 긴 역사와 함께 철거와 재설치가 반복되어 온 시계를 배경으로 사진을 찍었다.

의도치 않은 민폐

플랫폼의 아래층에는 식당과 상점이 들어서 있었다. 이곳에서도 뾰족아치 지붕이 보였다. 오랜 역사가 느껴지는 철골 구조와 상업시설의 현대적인 인테리어가 조화를 이루면서 세련되어 보였다.

아내와 아이가 화장실에 간 사이 세인트판크라스역의 구조를 살피면서 우버를 탈 만한 장소를 찾았다. 밖으로 나왔다. 붉은 벽돌로 지은 세인트판크라스역 외관 역시 층마다 비슷한 형태의 아치가 좌우로 길게 줄지어 있었다. 대도시의 큰 역이 대부분 그렇듯 그 주위로 길이 복잡하게 얽혀 있었다.

우버를 불렀다. 런던에서 최초 승차를 하면 10파운드 쿠폰이 생기기 때문에 아내의 휴대폰에도 우버 앱을 깔아뒀다. 모르는 번호로 전화가 왔고, 우버 기사인 것 같았다. 우버를 부르면 나의 위치가 기사에게 전달되어 보통 우리가 있는 곳으로 잘 찾아오지만, 역은 건물이 크고 워낙 복잡해서 전화로 서로의 위치를 확인해야 했다. 우버 기사가 어디에 있느냐고 물어서 나는 세인트판그라스역 앞에 있다고 대답했다. 그러자 기사는 약간 짜증 섞인 목소리로 다시 설명해달라고 했다. 나는 이렇게 대답했다. "음…… 버거킹이 보여."

횡설수설하고 있었다. 서울에서 김 서방 찾기도 아니고, 내가 생각해도 너무 불친절한 설명이었다. 기사는 미안하다면서 전화를 끊어버렸다. 정신을 가다듬었다. 이렇게 설명해서는 복잡한 역 앞에서 우버를 탈 수 없었다. 안내 표지판의 지도를 확인했다. 세인트판크라스역 주변 도로 중에 경계가 명확한 교차로를 찾아 그쪽으로 이동한 후 우버를 다시 불렀다. 전화가 왔다. 다른 기사였다.

"우버 기사야. 어디에 있어?"

"세인트판크라스역 앞에 있어. 유스턴로드와 판크라스로드 교차로야."

"오케이. 조금만 기다려."

간결하게 설명하자 명쾌한 대답이 돌아왔다. 우버 앱의 지도를 보니 기사가 방향을 잘 잡고 오는 것을 확인할 수 있었다. 흰색 프리우스가 우리 앞에 섰다. 해치백 스타일의 소형차에 큰 화물용 캐리어 두 개, 기내용 캐리어 한 개, 배낭 한 개, 옆으로 매는 가방 세 개, 그리고 커다란 니모 인형까지, 모두 실을 수 있을지 의심스러웠다. 아까 놓쳤던 차는 중형차인 폭스바겐 파사트였는데…….

기내용 캐리어와 배낭, 옆으로 매는 가방들을 앞좌석에 차곡차곡 쌓았다. 우리 셋은 좁디좁은 뒷좌석에 밀착해서 앉아야 했다. 트렁크에는 화물용 캐리어 두 개를 꾸역꾸역 쑤셔넣었다. 캐리어가 무거워서 범퍼에 얹은 후 다시 들어올려 트렁크 안으로 집어넣었는데, 흰색 범퍼에 캐리어의 보라색이 묻어난 것을 발견했다. 기사가 어디에 있는지 살폈다. 그는 범퍼에 묻어 있는 보라색을 주시하고 있었다. 짜증과 슬픔이 교차하는 표정이었다. 의도치 않은 민폐 때문에 적잖이 민망했다. 눈을 마주치지 않기 위해 그를 애써 외면했다.

차가 출발했다. 하지만 트렁크가 열렸다는 경보음이 요란하게 울렸다. 캐리어가 커서 트렁크의 문이 제대로 닫히지 않았던 것이다. 그의 표정은 "나 엄청나게 짜증났어!"라고 말하고 있었다. 우리를 버리고 갈지 말지를 고민하는 것도 같았다. 몇 번의 시도 끝에 트렁크 문이 닫혔고, 그 순간 차가 휘청거리더니 엄청난 굉음이 들렸다. 어쨌든 차는 그렇게 출발했다. 나중에 발견했는데, 보라색 캐리어 한쪽이 살짝 깨져 있었다. 아마도 이날 그렇게 됐던 것 같다.

일요일 오후의 런던 시내는 길이 많이 막혔다. 행사 때문에 차량 통행을 막는 곳도 있었다. 우리는 일부러 막히는 길만 찾아다니는 사람들 같았다. 우리가 이방인이어서인지, 아니면 범퍼에 대한 분풀이인지, 일부러 막히는 길만 골라서 가는 건가 하는 생각도 들었다. 하지만 괜한 생각이었다. 이동하는 내내 구글 지도의 내비게이션을 체크했는데, 가는 방향에는 문제가 없었다. 다만 길이 많이 막혔을 뿐.

런던 체크인,
땅 아래 객실

무채색의 건물이 대부분인 동네는 단정했고, 흰색의 호텔 외관은 클래식한 분위기를 풍기고 있었다. 구글 지도에서 거리 뷰를 미리 확인해둔 까닭에 꼭 예전에 와봤던 곳을 다시 찾은 느낌이었다. 아담한 로비 안쪽에 놓인 프런트 데스크에서 영화배우처럼 잘생긴 중년의 직원이 우리를 맞이했다. 바우처와 여권을 보여주면서 전망이 좋은 높은 층이면 좋겠다고 말했지만, 그는 세 명이 묵을 수 있는 방이 하나밖에 남지 않았다고 말했다.

방이 아래층에 있다는 직원의 말에 잘못 들은 줄 알고 다시 물었다. 그러나 같은 대답이 돌아왔고, 나는 또다시 질문을 던졌다.

"우리는 지금 1층에 있잖아. 그런데 우리 방이 아래층이라고?"

"아니, 여기는 그라운드 레벨ground level이야."

우리나라와 다르게 유럽은 1층이 '그라운드 플로어'이고, 2층이 '첫번째 층'이라는 사실이 떠올랐다. 하지만 세상에나, 호텔 방이 지하에 있다고? 다시 물었다.

"그럼 우리 방은 지하층basement floor이야?"

"정확히 말하면 지하층은 아니야. '땅 아래below the ground'지."

어이가 없었다. 땅 아래면 지하지, 지상이라는 건가? 더 따지고 싶었으나 마지막 남은 방이라고 하기에 오늘은 작전상 후퇴할 수밖에 없었다.

'땅 아래'라니, 여독은 밀려오는데 정신마저 혼미해졌다. 방 열쇠를 받아 엘리베이터를 탔다. 걸을 때마다 바닥에서 삐거덕거리는 소리가 나는, 지은 지 100년은 족히 넘었을 건물의 엘리베이터는 지금까지 본 것 중에서 가장 크기가 작은 엘리베이터였다. 파리에 이어 런던 역시 만만찮은 여행이 되겠구나 싶었다. 한편으로는 솔직히 호텔의 지하방이 어떻게 생겼을지 궁금하기도 했다.

엘리베이터에서 내려 오른쪽으로 돌아서 직진한 후 문을 여니 천창을 설치한 작은 식당이 나왔다. 영업시간이 아니라서 불은 다 꺼져 있었다. 식당을 지나 오른쪽으로 돌아서 문을 여니 새로운 복도가 나타났다. 방 번호가 표시된 두 개의 문이 보였고, 번호를 확인한 후 열쇠를 문손잡이에 꽂아넣었다.

싱글 침대가 세 개 놓인 제법 큰 방이었다. 땅 아래 객실에도 창은 있었다. 창밖은 최소한의 채광과 환기를 위해 지상과 연결된 드라이 에어리어 dry area였다. 외부에서의 침입을 방지하기 위한 보안 장치로 창살을 설치해 놓았는데, 그보다는 안에서 탈출하지 못하도록 만든 감옥 창살처럼 느껴졌다. 창살 너머 콘크리트 벽은 높고 단단한 교도소 담벼락 같았다.

객실 안에 있는 화장실은 넓고 깔끔했다. 아내는 파리 숙소보다 낫다면서 만족스러워했다. 하지만 4박 5일을 지하에서 지내야 한다는 사실에 마음이 편치 않았다. 기대했던 공원 전망은 볼 수도 없었다. 아내에게 의견을 물었다. 아이에게도 물었다. 만장일치를 봤다. '땅 위 객실'로 바꿔달라고 하기로.

그라운드 레벨에 올라가 직원을 찾았다. 오늘 밤에는 '땅 아래 객실'에서 지내는 대신, 내일 '땅 위 객실'이 생기면 방을 바꾸어달라고 부탁했다. 마침 내일 체크아웃을 하는 방이 하나 있으니 매니저에게 말해보라는 대답을 들었다. 영화배우처럼 잘생긴 중년의 직원은 매우 친절했다.

첫인상

런던에 도착해서 호텔 체크인 후 첫 목적지는 런던아이London Eye다. 자전거 바퀴처럼 생긴 거대한 대관람차 아래 선착장에서 템스강 유람선도 탈 예정이다. 지금 시각이 4시 45분, 유람선 출발 시각은 5시 45분, 호텔에서 선착장까지 거리는 5.5킬로미터, 서둘러 우버를 불렀다.

본능에 충실한 아내와 아이는 런던에 도착해서부터 배가 고프다고 했지만 시간이 넉넉하지 않았다. 예상치 않은 소소한 일들이 시간을 조금씩 지체시켰고, 그것이 쌓여 이만큼 늦어버렸다. 밥도 밥이지만 유람선 출발 시간에 맞출 수 있을지 걱정이었다.

다행히 길이 막히지 않아 지각은 면했다. 템스강 유람선과 런던아이를 묶은 패키지 상품을 예약했던 터라 매표소에서 표로 바꿨다. 템스강 유람선은 런던아이 선착장에서 출발해 서쪽 방향으로 조금 간 후 웨스트민스터브리지에서 유턴해서 웨스트민스터궁을 지나 타워브리지까지 가서 되돌아오는 코스다.

유람선이 출발했다. 우리는 2층의 야외 데크에 놓인 의자에 앉았다. 런던에 오기 전 템스강 사진을 보면 깔끔하고 운치 있고 멋있어 보였는데, 막상

국회의사당과 빅벤.

와서 보니 기대가 너무 컸다는 생각이 들었다. 아기자기한 센강에 비해 템스강은 광활했고, 그런 까닭에 유난히 두드러져 보이는 강물은 흙탕물이었다. 강바닥의 모래톱이 듬성듬성 보여서 제대로 정비되지 않은 것 같았다.

　도시를 여행하다보면, 특히 기대가 클 경우 보통 첫인상에 실망한다. 거실 소파에 앉아 리모컨으로 텔레비전 채널을 돌려가며 보고 싶은 것만 골라 보듯이 여러 명소가 순서대로 눈앞에 깔끔하고 단정한 모습으로 나타날 거라는 막연한 상상과 기대를 하는 것이다. 하지만 현실에서는, 거리는 생각보다 깨끗하지 않고, 이동 거리는 생각보다 멀고 험하며, 유명 관광지는 생각보다 덜 멋있는 경우도 있다. 또 사람이 많아 제대로 확인하지 못하기 일쑤다. 하지만 여행을 마치고 돌아오면 계속 생각나고 다시 가고 싶어진다. 런던도 그렇게 되리라는 걸, 이성적으로는 예상하고 있었다. 지금 당장은 실망스럽더라도 말이다.

미래지향적이고 세련된 모습의 런던아이는 얼핏 보면 정지한 것처럼 아주 천천히 움직였다. 영국 국회의사당인 웨스트민스터궁은 수리를 하는지 건물 일부분에 회색 가림막이 설치되어 있었다. 잔뜩 찌푸린 하늘에 솟아 있는 황갈색의 시계탑 빅벤은 점잖고 근엄한 런던 신사의 분위기가 느껴졌다. 곧고 뾰족한 빅벤과 강 건너의 둥근 런던아이가 서로 잘 어울렸다.

유람선은 런던브리지 아래를 지나갔다. 템스강에 세워진 다리 가운데 가장 오랜 역사를 가진 런던브리지는 1세기 로마인에 의해 최초로 지어졌고, 여러 차례 손상과 재건을 반복했다. 지금의 다리는 1973년에 지어진 것으로 런던의 랜드마크치고는 외관이 다소 평범했다. 이 직전에 있던 런던브리지는 미국 애리조나의 레이크하바수시티Lake Havasu City에 팔렸고, 허허벌판이던 레이크하바수시티는 이 다리를 옮겨와 세운 이후로 사람들이 모여들어 관광도시로 활성화되었다고 한다.

테이트모던 앞을 지났다. 우뚝 솟은 옛 발전소의 굴뚝을 보면서 다행이라는 생각이 들었다. 만약 기존 건물을 부수고 새로 지었다면, 투박하지만 저런 아름다운 비례의 탑은 없어졌을 것이고, 과거와 현재가 아름답게 조합된 멋진 건물이 탄생하지 못했을 것이기 때문이다.

런던 템스강, 런던아이, 웨스트민스터브리지, 그리고 빅벤.

기대를 많이 했던 밀레니엄브리지는 그 기대에 미치지 못했다. 너무 미래지향적이랄까, 템스 강변의 옛 건물들에 비해 너무 튄다는 느낌이 들었다. 사람들이 지나다니는 보행교인데, 수면에서 다리 상판까지 꽤 높아서 걸어다니기에는 무섭게 느껴졌고, 난간처럼 보이는 구조물도 간격이 듬성듬성 떨어져 있어서 위태로워 보였다.

렌초 피아노가 설계한 샤드Shard는 독보적이었다. 유럽에서 가장 높은 72층의 초고층 빌딩은 위로 올라갈수록 좁아지는 뾰족한 첨탑 모양으로 날렵하면서도 볼륨이 과하지 않아 주변의 낮은 건물들과 잘 어울렸다. 같은 날 오전 파리에서 본 퐁피두센터를 설계한 같은 건축가의 건물임에도 너무 다른 스케일과 디자인을 보여준다는 점이 흥미로웠다. 강 건너에 워키토키빌딩Walkie Talkie Building, 거킨빌딩Gherkin Building, 레든홀빌딩 Leadenhall Building 등 형태가 독특한 건물들이 서로 가까이 있는 모습은 오피스 빌딩의 다양한 대안 모형들을 모아둔 것 같았다.

어릴 적 엽서사진으로 많이 봤던 타워브리지는 그 존재를 확인하는 것만으로도 런던에 왔음을 인증하는 순간이었다. 고딕 양식의 성을 연상

시키는 단단한 모습의 다리는 런던을 지키는 문지기 같았다. 유람선에서 내려 런던아이로 걸어갔다. 런던아이는 원래 밀레니엄을 기념해서 한시적으로 지었다가 철거할 계획이었는데, 많은 사람들이 좋아하고 철거를 반대해서 지금까지 운영하고 있다. 에펠탑처럼 가설 구조물이었다는 공통점이 있지만, 지어질 당시의 평가에는 엄연한 차이가 있다.

런던아이를 타고 한 바퀴 도는 데 30분 정도 걸렸다. 런던아이는 달걀 형태의 꽤 큰 관람용 캡슐 안에 스무 명 정도를 수용했다. 영국의 건축설계회사 마크스 바필드Marks Barfield가 설계한 전망대는 높이가 135미터 정도로 런던 시내의 많은 장소를 한눈에 내려다볼 수 있다. 하지만 곡면 유리 때문에 시야가 선명하지 않았고 왜곡되어 보여서 눈이 어지러웠다. 탑승할 때는 해가 떠 있었는데 내릴 때가 되니 어두운 저녁이었다. 야경이 멋있었지만 카메라로 잘 담아내지 못해 눈으로만 보고 기억해야 했다.

파리 숙소에서 아침을 먹은 후 아직까지 끼니를 때우지 못했다. 런던아이 아래에 식당들이 있었지만 대부분 패스트푸드점이었고, 사람들로 너무 북적거리고 지저분해 보였다. 배고프고 피곤한 데다 으슬으슬한 기운이 있었지만 단순히 허기를 달래는 식사는 하고 싶지 않았다. 깔끔하고 아늑한 곳에서 맛있는 저녁식사를 하기로 했다.

식당을 검색했다. 런던아이 주변은 오피스가 밀집된 지역이라 식당이 꽤 많았다. 하지만 그중에서 맛집을 찾아보려니 리뷰를 확인하기가 쉽지 않다. 그저 느낌에 따라 선택해야 했다. 깔끔해 보이는 식당 입구에서 메뉴판을 들고 손님을 맞이하는, 상냥한 표정과 친절한 말투의 직원이 눈에 들어왔다. 캐주얼한 분위기의 레스토랑에서 런던에서의 첫 식사를 했다. 스테이크와 버거, 샐러드를 주문했는데 맛은 무난했다. 무난하다는 말 외에는 딱히 설명할 표현이 떠오르지 않았다. 그래도 배를 채우니 다시 힘이 났고, 으슬으슬한 기운도 사라졌다.

웨스트민스터브리지를 건넜다. 다리 중간에 서서 조명이 비춰진 런던아이를 배경으로 사진을 찍었다. 그리고 국회의사당 시계탑 빅벤을 여러 각도로, 가로와 세로 구도를 번갈아가면서 사진을 찍었다. 국회의사당 출입구까지 걸어가 울타리 바깥에서 건물 외벽과 앞마당을 구경했다. 밤늦은 시간이라 안으로 들어갈 수는 없었다. 이제 딱히 할 것이 없었다. 호텔에 돌아가기로 했다. 우버를 타고 '땅 아래 객실'로 돌아왔다. 아내와 아이는 샤워를 하고, 나는 오늘 다닌 장소와 지출 내역을 기록했다.

샤워를 마친 아내가 다급한 목소리로 샤워부스에서 물이 넘치려고 한다고 말했다. 배수구가 막혔는지 물이 내려가지 않았다. 엄밀히 말하면 아주 천천히 내려가고 있었다. 완전히 막힌 것은 아니어서 샤워를 할 수는 있었다. 내일 아침 방을 바꿔달라고 요구할 좋은 구실이 생겼으니 협상이 잘될 거라는 기대를 했다.

4일차

|

런던의 월요일

'땅 아래 객실'이라도 아침이라는 것을 알 수 있을 만큼의 햇빛이 방 안
으로 들어왔다. 침대에서 일어나 씻고 옷을 챙겨 입은 후 아침을 먹기 위해
식당으로 향했다. 땅 아래 객실의 장점을 하나 발견했다. 객실과 식당이 같
은 층이라서 도착하는 데 20초도 걸리지 않았다.

식당은 천창에서 햇빛이 잘 들어와 지하라는 느낌이 들지 않고 쾌적했
다. 테이블이 여섯 개 정도 있는 아담한 식당이었다. 식당과 나란히 주방이
있고, 주방 앞에는 음식이 놓인 테이블이 있었다. 시리얼과 우유, 식빵, 팬
케이크, 베이글, 삶은 계란, 소시지, 베이컨, 과일, 커피, 주스로 구성된, 단
출하지만 실속있는 조식이었다. 맛도 괜찮았다.

한쪽 벽면에 걸린 TV에서 아침 뉴스가 나오고 있었다. 영국식 억양을 구
사하는 BBC 뉴스 앵커의 목소리와 지역의 날씨 예보, 교통 상황에 대한 뉴
스가 이곳이 런던이고, 분주한 아침임을 일깨워주었다.

땅 위 객실로

업그레이드? 다운그레이드?

땅 아래 객실을 탈출하기 위해 프런트 데스크로 향했다. 어제 이야기를 나눴던 직원은 퇴근했는지 보이지 않았고, 포근한 인상의 중년배우 같은 남자 직원과 깐깐한 표정의 모델 같은 여자 직원이 있었다. 나이와 무관하게 표정에서 여자 직원이 매니저임을 단번에 알 수 있었다. 어제 만난 직원부터 오늘 본 매니저까지 이 호텔은 직원을 뽑는 기준이 외모인가 하는 생각이 들 정도로 모두들 용모가 수려했다.

인사를 주고받은 후 바로 용건을 꺼냈다. 어젯밤 샤워부스 배수구가 막혔다고 하니 매니저는 눈살을 찌푸렸다. 종종 있는 일인 듯, 익숙한 표정이었다. 물이 넘쳐흘렀느냐고 묻기에 넘치지는 않았다고 대답하자 그녀의 찌푸린 눈살이 다시 펴졌다. 사람을 보내서 고쳐주겠다는 말에, 나는 '땅 아래 객실'이 마음에 들지 않고, 그래서 방을 바꾸고 싶다고 했다. 그녀는 이렇게 대답했다. "음, 침대가 세 개인 다른 방이 오늘 체크아웃을 하는데, 지금 당신이 있는 방이 우리 호텔에서 가장 큰 방이야. 그래도 바꾸겠어?"

당황스러웠다. 내가 예상했던 경우의 수는 방을 바꿀 수 '있다' 또는 '없다'였는데, 매니저의 설명이 실망스러운 현실을 깨우쳐준 건지, 아니면 솔깃한 제안을 한 건지 헷갈렸다. 아내는 파리의 숙소보다 방이 커서 좋다고 했기 때문에 작은 방으로 바꾸면 실망할 수도 있다. 하지만 정말이지 남은 4일 동안 콘크리트 벽만 보이는 땅 아래에 있을 수도 없는 노릇이었다.

방을 바꾸겠다고 하자 매니저는 방이 확실히 좁은데 괜찮겠느냐고 되물었다. 가뜩이나 고민되는 상황인데 왜 자꾸 묻는 거지? 매니저는 만만한

호텔빌라켄싱턴 주변, 보도와 현관을 연결하는 다리 아래에 드라이에어리어가 연속으로 이어져 있다.

사람이 아니었다.

"얼마나 작아(How small is it)?"

"작아(Small)."

우리는 '스몰'이라는 단어를 주거니 받거니 했다. 작아봐야 얼마나 작겠어. 설마 누울 자리가 없는 건 아니겠지. 지하보다는 낫겠지? 머릿속에 떠오르는 복잡한 생각을 정리한 후 나는 단호한 목소리로 방을 바꿔달라고 말했다. "러블리"라는 답변을 들은 후 우리는 방을 바꾸는 것에 대해 서로 합의를 보았다. 짐을 싸서 문 앞에 두면 옮겨주겠다고 했다. 옮겨갈 방이 몇 층인지 물으니 매니저는 2층인데 전망이 좋다고 했다. 2층인데 전망이 좋다고? 2층이면 우리 기준으로 3층인데, 왠지 듣기 좋으라고 하는 말 같았다. 어쨌든 지하에서 벗어난다는 사실이 중요했고, 그래서 기분이 좋아졌다.

나중에 알게 된 사실인데, 런던이나 파리 같은 오래된 도시는 하수 시설이 그리 탁월하지 못하다. 각 집마다 하수도와 연결된 배관이 작아서 배관에 이물질이 조금만 들어가도 잘 막힌다. 그래서 유럽 도시에서는 대부분 '샤워 팬shower pan'이라고 하는, 측면이 바닥에서 조금 올라간 형태의 샤워 부스를 사용한다. 물이 천천히 빠지더라도 넘치지 않게끔.

추억의 장소 찾기

아내가 20대 시절을 보냈던 추억의 장소를 함께 찾는 일이 의미가 있다고 생각했다. 호텔을 이곳으로 선택한 이유도 아내가 유학 시절 머물렀던 기숙사가 호텔에서 멀지 않은 곳에 있기 때문이었다.

아침을 든든하게 먹었고, 땅 위 객실로 바꾸는 협상도 잘 마무리되어 기분 좋게 오늘의 일정을 시작할 수 있었다. 호텔 주변 동네 탐방을 나섰다. 지하철역과 버스 정거장 위치를 확인하고, 슈퍼마켓과 상가, 레스토랑도 파악했다. 버거킹이 가까운 곳에 있어서 좋았다. 낯선 장소에서 쉽게 접근할 수 있고 분위기와 주문하는 절차가 익숙한 곳이라 더 반가웠다.

하이드파크 방향으로 걸었다. 작은 우체국과 꽃가게를 지나쳤다. 아내는 이곳에서 꽃을 산 기억이 난다며 반가워했다. 조금 더 걸으니 사진을 찍으면 예쁘게 나올 것 같은 정겨운 분위기의 뒷골목이 보였다. 좁고 조금 구불구불한 골목길이었다. 왼쪽에는 3층짜리 건물이 서로 비뚤게 배치되어 있고, 건물 아래에는 제법 오래 자라서 잎이 무성한 화분이 놓여 있었다. 오른쪽에는 진한 갈색의 벽돌 담장이 있고, 그 너머에 키 큰 나무가, 그 뒤로 흰색 직사각형의 깔끔한 건물이 서 있었다. 골목의 끝자락에는 담쟁이덩굴이 담장을 수북이 감싸고 있고, 그 앞에는 유럽 분위기가 나는 실용적인 왜건 승용차가 서 있었다. 골목 안쪽을 기준으로 일소점 투시도를 그리면 멋있을 것 같았다.

아내는 자기가 아는 동네라며 지나가면서 보이는 건물들에 대해 의욕적으로 설명했다. 어른이 된 후 어린 시절 뛰놀던 골목을 다시 찾으면 옛 기억과 현재의 변화된 모습에 만감이 교차하듯, 지금 아내가 그런 마음이지 않을까 싶었다. 아내는 이곳에 17년 만에 왔다.

흰색 페인트가 칠해진 주택단지를 지나갔다. 우리가 머무는 호텔빌라켄싱턴처럼 도랑 느낌이 나는 드라이 에어리어가 도로에 면한 건물 외벽과 나란히 있고, 그 위로 보도와 현관문을 연결하는 다리가 놓여 있었다. 이 건물들이 지어질 당시에는 도로에 드라이 에어리어의 바닥면까지 이어진 맨홀을 만들어 지하층으로 석탄을 반입했다. 비슷한 형태의 주택들이 줄지어 있으니 드라이 에어리어가 서로 연결된 것처럼 보였고, 땅 아래 공간에도 창이 있어서 답답해 보이지 않았다. 하지만 땅 아래 객실에서 하룻밤을 경험해봐서 아는데, 창밖으로 콘크리트 벽만 보이고 많이 답답하다.

흰색의 연속주택 단지를 지나자 빨간색 벽돌 건물들이 나타났다. 지척에 있는 초록의 하이드파크를 생각하면, 도시계획가의 의도가 있었든 없었든, 흰색, 빨간색, 초록색으로 구역을 설정한 흥미로운 결과를 낳았다.

길을 조금 헤맨 끝에 아내가 지냈던 기숙사를 발견했다. 퀸알렉산드라하우스Queen Alexandra's House. 근처에 있는 예술대학과 음악대학에서 공부하는 여학생들을 위한 기숙사다. 경사지고 굴곡진 언덕에 놓인 앤 여왕 부흥 양식Queen Anne revival style의 지하 1층, 지상 6층짜리 붉은 벽돌 건물은 대지 형상에 맞춰 꺾인 형태였다. 언덕이 시작하는 부분은 지하층의 창이 노출되어 있었다. 검은색 철제 울타리 너머로 아담한 마당이 있으며 담쟁이가 건물의 일부를 감싸고 있었다.

1층부터 꼭대기 층까지 건물 외벽 밖으로 돌출된 창이 일정 간격으로 배열되어 있는데, 그 위로 모임지붕의 경사와 무관하게 솟아 있는 박공면은 성벽 같은 인상을 주었다. 흰색의 직사각형 창틀이 가지런히 정렬되어 있으며 빗물이 흘러내리는 홈통의 위치는 창의 간격과 맞춘 것 같았다. 외벽 한쪽에는 "1884년 6월 30일 웨일스의 공주가 주춧돌을 놓다"라고 새겨져 있었다. 덴마크 코펜하겐에서 태어난 알렉산드라 여왕은 1863년 웨일스의 왕자 앨버트 에드워드와 결혼한 후 1901년에 영국 여왕이 되기 전까지 웨일스의 공주라는 직위였다.

우리는 계단이 있는 건물 입구에서 사진을 찍었다. 흰색 돌계단과 검은색 철제 핸드레일이 붉은 벽돌과 잘 어울렸다. 출입문 양 옆으로 노란 꽃을 심은 화분이 놓여 있었다. 출입문 옆의 벽에는 바이올린을 켜는 남자와 어린아이의 테라코타 부조가, 그 아래에는 이 건물의 이름을 새긴 명판이 있었다.

아내는 세월이 많이 흘렀지만 이곳은 예전 그대로라고 했다. 그 시절에

퀸알렉산드라하우스 외관.

는 기숙사 창밖으로 스파이스걸스의 노래가 항상 들렸다고 한다. 아내의 20대 모습을 본 적은 없지만, 기억 속 장소에 함께 있음으로써 나는 아내의 20대를 공유하게 되었다.

호그와트 마법학교 학생들

걸어가던 방향으로 조금 더 가니 로열 앨버트홀이 나타났다. 1871년 빅토리아 여왕 재위 시절에 들어선 원형의 공연장은 붉은 벽돌을 주로 사용했고 벽면의 유리창 주위에 석조 장식을 둘렀다. 길 건너편에는 숲이 우거진 하이드파크가 있으며, 키가 큰 나무 사이로 앨버트기념비의 금장이 번쩍거렸다.

자연사박물관이 있는 길 쪽으로 방향을 틀었다. 런던 자연사박물관은 1881년 영국박물관의 전시물이 넘쳐서 부속 전시관 개념으로 만들어진 곳이지만, 21세기에 그 규모는 어마어마했다. 생물을 다루는 라이프갤러리 Life Galleries의 블루 존과 오렌지 존, 무생물을 다루는 얼스갤러리 Earth Galleries 의 레드 존과 그린 존, 이렇게 네 구역으로 나뉘어 있다.

세상 모든 종류의 곤충과 새와 동물을 모아둔 것 같았다. 다양한 모양과 색깔의 곤충들이 진열되어 있는데, 곤충 구역만 본다 해도 하루가 부족할 것 같았다. 화장실을 찾아 지하층에 내려가니 큰 홀이 있는 식당이 있었다. 식당은 교복을 입은 학생들로 가득했다. 그들은 흰색 양말에 검정 구두를 신고, 회색 바지에 흰색 셔츠와 자주색 카디건을 입고, 챙이 있는 모자를 쓰고 있었다. 해리포터 영화에서 호그와트 마법학교 학생들이 식사하는 장면을 보는 것 같았다.

자연사박물관에 견학 온 교복 입은 학생들.

전시 구역마다 도서관 분위기의 기념품숍이 있었다. 과학책과 동물 인형, 장난감, 곤충 모양의 액세서리, 티셔츠 등 전시 내용에 맞게 특화한 기념품이 즐비했다. 아이는 기념품숍 앞을 지나갈 때마다 쇼핑 중독 증세를 보였고, 나는 아이의 신경을 다른 곳으로 돌리기 위해 안간힘을 썼다. 런던에는 입장료가 무료인 박물관이 많은데, 어마어마하게 크고 화려한 기념품숍이 박물관을 운영하는 데 재정 문제만큼은 확실히 도움을 줄 것 같았다. 기념품숍의 물건을 보면 사고 싶은 욕망이 샘솟았다. 아이는 자연사박물관에서 떠날 생각을 하지 않았다. 빡빡한 일정이라 오래 머무를 수 없어서 다

교복을 입고 챙모자를 쓴 아이들이 호그와트 마법학교 학생처럼 보였다.

른 곳에 가면 더 좋은 게 있을 수 있다고 설득해서 밖으로 나올 수 있었다.

빅토리아앨버트박물관으로 갔다. 다양한 미술작품과 공예작품을 소장하고 있는 박물관은 르네상스 양식과 로마네스크 양식으로 지어졌다. 박물관 입구의 화려한 아치에서 자연사박물관과는 다른 성격의 장소임을 알 수 있었다. 이곳에서는 아이의 관심과 집중도가 현저히 떨어진 반면 아내의 관심과 집중도는 높아졌다. 빅토리아앨버트박물관의 기념품숍은 백화점 분위기의 화려한 인테리어로 사람들을 끌어모았고 각종 세련된 액세서리와 가방이 아내를 유혹했다.

전시장을 둘러본 후 박물관에서 나왔다. 벌써 오후 3시였다. 여행을 다닐 때마다 끼니를 제때 해결하는 일이 쉽지 않았다. 글로스터로드역 근처의 버거킹에 갔다. 익숙한 곳인 만큼 쉽게 주문해서 주린 배를 채울 생각이었다. 동남아시아 출신으로 보이는 점원의 발음은 알아듣기가 너무 어려웠다. 샹젤리제거리의 맥도날드만큼은 아니었지만 글로스터로드역 버거킹에서도 패스트푸드를 주문하는 일이 만만치 않았다.

창밖을 보니 학교 수업이 방금 끝났는지 교복을 입고 챙모자를 쓴, 키 작은 호그와트 마법학교 학생들이 거리를 점령했다. 아내는 챙모자가 예쁘다며 유독 관심을 보였다.

오이스터 카드 만들기

글로스터로드역으로 갔다. 오이스터 카드를 사기로 했다. 파리는 소매치기에 대한 우려와 빡빡한 일정 때문에 대중교통을 이용하지 않았지만, 런던은 상황이 다를 거라고 기대했다. 호

텔이 지하철역에서 가까워 이용하기 편
하고 방문할 장소가 대체로 지하철역 근
처이기 때문에 대중교통을 이용하는 것
이 여러모로 좋을 것 같았다. 무엇보다
런던의 상징인 2층버스를 자주 타고 싶
었다.

글로스터로드 지하철역.

　오이스터 카드는 런던에서 사용하는
선불 교통카드로, 지하철과 버스에서 모
두 사용할 수 있다. 이용 기간과 이동 거
리에 따라 가격이 다양하다. 카드 구입
방법을 미리 파악했지만, 막상 실전에
닥치니 많지도 않은 경우의 수 때문에
머리가 복잡했고 판단력이 흐려졌다. 오
이스터 카드를 발급하는 기계의 버튼을 몇 번 누르다가 역무원에게 도움을
청했다. 기계에서 만들면 된다는 퉁명스러운 대답이 돌아왔지만 도움이 필
요하다는 말을 또 꺼냈다. 역무원과 함께 카드 발급 기계로 갔다.

　"런던에 얼마나 있을 거야?"

　"4~5일 있을 거야. 하지만 지하철은 3일 동안 탈 거야."

　"1일권, 3일권, 일주일권이 있어. 일주일권이 가장 싼데, 당신이 어느 존
을 가느냐에 따라 공제되는 돈이 달라."

　존이라니? 교통카드를 사는 데 고려해야 할 사항이 여러 개라서 혼란스
러운 동시에 고민하는 게 귀찮았다. 역무원에게 추천을 부탁하자 2존 내

에서만 다닌다면 3일권이 좋을 거라고 했다. 하지만 다니는 존에 따라 돈을 더 낼 수도 있다는 말을 덧붙였다. 지도를 보면 우리가 다닐 곳이 1존인지 2존인지 정확히 알 수 없으나, 대체로 시내 중심부였다. 3일권을 사는 게 좋겠다고 생각했다. 혹시나 잔고가 부족하면 돈을 더 내면 되고. 역무원에게 일곱 살짜리 아이는 요금이 얼마인지 물으니 공짜라고 했다. 우리는 3일권 두 장을 사기로 했다.

평소에 과묵하게 지켜보기만 하던 아내가 "일주일권으로 하면 가장 저렴하고, 나중에 돈이 더 나갈 수도 있으니 중간에 돈이 모자라서 낭패를 보는 것보다 충분한 게 나을 거 같다"고 말했다. 머릿속은 새로운 계산으로 다시 작동하기 시작했다. 확실히 하는 차원에서 역무원에게 일주일권을 구입한 후 나중에 돈을 돌려받을 수 있는지 물었다. 그는 돌려받을 수 있다고 했다. 그런데 일주일권이라는 게 일주일 동안 사용한다는 의미라서 정액권 아닌가? 정액권이면 쓰든 안 쓰든 그만큼의 돈은 다 내는 게 아닌가? 조금 애매했지만 아내가 하자는 대로 했다. 모처럼 의견을 냈으니 따르는 것이 좋겠다고 생각했다. 게다가 아내는 이곳에서 유학을 해서 나보다 영국식 발음에 더 익숙할지도 모른다. 나는 카드 발급 기계의 일주일권 버튼을 눌렀다. 어른 두 명으로 해서 64.8파운드를 지불했다. 파란색의 오이스터 카드 두 장이 기계에서 나왔다.

3일 후 카드의 잔액을 확인했다. 한 푼도 없었다. 일주일 동안 사용하는 카드이기 때문에, 하루를 사용하든 일주일을 사용하든 이미 낸 돈은 받을 수 없는 것이 팩트였다. 생각해보니 역무원이 돈을 돌려받을 수 있다고 한 것은 5파운드 예치금이었던 것 같다(오이스터 카드 예치금은 카드를 반납할 때 돌려받을 수 있다). 질문이 틀렸던 것이다. 일주일권을 선택한 후 잔액이 남으면 돌려받을 수 있는지 물었어야 했다.

오이스터 카드는 두 장인데 사람은 세 명이라 지하철을 탈 때마다 아이는 엄마와 몸을 붙여서 개찰구를 통과해야 했다. 지하철이 다니는 터널은 둥그렇게 뚫려 있고 지하철도 그 형태에 맞춰 둥근 형상이었다. 크기가 서울 지하철에 비해 많이 작았다. 폭이 좁고 높이도 낮았다. 덩치가 큰 런던 시민은 몸을 구부리고 서 있었다. 다들 익숙한지 표정이 매우 평온하고 자연스러웠다. 아이에게 일장 연설을 했다. 여행을 준비할 때 몇 번 일러줬던 말이었다.

"지하철을 탔는데 서윤이는 내리고 엄마 아빠가 내리지 않았으면, 엄마 아빠는 다음 역에서 내릴 테니까 서윤이는 다음에 오는 지하철을 타고 다음 역에 내려. 엄마 아빠는 내렸는데 서윤이가 내리지 못했으면, 서윤이는 다음 역에 내려. 엄마 아빠가 다음에 오는 지하철을 타고 다음 역에 내릴 거니까." 아이는 같은 말을 100번은 들은 듯한 표정으로 "알았다고요!"라고 외쳤다.

오페라의 유령,
These things do happen

피커딜리서커스는 사람들로 가득했다. 점잖고 조용한 런던의 분위기가 이곳에서는 예외였다. 뉴욕의 타임스퀘어에 비하면 규모가 작지만, 코카콜라, 현대자동차, 버버리, 삼성, 맥도날드 등 기업 광고판의 변화무쌍하고 화려한 빛이 광장과 주변 건물을 비

HER MAJESTY'S THEATRE

추는 무대 조명 같았다. 사람들의 움직임과 왁자지껄한 소리, 어디선가 울려퍼지는 버스킹 음악은 마치 공연장에 온 듯한 착각을 불러일으켰다.

뮤지컬 〈오페라의 유령〉 전용 극장인 허마제스티극장Her Majesty's Theatre에 도착했다. '여왕 폐하 극장'이라는 뜻을 가진 이곳은 19세기 말에 세워진 프랑스 르네상스 양식의 건물로 루브르박물관의 지상층 건물이 연상되는 전면 파사드가 완벽한 대칭을 이루고 있었다. 규모는 그리 크지 않았다. 출입구는 소박하고, 로비는 아담하며, 계단은 앙증맞았다. 폭이 좁고 높이가 낮은 런던 지하철처럼, 덩치가 큰 영국 사람과 극장의 스케일이 맞지 않는 점이 흥미로웠다.

런던에 오면 뮤지컬 하나는 꼭 보고 싶었다. 아내는 20년 전 이곳에서 〈오페라의 유령〉을 봤다고 했다. 추억을 공유한다는 의미도 있고, 워낙 좋아하는 뮤지컬이라 별 고민 없이 선택했다. 여행을 떠나기 전 아이에게 뮤지컬 공연 영상과 음악을 자주 틀어줬다. 공연을 보다가 지루해할 수도 있으니 미리 익숙해지도록 하기 위해서였다. 다행히 아이는 뮤지컬 음악의 멜로디를 좋아했다.

우리는 3층의 그랜드 서클 좌석으로 자리를 잡았다. 예산을 감안한 선택이었는데, 극장 규모가 크지 않아서 무대가 멀지 않았고, 무대 전체를 한눈에 내려다볼 수 있어서 좋았다. 하지만 좌석은 비좁고, 관객이 만원이라 공기가 탁했다.

프랑스 작가 가스통 르루의 소설 『오페라의 유령』은 여러 세대에 걸쳐 영화와 뮤지컬로 만들어졌다. 영국의 뮤지컬 작곡가 앤드류 로이드 웨버

허마제스티극장
무대와 객석.

Andrew Lloyd Webber가 새로운 이야기와 음악으로 새로운 뮤지컬을 만들었고,
1986년 이곳 허마제스티극장에서 초연을 했다. 이때 세라 브라이트먼Sarah
Brightman이 여주인공 크리스틴 역을 맡았다.

　뮤지컬 〈캣츠〉를 작업할 당시 작곡가 앤드류는 코러스 일원인 세라를 만
났다. 유부남, 유부녀였던 그들은 각자 이혼을 하고 결혼했지만 그들의 결혼
은 오래 가지 못했다. 앤드류는 세라의 목소리와 음역을 고려해서 〈오페라
의 유령〉 여주인공 크리스틴의 노래를 작곡했다. 고음을 요하는 노래가 많

은 탓에 후일 크리스틴 역을 맡은 여배우들이 성대결절로 고생을 했다는 일화도 있다.

세라는 이혼 후 뮤지컬계를 떠나 크로스오버 팝페라 가수로 명성을 쌓았다. 흥미로운 점은 앤드류의 전처 이름이 세라이고, 세라의 전남편 이름은 앤드류였다는 사실이다. 2011년 로열앨버트홀에서 열렸던 〈오페라의 유령〉 25주년 특별 공연에서 각자의 삶을 살고 있는 두 사람이 공연이 끝난 후 함께 인사하는 장면이 인상 깊었는데, 쿨하면서도 여전히 둘 사이에 전기가 흐르는 듯한 느낌을 받았다.

파리 오페라하우스의 지하에 거처하는 팬텀은 극단 단원들에게 공포의 대상이었다. 그는 신출내기 소프라노 크리스틴의 노래 스승을 자처하면서 그녀를 위해 작곡한다. 크리스틴과 라울의 사랑을 질투하고 그녀를 빼앗으려 하지만 팬텀은 결국 포기한다. 거울 문을 통해 크리스틴을 데려가 지하 호수에서 배를 타고 노를 저어가는 동안 뮤지컬의 주제곡 「팬텀 오브 오페라」가 울려퍼지는 장면은 공연의 하이라이트다.

극단에 흉흉한 사건이 자주 일어나자 단원들이 팬텀 때문이라며 겁에 질려 있을 때, 극장주가 이런 대사를 한다. "These things do happen." 항상 일어나는 일이니 신경쓰지 말라는 의미다.

1부가 끝나고 인터미션에 하겐다즈 아이스크림 통을 든 직원이 좌석 사이를 돌았다. 어릴 적 야구장에서 봤던 광경과 비슷했다. 바닐라로 골랐다. 적당히 차갑고 적당히 달콤한 아이스크림 덕분에 기분이 상쾌해졌다. 2부가 시작됐지만 아내 옆자리에 앉았던 관객이 돌아오지 않았다. 시간을 놓

뮤지컬 〈오페라의 유령〉 포스터.

쳐 복도에서 관람하는 줄 알았다. 20분쯤 지났을까. 오른쪽 끝에서부터 한 사람씩 투덜거리는 소리가 순차적으로 들렸다. 유난히 큰 체격에 하이힐을 신은 그녀는 좁은 통로를 비집고(통로라고도 할 수 없는, 겨우 무릎을 접을 만큼의 공간이었다) 우리 쪽으로 다가오고 있었다.

나는 요가에서 할 법한 포즈로 몸을 잔뜩 구부려 그녀가 지나가게 했다. 아이가 짧은 비명을 내뱉었다. 공연이 시작할 때부터 발이 답답하다고 신발을 벗어뒀는데, 그녀의 하이힐이 아이의 맨발을 밟은 것이다. 아이는 닭똥 같은 눈물을 뚝뚝 흘리다가 이내 펑펑 울기 시작했다. 공연이 진행 중이라 큰 소리는 내지 못하고 서럽게 울었다.

아이를 데리고 밖으로 나갈 궁리를 했지만 행동으로 옮기기가 쉽지 않았다. 옆자리에 앉은 노년의 여성은 인터미션 중 몸을 숙여 무대가 있는 아래를 내려다보는 나에게 가리지 말라고 핀잔을 주었다. 좁은 통로를 비집고 나가는 동안 아이의 발을 밟은 그녀처럼 내가 다른 사람의 발을 밟을 수도 있었다.

손을 뻗어 아이의 발을 확인했다. 아이는 만지지 말라고 손사래를 쳤다. 조심스럽게 만져보니 움푹 들어간 곳이 없고 다행히 피가 만져지지는 않았다. 하이힐 굽에 스쳤을지도 모르겠다고 생각했다. 아이에게 괜찮은지, 나가고 싶은지 다시 물었다. 아이는 공연을 계속 보겠다고 했다. 그녀는 미안해하며 어쩔 줄 몰라 했다. 나는 그녀에게 나지막한 목소리로 말했다. "이런 일은 항상 일어나(These things do happen)."

엎친 데 덮친 격으로 아이는 정신없이 울다가 손에 쥐고 있던 오페라글라스를 떨어뜨리고 말았다(의자 손잡이에 있는 동전 구멍에 1파운드를 넣으면 오페라글라스를 꺼내 사용할 수 있었다). 좁아터진 좌석 사이에 낀 오페라글라스를 찾아내기란 여간 어려운 일이 아니었다. 곡예를 하듯 팔을 뻗고 다리를 뻗어보았지만, 내 사정권에 없었다. 안 쓰던 물건이라도 없어지면 아쉬운 법. 아이는 배우 얼굴이 잘 보이지 않는다며 투덜댔고, 아내는 물건을 잘 간수하지 않았다면서 아이를 타박했다.

공연 관람을 방해하는 사건이 계속 발생했지만, 오페라 자체는 매우 훌륭했다. 무대와 의상은 화려했고, 음향은 터질 듯 강렬했으며, 배우의 연기와 노래는 환상적이었다. 대사와 노랫말의 메시지가 정확하게 전달되지 않았음에도 불구하고 배우의 몸동작과 음악의 멜로디만으로도 충분히 감동적이었다. 팬텀이 절규하듯 울부짖으며 노래하는 마지막 장면에서는 뒷목이 싸늘해지면서 머리카락이 쭈뼛 곤두서는 것 같았다. 아내는 감동의 눈물을 흘렸고, 아이는 물개 박수를 쳤다.

호텔빌라켄싱턴

Hotel The Villa Kensington

주소: 10-11 Ashburn Gardens, Kensington, London SW7 4DG

연락처: +44-20-7370-6605

홈페이지: www.thevillakensington.co.uk

이메일: reservation@thevillakensington.co.uk

숙박비: 4박 5일 581파운드(조식 포함)

위치와 주변 환경　　　런던 중심부에서 멀지 않은 켄싱턴 지역에 위치한 호텔빌라켄싱턴은 애시번가든 버스 정거장이 2분 거리에, 글로스터로드 지하철역이 5분 거리에 있다. 하이드파크와 자연사박물관, 과학박물관, 빅토리아앨버트박물관이 가깝고, 해러즈백화점과 테스코 슈퍼마켓이 근처에 있다. 레스토랑과 패스트푸드점도 주변에 여럿 있다.

외관　　　연속주택이라고 일컫는 테라스 하우스^{terrace house}가 줄지어 서 있다. 영국 도시주택의 전형적인 형식으로 인근 건물들이 비슷한 높이와 스타일을 보여준다. 흰색으로 도장한 건물은 겉으로 보기에 호텔인지 주택인지 구분하기가 쉽지 않고 호텔 간판도 크기가 작아서 눈에 잘 띄지 않는다. 건물과 보도 사이에는 지표면 아래에 만든 공간인 드라이 에어리어가 있다. 그 위

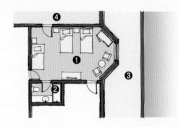

'땅 아래 객실' 평면도

벽면에서 돌출된 베이 윈도 형식의 창이 있고, 창 밖은 드라이 에어리어다. 싱글 침대 세 개, 옷장, 서랍장, 의자와 테이블 등의 가구가 있다. 객실 문 맞은편에 화장실이 있다.

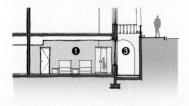

Villa kensington B1

'땅 아래 객실' 단면도

창밖 공간은 최소한의 채광과 환기를 위한 드라이 에어리어다. 시야가 막혀 답답하고 갇힌 느낌이 든다.

❶침실 ❷화장실 ❸드라이 에어리어 ❹복도

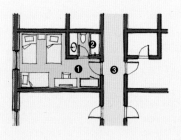

'땅 위 객실' 평면도

침실과 화장실로 구성된 좁은 방에 싱글 침대 세 개, 책상, 옷장 등의 가구들을 퍼즐 맞추듯 옹기종기 배치했다.

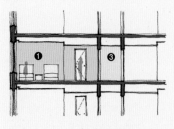

Villa kensington 2nd Level

'땅 위 객실' 단면도

작은 비즈니스급 호텔 수준으로 매우 평범하다. 지상층이라서 채광과 조망이 가능한 것이 중요한 장점이다.

❶침실 ❷화장실 ❸복도

에 건물 입구와 보도를 연결하는 돌출 현관은 박공지붕 구조다. 아담한 로비 공간은 흰색과 갈색의 체스판 무늬 대리석 바닥으로 되어 있고 한쪽 벽에 검은색 바탕에 흰색 글씨가 쓰여 있는 직사각형 패널 스무 개가 달려 있다. 호텔 주변의 지하철과 버스 정보들이다. 직관적으로 읽히지는 않지만, 흰색 벽과 어울리는 장식 요소다.

'땅 아래 객실' 내부 공간　객실 문을 열면 맞은편에 화장실 문이 있고, 그 옆으로 서랍장 선반 위에 TV가 놓여 있다. 반대쪽에 싱글 침대 한 개가 벽에 나란히 붙어 있고, 문 왼쪽으로 싱글 침대 두 개가 놓여 있다. 벽면에서 돌출된 베이 윈도 bay window 형식의 창이 있다. 창 바깥은 드라이 에어리어다. 커넥팅 도어 connecting door가 두 개 있는데, 하나는 창가 쪽이고, 다른 하나는 복도 쪽이다. 복도 쪽 문 너머 방은 용도가 무엇인지 궁금해서 문을 열어보았지만 열리지 않았다.

'땅 아래 객실' 창밖 풍경　햇빛이 흰색 반투명 커튼을 스며들듯 관통해 방 안으로 들어온다. 생각보다 밝고 지하 느낌은 아니지만 커튼을 젖히면 바로 앞에 콘크리트 벽이 보인다. 최소한의 채광과 환기를 위한 드라이 에어리어다. 콘크리트 벽을 보니 시야가 막혀 답답하고 갇혀 있는 것 같은 느낌이 들었다.

'땅 위 객실' 내부 공간　2층에 위치한 객실은 우리나라의 층 개념으로는 3층에 해당한다. 같은 3인실이지만 '땅 아래 객실'보다 크기가 많이 작다. 객실 문을 열면 맞은편에 흰색 프레임의 직사각형 오르내리창이 있고, 그 너머로 주택가의 지붕이 보인다. 오른쪽으로 화장실 문이, 왼쪽으로 붙박이장이 있다. 붙박이장과 나란히 놓인 탁자 위에 TV가 있고, 그 옆에는 싱글 침대 한 개가, 그리고 화장실과 외벽 사이 공간에 싱글 침대 두 개가 나란히 있다. 트윈룸에 침대 하나를 어렵사리 끼워넣은 것 같았다. 좁은 방에 가구들을 퍼즐 맞추듯 옹기종기 배치했고, 그 사이로 겨우 지나갈 정도의 좁은 공간이 있다. 베이지색 카펫을 깐 바닥에, 벽과 천장은 흰색 도장으로 마감했다. 수납공간과 화장실은 딱 필요한 만큼만 차지하고 있다.

'땅 위 객실' 창밖 풍경   창밖으로 보이는 주택의 경사지붕 너머로 베이지색 벽돌로 지은 테라스 하우스의 뒷면이 보인다. 전망이 좋다고 할 수는 없으나, 콘크리트 벽보다는 훨씬 낫다. 방의 크기도 중요하지만 채광과 조망이 훨씬 중요하다는 사실을 절실히 깨달았다.

총평　　　　　호텔빌라켄싱턴은 규모가 크지는 않지만 나름 실속 있는 숙소였다. 런던 도심이면서 교통이 편리하고, 조식을 제공하며, 가격이 무난했다. 이곳을 런던의 숙소로 정한 가장 큰 이유는 아내가 다녔던 학교와 기숙사가 가까이 있기 때문이었다. 아내의 추억을 공유하기 위한 최적의 장소라고 생각했다. '땅 아래 객실'과 '땅 위 객실'이라는 경험 덕분에 오래 기억에 남을 것 같다.

'땅 위 객실'의 창밖 풍경.

5일차

|

런던의 화요일

아이가 침대에서 자다가 떨어질까봐 바닥에 베개 세 개를 나란히 포개뒀는데, 아침에 일어나 보니 역시나 아이는 베개의 굴곡에 맞춰서 굴곡진 자세로 바닥에서 자고 있었다. 조망권을 얻었으니 창밖의 풍경이 궁금했다. 아침 공기도 궁금했다. 커튼을 걷고 창문을 열었다. 기분 때문인지는 모르겠으나 공기가 상쾌했다. 파란 하늘과 선명한 흰 구름이 서울과 크게 다르지 않았지만, 서울과 많이 다른 형태와 색상의 주택가 지붕이 함께 보이기 때문인지 하늘도 이국적으로 느껴졌다.

창문은 위아래로 여는 오르내리창이었다. 창을 올려서 여는 데는 무리가 없었으나 내리는 방법이 서툰 건지 창문이 좀처럼 움직이지 않았다. 오후에 비소식이 있다는데, 하는 수 없이 프런트 데스크에 도움을 요청했다. 직원이 올라와 능수능란하게 창문을 내려주었다. 그의 동작을 유심히 관찰했지만 금방 잊어버려 다음날에도 직원을 불러야 했다.

빅토리아역,
브라이튼행 서던 열차

　　　　　　　　오늘은 영국과 프랑스 사이에 있는 도
버해협의 해안 절벽 세븐시스터스^{Seven Sisters}를 찾을 예정이다. 가는 길이
멀고 험난할 것으로 예상된다. 경로를 말하자면 이렇다. 먼저 지하철을 타
고 빅토리아역에 가서 브라이튼행 열차를 타고 한 시간 정도 간다. 브라이
튼은 런던에서 남쪽으로 80킬로미터 정도 떨어져 있는 해안가 작은 도시
다. 브라이튼역에 도착하면 버스를 타고 이스트딘^{East Dean}까지 간다. 버스
를 타고 가는 시간도 역시 한 시간 정도 걸린다. 버스에서 내리면 벌링갭
Birling Gap까지 2.5킬로미터 정도 걸어야 한다. 그렇게 해서 세븐시스터스에
도착할 수 있다. 돌아오려면 갔던 길을 반대로 거슬러 와야 한다.

　영국을 배경으로 한 영화나 드라마를 보면 영국 특유의 바닷가 풍경이
종종 나온다. 무채색의 흙과 돌, 원색에 가까운 초록 잔디가 있고, 하늘은
먹구름이 잔뜩 낀 풍경으로 기억에 남아 있다. 그런 바닷가를 보고 싶었다.
검색창에 '런던 주변 바다'라고 입력했다. 그렇게 해서 세븐시스터스를 알
게 되었다. 또 브라이튼에 전망대가 새로 문을 열었다는 소식을 들었다. 새
로운 건축물에 관심이 가기도 했고, 여행에서 구경거리가 늘어나는 것은
반가운 일이었다.

　아름다운 장소를 찾는다는 기대가 컸지만, 기차 시간과 버스 시간, 무엇
보다도 영국의 변덕스러운 날씨가 신경쓰였다. 그래서 만반의 준비를 했
다. 캐리어에 넣어야 할 짐이 많음에도 불구하고 오늘 하루를 위해 겨울옷
을 준비했고, 우비도 챙겼다(사실 아내와 내 우비는 챙겼으나 아이의 우비를

빅토리아역 기차 출발 도착을 알리는 전광판.

집에 두고 왔다는 사실을 세븐시스터스에 가는 날 아침에 알았다).

서둘러 아침을 먹고 글로스터로드역에서 디스트릭트/서클District/Circle 노선을 타고 빅토리아역으로 갔다. 빅토리아역에서 브라이튼역으로 가는 기차표는 미리 예약해두었다. 직원에게 예약 서류를 보여주면서 기차표를 어디서 받을 수 있는지 물었다. 그는 손가락으로 방향을 가리키며 자동판매기 비슷한 기계에서 직접 뽑으라고 했다. 기계에 예약 번호를 입력하니 표가 쏟아져나왔다. 무슨 표가 이리도 많은지, 영수증과 승차권을 합해 총 일곱 장이었다. 심지어 크기와 색상과 모양이 모두 똑같아서 같은 표가 여러

장 나온 줄 알았다. 세 명에 대한 각각의 승차권 세 장과 영수증 세 장, 그리고 나머지 한 장은 전체 영수증이었다.

안내 데스크 직원에게 승차권을 보여주면서 브라이튼행 기차를 어디서 타야 하는지 물었다. 플랫폼 번호가 전광판에 뜰 테니 확인하라고 했다. 행여나 전광판에서 번호를 놓칠까봐 뚫어져라 처다봤다. 10분 정도 지나자 브라이튼행 기차 번호와 플랫폼 번호가 떴다. 우리는 종종걸음으로 플랫폼으로 향했다. 그런데 기차표를 개찰구에 넣는 순간 자꾸 에러가 났다. 그나마 다행인 것이 나만 잘못된 것이 아니라 다른 사람들도 개찰구를 통과하지 못하고 있었다. 역무원에게 다급하게 말했다. 그는 직원 전용 통로를 안내해줬고, 출발 시간이 다 되어서야 기차를 겨우 탈 수 있었다. '서던Southern'이라고 크게 쓰여 있는 브라이튼행 기차는 9시 50분 정시에 빅토리아역을 출발했다.

덤 앤 더머

기차가 브라이튼역에 도착했다. 여행 커뮤니티와 블로그를 통해 브라이튼역 관광안내소에서 1일권 버스표를 4.6파운드에 구입할 수 있음을 미리 파악해뒀다. 세 명이니 13.8파운드, 어린이 할인은 따로 없다고 한다. 관광안내소로 들어가 인상이 너그러워 보이는 직원에게 물었다. 엄마, 아빠, 일곱 살 아이, 이렇게 세 사람의 표를 사고 싶은데 할인받을 수 있는 방법이 있는지를.

직원은 패밀리 트래블family travel이라는 제도가 있고, 요금은 10파운드라고 했다. 패밀리 트래블을 설명하는 브로슈어도 보여줬다. 표를 구입하겠다고 하니 버스 기사에게 직접 말하면 구입할 수 있다고 했다. 큰 금액은 아니지만 비용을 아낄 수 있는 새로운 정보를 얻었다는 사실에 뿌듯했고, 친절하게 안내해준 직원이 고마웠다.

검색한 정보에 따르면 세븐시스터스에 가기 위해서는 E정거장에서 12X 버스를 타야 한다. 브라이튼역을 나서자 멀지 않은 곳에 E정거장이 보였다. 이곳에서 버스를 타면 되겠구나 하고 생각했다. 버스 출발 시간까지는 20분 정도 남았다. 점심식사로 먹을 음식을 사기로 했다. 세븐시스터스에는 식사를 할 만한 곳이 없기 때문에 역 근처에서 샌드위치나 빵을 미리 구입해가는 것이 좋다는 정보도 파악했다.

브라이튼역에서 바다 쪽으로 경사진 퀸스로드를 걸어 내려갔다. 멀리 서브웨이 간판이 보였다. 아내와 아이에게 천천히 오라는 손짓을 하고 나는 빠른 걸음으로 가게에 들어갔다. 손님 한 명이 주문을 하고 있었다. 어떻게 주문하는지 유심히 관찰했다. 그사이 아내와 아이가 도착했고 화장실로 직행했다. 세븐시스터스까지는 버스로 한 시간, 걸어서 한 시간을 더 가야 하니, 화장실은 미리 가는 게 상책이었다.

내가 주문할 차례가 됐다. 샌드위치 빵을 정하고 빵에 들어갈 고기를 선택한 후 채소를 고르는 방식이었다. 빵은 화이트로 정하고, 고기는 소고기를 미디엄웰던으로 익혀달라고 했다. 채소는 무엇을 넣을 거냐고 점원이 물었다. 고민을 하고 싶지 않아 모두 다 넣어달라고 했다. 그리고 아이를 위한 어린이 세트도 주문했다.

고기를 데우는 데 시간이 꽤 걸렸다. 친절한 점원은 정성들여 채소를 담고 포장을 했다. 그러는 사이 버스 출발 시간이 벌써 임박했다. 아내와 아

브라이튼 시내.

이에게 정거장으로 먼저 가라고 하고, 나는 계산을 한 뒤 샌드위치가 든 비닐가방을 들고 정거장으로 뛰었다. 혹시나 아내와 아이가 길을 못 찾을까봐 100미터 달리기 속도로 뛰었다. 서로 다른 길로 갔는지 내가 먼저 정거장에 도착했다. 아이 손을 잡고 주변을 두리번거리는 아내를 먼발치에서 볼 수 있었다. 버스가 도착할 시간이 지났는데, 오고가는 버스가 없는 것이 뭔가 이상했다. 정거장의 버스 표지판을 확인했다. 이스트딘까지 가야 할 12X 버스가 보이지 않았다. 정거장에 서 있는 순진한 표정의 청년에게 세븐시스터스로 가는 버스 정거장이 어딘지 아느냐고 물었다.

청년의 손에는 한입 크게 베어먹고 남은 샌드위치가 있었다. 샌드위치는 방금 전 그의 입안으로 들어간 것 같았다. 그는 당혹스러워하면서도 빨리 답변을 해주고 싶었는지 입안에 있는 샌드위치를 서둘러 씹기 시작했다. 그에게 말했다.

"천천히 해. 나는 기다릴 수 있어."

그럼에도 불구하고 그는 샌드위치를 어기적어기적 씹다가 이내 억지로 삼키기 시작했고, 결국 사레가 들어 기침을 해댔다. 그에게 정말 미안한 마음이 들었다. 진정이 된 청년은 여전히 사레들린 갈라진 목소리로 이렇게 말했다.

"나도 여기에 처음 왔어(I'm a stranger here, too)."

덤 앤 더머가 따로 없었다. 어처구니없는 대화를 지켜보던 한 아주머니가 직접 몸을 움직여서 길을 설명해주었다. 무슨 시계탑까지 쭉 가서 오른쪽으로 가면 정거장이 있다고 했다. 친절한 브라이튼 아주머니의 말씀대로 길을 따라 가니 정거장을 찾을 수 있었다. 하지만 거리는 생각보다 꽤 멀었고, 계획했던 시각의 버스를 놓쳐 다음 버스를 기다려야 했다. 아주머니가 알려준 정거장도 E정거장이었다. 처칠스퀘어의 E정거장. 내가 잘못 알고 기다렸던 버스 정거장은 브라이튼역의 E정거장이었다.

정거장의 알파벳은 맞지만 정거장 이름을 잘못 알고 있었던 것이다. 영국은 버스 정거장 이름 하나에 A, B, C, D, E 등 서로 위치가 다른 여러 개의 정거장이 있다. 이제야 이 사실을 깨달았다. '한 번 실수는 병가지상사'라고 했지만, 며칠 후 버스 정거장 때문에 나는 또 실수를 저지른다. 오늘과는 다른 양상으로.

10분 정도 기다리니 12X 버스가 정거장에 도착했다. 버스 기사에게서 패밀리 트래블 티켓을 구입했다. 10파운드 지폐를 현금 넣는 통에 넣고 흰색 영수증처럼 생긴 표를 받았다. 우리는 버스의 2층으로 재빨리 올라가 앞자리를 차지했다.

세븐시스터스에서 만난
도버해협

버스가 출발한 지 얼마 지나지 않아 해안 도로 옆으로 세븐시스터스의 사촌쯤으로 보이는 흰색 절벽이 나타났다. 시내 근처 바닷가도 이 정도인데 세븐시스터스는 얼마나 멋질지 기대감이 커졌다. 어두운 듯 푸른 하늘과 거친 선형의 구름, 완만한 언덕과 흰색 절벽 아래의 검푸른 바다. 검은 아스팔트 도로와 갈색 박공지붕을 얹은 건물의 풍경에서 영국스러운 분위기가 느껴졌다.

세븐시스터스에 가까워지니 강 하구가 나타났다. 구불구불 흘러가는 하천은 고등학생 시절 지구과학 수업에서 배웠던 곡류천이다. 쿠크미어강Rivor Cuckmere 하류의 곡류천 주변 뽀송뽀송한 녹색 풀밭이 강물의 색과 대비되어 곡류천의 형태가 더욱 명확하게 보였다. 해안 절벽을 보러왔다가 덤으로 얻은 풍경이었다.

대부분의 승객이 세븐시스터스 정거장에서 내렸지만, 우리는 한 정거장 더 가서 이스트딘 정거장에서 내렸다. 이곳에서 벌링갭까지는 2.5킬로미터 정도다. 벌링갭으로 가는 버스가 있지만 주말에만 운행하기 때문에 오늘은

브라이튼 인근의 해안 도로.

걸어야 한다.

길은 매우 한적했다. 벌링갭까지 가면서 마주친 사람은 아무도 없었고, 승용차만 몇 대 지나갈 뿐이었다. 완만한 풀밭 언덕 사이로 난 길을 걷는 기분이 꽤 좋았다. 전날까지 도심지를 다니면서 무척 다사다난했는데, 이곳은 시간마저 느리게 가는 것 같았다. 언덕에서 드문드문 풀을 뜯고 있는 양떼가 분위기를 더욱 살렸다. 동영상을 찍는 동안 양들이 풀을 뜯으면서 고개를 움직이지 않아 꼭 모형을 세워놓은 것처럼 보였다.

아이는 어디서 주웠는지 나뭇가지 하나를 손에 쥐고 걸었다. 풀을 뜯는 양의 엉덩이가 통통해서 귀엽다고 좋아하고, 길에 떨어진 작은 꽃을 주워

쿠크미어강 하류의 곡류천.

서 예쁘다고 좋아하고, 둥근 민들레 홀씨를 불면 날아간다고 좋아했다.

흐린 하늘에 가랑비가 내렸지만 오히려 분위기가 있었다. 폭풍우와 세찬 바람을 각오했는데, 천만다행이었다. 한 시간 정도 걸었을까. 끝이 없을 것 같던 언덕과 숲 너머로 등대의 빨간 지붕이 보이기 시작했다. 조금 더 걸으니 하늘의 색과 구별되는 검푸른 바다가 보였다. 도버해협이었다.

해안 절벽을 배경으로
피 크 닉

벌링갭이라고 적힌 표지판이 보였고,

초원의 양떼.

그 뒤로 주차장과 건물 두 채가 있었다. 오른쪽의 1층짜리 건물은 관광안
내소이고, 반대편의 2층짜리 건물은 보수공사 중이었다. 나중에 확인하니
이곳은 해안 경비대 초소였다. 1822년에 밀수를 방지하기 위해 마련된 해
안 경비대는 절벽에서 거리를 두고 건물을 세웠지만, 계속된 침식으로 절
벽과 가까워지고 건물도 훼손되어 간헐적으로 보수를 해왔다.

　땅과 바다의 경계인 흰색 절벽이 보였다. 절벽 아래 자갈 해변에 파도가
부딪혔다. 세븐시스터스의 흰색 백악질 절벽은 오랜 세월 진행된 대륙의
융기와 해수면의 상승, 풍화작용의 결과물이다. 수천만 년 전 바닷속에 쌓
여 있던 해조류와 조개껍데기의 석회질 퇴적물은 유럽과 아프리카 대륙판

이 충돌하면서 융기했다. 이때 영국과 유럽 대륙은 육지로 이어졌다. 이후 해수면이 상승하면서 파도와 바람과 비에 의한 끊임없는 풍화작용으로 깎아지른 절벽이 만들어졌고, 절벽에서 떨어져나간 돌이 자갈 해변을 만들었다. 도버해협도 이때 형성됐다. 풍화작용은 지금도 진행 중이며, 절벽은 계속해서 후퇴하고 있다.

세븐시스터스는 듣던 대로 아름다웠다. 거대한 규모도 장관이었지만, 아름다움의 묘미는 '일곱 자매'라는 이름처럼 일곱 개의 언덕이 만들어낸 절벽 능선의 오르내림이었다(세븐시스터스의 언덕은 정확히 말해 여덟 개라고 한다. 하나하나 세어봤더니 일곱 개여서 이상하다 싶었는데, 관광안내소에서 구한 안내책자를 보니 아주 완만한 언덕인 '플랫 힐Flat Hill'이 하나 더 있었다). 이곳에 오기 전에 이미 사진을 너무 많이 봤던 탓에 기시감이 들었고, 기대를 너무 많이 했는지 숨이 멎을 만큼의 감흥은 아니었다. 그럼에도 '객관적으로' 매우 아름다운 곳임은 분명했다.

절벽 위 언덕과 절벽 아래 해변을 잇는 철제 계단이 있었다. 계단참이 절벽에서 돌출되어 있어서 드론을 이용해야만 찍을 수 있는 각도의 '인생사진'을 이 계단에서 건질 수 있었다. 잔뜩 찌푸린 회색 하늘과 흰색 거품을 일으키는 파도가 넘실거리는 검푸른 바다, 풍파에 깎인 일곱 봉우리의 흰색 해안 절벽과 초록색 완만한 언덕, 풍경은 형태와 색감에서 완벽한 조화를 이루고 있었다.

일행으로 보이는 젊은이들이 여럿 있었다. 그중 한 명이 얼음장처럼 차가운 바다로 뛰어들었고, 다른 한 명이 뒤쫓아 들어갔다. 아내와 나는 바닷물의 냉기가 내 몸으로 전달이라도 된 듯 몸서리를 쳤다.

세븐시스터스 해안 절벽.

해변을 조금 걸은 후 앉을 수 있는 적당한 장소를 찾았다. 비치헤드Beach Head라 불리는 해안 절벽을 병풍삼아 미리 준비한 돗자리를 자갈 해변에 깔았다. 돗자리 크기가 너무 작아서 세 사람이 엉덩이를 바짝 붙이고 앉아야 했다. 샌드위치와 핫도그, 콜라, 그리고 한국에서 가져온 과자를 꺼냈다. 레인지에 데웠던 샌드위치는 한참 전에 식었고, 포장지 속에서 습기를 발산해 눅눅해져 있었다. 하지만 세상에 이런 꿀맛이 없었다. 아름다운 장소와 시원한 파도 소리, 소금기 머금은 맑은 공기가 훌륭한 양념이 되었음이 틀림없었다. 김이 빠진 콜라조차 자갈에 부서지는 파도처럼 시원했다.

간간히 흩뿌리던 빗줄기가 굵어지기 시작했다. 서둘러 관광안내소로 비를 피했다. 안에는 세븐시스터스의 지질학적 특성과 역사를 소개하는 전시 패널과 안내책자가 있었다. 소박한 카페와 쾌적한 화장실, 그리고 기대하지 않았던 기념품숍도 있었다. 아내와 아이가 화장실에 간 사이 기념품숍을 구경했다. 세븐시스터스 분위기가 느껴지는 기념품 자석 두 개를 골랐다. 중년 여성 점원은 인자한 표정으로 딸과 함께 여행 중이냐고 물었다. 우산 세 개를 손에 들고 있었는데 그중 귀여운 곰 캐릭터가 그려진 아이 우산을 보고 건넨 질문이었다.

관광안내소 건너편 언덕 위로 오래되어 보이는 등대가 하나 있었다. 등대에 오르고 싶었지만 버스 시간이 빠듯해서 다음을 기약해야 했다. 나중에 알게 된 사실인데, 1824년에 세워진 벨타우트라이트하우스Belle Tout Lighthouse라는 이름의 이 등대에서는 숙박시설을 운영한다고 한다. 다음에 세븐시스터스에 오면 이곳에서 하룻밤 머물고 싶다. 아침에 일어나 창밖으로 펼쳐진 도버해협을 바라보면 아주 멋있을 것 같다.

거침없이 히치하이킹

오후 3시 30분이다. 걸어온 길을 되돌아 이스트딘 버스 정거장까지 걸어가야 했다. 굵은 비는 아니지만 비가 내리고 있었고, 아이는 해변에서 날카로운 자갈에 발이 긁혀 상처가 났다. 30분 내에 버스 정거장에 도착하지 않으면 버스를 놓치게 되고, 다음 버스는 한참 뒤에 오는 데다 완행버스였다. 브라이튼의 전망대 '브리티시에어웨이i360^{British Airways i360}' 예약 시간을 맞출 수 있을지 자신이 없었다. 구경을 다 끝낸 길을, 게다가 만만치 않은 거리를 다시 걸을 만큼 흥미와 관심과 체력이 남아 있지 않았다.

주차장을 살폈다. 주차장에서 빠져나가는 차가 있으면 태워달라고 부탁해야겠다고 생각했다. 한국인으로 보이는 일행이 있어서 반가웠지만, 방금 전에 도착한 것 같았다. 다시 주차장을 살폈다. 한 젊은 여성이 앙증맞은 소형차의 운전석 문을 열고 있는 것을 발견했다. 빠른 걸음으로 주차장 입구 쪽으로 갔다. 나는 손을 흔들어 차를 세웠고 아내는 주차장 입구의 벌링갭 간판 앞에서 아이의 사진을 찍으면서 일행이 아닌 척했다. 갑자기 여러 명이 몰려가면 부담스러워 할 수 있을 것 같아

벌링갭과 세븐시스터스.

서였다.

　운전대를 잡고 있는 그녀에게 말을 걸었다. 혹시 이스트딘 버스 정거장까지 태워줄 수 있느냐고. 그녀는 눈을 이리저리 굴리면서 고민하다가 동승을 허락했다. 그리고 차가 지저분하다는 말을 덧붙였다. 지저분한 것쯤이야 문제될 게 없었다. 고맙다는 말을 전하고 대화를 하는 사이 아내와 아이가 내 뒤꽁무니에 바짝 붙어 섰다. 그녀에게 일행을 소개한 후 생각을 바꿀 틈을 주지 않게끔 재빨리 앞뒤로 나눠 차에 탔다. 나는 앞자리에, 아내와 아이는 뒷자리에. 우리는 자연스러웠고 능수능란했다. 차가 출발했고, 친절한 그녀는 나에게 말을 걸었다.

　영어를 할 줄 아느냐는 질문에 나는 잠시 머뭇거리다가 그렇다고 대답했다. 그녀의 질문은 대화를 이어가기 위해 확인하는 차원이지, 학교 선생님처럼 잘하는지 못하는지 테스트하는 것이 아님을 잘 알고 있었다. 상점의 점원이 손님에게 영어를 할 줄 아느냐고 묻는 것 또한 손님을 돕기 위해 말을 거는 것임을 잘 알고 있다. 하지만 이런 질문을 받을 때마다 쭈뼛거리게되는 것은 어쩔 수 없다.

　그녀의 질문은 계속 이어졌다. "남쪽이야? 북쪽이야?" '북쪽'라고 말하면어떤 반응을 보일지 궁금했지만 감히 '북쪽'이라고는 대답하지 못하고 솔직하게 남쪽이라고 했다. 친절한 그녀는 TV 토크쇼의 사회자 같았다.

　"여긴 어떻게 오게 됐어?"

　"휴가야. 세븐시스터스가 아름답다고 들었어. 그래서 여기에 왔어."

　"러블리."

　"우리는 런던에서 브라이튼까지 기차를 타고, 버스를 타고, 걸어서 여기까지 왔어. 브라이튼에 가면 전망대 브리티시에어웨이 i360에 갈 거야."

"나 그거 알아. 문을 연 지 3주밖에 되지 않았어."

"정말? 진짜로 최신이네. 너는 가봤어?"

"아니."

짧은 대화를 나누는 사이 그녀의 앙증맞은 승용차는 버스 정거장에 도착했다. 빠른 걸음으로 걸어도 족히 30분은 걸릴 거리인데, 차로 이동하니 5분도 채 걸리지 않았다. 그녀는 반대편으로 가야 한다며, 브라이튼까지 바래다주지 못해 미안하다고 했다. 나는 2층버스에서 풍경을 보면서 가는 것도 좋고, 정말 감사하다는 인사를 전하고 차에서 내렸다. 그녀는 여행 잘하라는 말과 함께 손을 흔들며 떠났다. 지나고 보니 낯선 곳에서 따뜻한 정을 베풀어준 친절한 그녀에게 이름도 물어보지 못했다. 사진 한 장이라도 함께 찍을 걸 하는 아쉬움이 남았다.

세계에서 가장 날씬한 타워

정거장에 금방 도착해서 계획보다 빨리 버스를 탔다. 브라이튼 시내에 들어선 지 얼마 되지 않아 세븐시스터스행 버스를 탔던 처칠스퀘어 정거장에 도착했다. 정거장 건너편의 쇼핑센터를 지나 바닷가 쪽으로 걸었다. 한적한 소도시에 어울리지 않는 높이와 범상치 않은 디자인의 전망대가 눈에 띄었다. 브라이튼의 어느 곳에서도 잘 보일 것 같았다.

늦을까봐 걱정했는데 오히려 너무 일찍 와버렸다. 시간을 때우기 위해 이곳저곳 돌아다녀봐도 정말이지 딱히 할 게 없는 한적한 마을이었다. 입

브리티시에어웨이 i360 외관.

구 앞에서 서성이다가 직원에게 예약한 시간이 아직 멀었지만 지금 들어갈 수 있는지 물었다. 직원은 환영이라며 흔쾌히 우리를 들여보내주었다.

일반적인 전망대는 보통 엘리베이터를 타고 높은 곳에 올라가 관람하는 형식이다. 그런데 브리티시에어웨이 i360는 동그란 도넛 형상의 전망대가 1층에서 출발해 꼭대기까지 올라가는, 일종의 전망 엘리베이터였다. 브리티시에어웨이 항공사가 후원해서 만든 전망대라서 직원들은 승무원 복장을 하고 있었다.

이곳 전망대는 세계 최초의 수직 케이블카라고 하는데, 생김새도 그렇고 위로 올라가서 내려오는 방식이 자이로드롭과 비슷했다. 물론 지붕과 유리벽이 있어서 실내이고, 속도가 느려서 내려갈 때의 스릴이나 짜릿함은 없다는 게 큰 차이점이다. 전망대가 오르내리면서 눈높이가 높아졌다 낮아지고 그 과정에서 주변을 보는 각도가 달라졌다. 다양한 각도에서 전망을 즐기는 것이 특징이었다. 또하나의 특징은 '세계에서 가장 날씬한 타워(World's Most Slender Tower)'로 기네스북에 등재되었다는 점이다. 높이 160미터의 전망대는 런던아이를 설계했던 건축설계회사 마크스 바필드가 설계했다. 두 전망대는 형식과 크기에서 차이가 있지만, 원형 유리 캡슐의 미래지향적 디자인이라는 점에서 공통점이 있었다.

스키장이나 유원지에 설치하는 곤돌라 전문 업체인 포마Poma와 협업을 했는지 파란색 글씨로 회사 이름이 인쇄된 배너가 펄럭였다. 세련된 공간에 작은 옥의 티였다. 그리고 하나 더, 원형 유리를 통해 바깥 풍경을 보니 왜곡되어 보여서 현기증이 날 것 같았다.

전망대를 오를 때는 지상 1층에서 탔는데 내릴 때는 지하층에서 내렸다. 지하층에 깔끔하지만 평범한 기념품숍이 있었다. 흥미를 유발하는 물건은 딱히 없었다. 이곳이 활성화되려면 멋진 전망대에 걸맞은 프로그램과 기념품숍의 스토리텔링이 필요해 보였다. i360 전망대 그림에 브라이튼이라는 도시 이름을 새긴 자석을 하나 샀다.

기념품숍에서 밖으로 나오자 다시 해변이었다. 파도가 거친 해변을 조금 거닐었더니 금방 배가 고파졌다. 브라이튼 맛집을 검색했다. 이탈리안 레스토랑 하나가 괜찮아 보였는데, 지도를 보니 우리가 있는 곳에서 바로 길 건너편에 있었다. 브라이튼 한인 식당도 검색해봤다. '비나리'라는 한식당이 나왔고 이곳도 근처에 있었다. 뭘 찾아도 우리 근처에 있을 것 같았다. 오늘 날씨도, 앙증맞은 승용차로 우리를 버스 정거장까지 태워준 그녀도, 영화 「트루먼쇼」처럼 모든 것이 우리의 일정과 필요에 맞춰 대기하고 있는 것만 같았다.

이른 저녁을 먹은 후 브라이튼역 방향으로 걸었다. 시골 읍내 분위기의 양품점과 미용실, 기념품숍을 지나쳤다. 가게의 간판이 낡는 것쯤은 신경 쓰지 않는, 친척이나 친구들이 모여 사는 동네처럼 정겨워 보였다.

　기차는 정시에 런던 빅토리아역을 향해 출발했다. 앞으로 브라이튼을 다
시 찾을 일이 있을까 하는 생각에 마음이 울컥했다. 하지만 그런 마음도 오
래가지 않았다. 하루 종일 많이 걷고 찬바람도 잔뜩 쐬고 배가 부른 상태에
서 따뜻한 기차에 앉아 있으니 눈이 자동으로 감겼다. 감수성은 피곤함을
이기지 못했다.

　빅토리아역에 도착해서야 눈을 떴다. 종착역이었으니 망정이지 지나쳤
을지도 모를 일이었다. 아이는 인사불성이었다. 아무리 깨워도 반응이 없

브리티시에어웨이i360 내부.

었다. 아이를 안아 역 밖으로 나와 우버를 타고 호텔로 돌아왔다.

졸려서 투정을 부리는 아이를 달래고 얼러서 겨우 씻겼다. 호텔 근처 슈퍼마켓에서 캔맥주와 과일을 샀다. 아내와 나는 캔맥주를 땄고, 오늘의 소회를 나누었다. 화장실 세면대에서 속옷과 양말을 빨았다. 캐리어 도난 방지를 위해 구입한 줄을 빨랫줄 삼아 속옷과 양말을 넣어놓는 일로 하루를 마무리했다.

6일차

—

런던의 수요일

어제의 강행군 때문인지 모두 곯아떨어져 늦잠을 잤다. 일찍 서둘러도 시원찮은데 늦잠을 잤으니 큰일이다. 하필 라면이 당겼다. 호텔 조식을 먹는 것보다 시간이 더 걸리지만 내키는 일을 하기로 했다. 물이 흘러내리지 않도록 세면대 배수구를 틀어막고 커피포트로 몇 번에 걸쳐 물을 끓인 후 세면대에 부었다. 즉석밥과 3분카레를 뜨거운 물에 담그고, 물 위로 뜨지 않도록 무거운 것으로 눌러놓았다. 물을 더 끓여 컵라면에 부었다. 볶음김치를 꺼내고 참치도 꺼냈다. 우리는 인스턴트로 똘똘 뭉친 조찬을 즐겼다.

오늘은 런던 일정 중 가장 바쁜 날이다. 갈 곳이 많고, 볼 것도 많으며, 살 것도 많다. 먼저 지하철을 타고 영국박물관에 가고, 점심을 먹은 후 버스를 타고 세인트폴대성당에 갈 예정이다. 세인트폴대성당을 출발해서 밀레니엄브리지를 건너 테이트모던까지 걸어갈 계획이다. 그리고 워키토키빌딩의 꼭대기 스카이가든Sky Garden에서 런던 시내를 구경하고, 주변의 유명한 건물 사진을 찍은 후 런던탑과 타워브리지까지 가볼 예정이다. 해러즈백화점에도 갈 것이다. 이미 사전답사를 해뒀으니 선택과 집중이 빛나는 쇼핑을 하려고 한다.

영국박물관,
노먼 포스터의 빛의 마법

글로스터로드역 개찰구에 오이스터 카드를 대고 지하철 플랫폼으로 내려갔다. 런던에 몇 년째 살고 있는 사람들처럼 우리의 행동은 꽤 자연스러웠다. 피커딜리 노선을 따라 몇 개 역을 지나 홀본역에 도착했다. 여기에서 10분 정도 걸으면 영국박물관이 나온다.

박물관 전면의 모습은 그리스 신전 같았다. 앞마당에서 바로 연결된 계단의 기단 위로 엔타블러처를 받치는 기둥들이 줄지어 있고 출입구 상부에는 페디먼트를 올렸다. 육중한 기둥에 세로 방향으로 홈이 파인 무늬가 입체적이고 세련됐으며, 기둥 상부에 소용돌이 장식이 있는 이오닉 오더Ionic order는 부드럽고 고상했다.

1753년에 설립된 영국박물관은 여러 차례 증축을 거쳐 1852년에 네 개의 일자형 건물이 서로 직각을 이루게 되었고, 그 결과 내부에 직사각형 중정이 완성되었다. 이 건물이 지어진 19세기에는 옛 그리스 양식과 로마 양식을 추구하는 고전주의가 유행이었다. 1832년 영국, 프랑스, 러시아 등 유럽 열강은 그리스를 오스만제국으로부터 독립시키고 오톤 1세를 왕으

영국박물관 외관.

로 추대했다. 오톤 1세는 그리스의 수도를 아테네로 옮긴 후 아크로폴리스
를 비롯한 옛 그리스 유적의 복원사업을 진행했다. 또 주변 국가에서 그리
스의 과거 유산이 많이 발굴되면서 그리스 건축의 우수성이 재조명되었고,
이것이 유행으로 발전했다. 이를 그리스 부흥 양식Greek revival style이라고도
부른다. 영국박물관은 양식에 있어서는 그리스 건축을 되살린 고전주의 양
식이지만, 당시의 최신 건축 기술인 철골 구조와 콘크리트 슬래브를 적용
했고, 벽돌과 포틀랜드석을 사용했다.

영국박물관 그레이트코트.

　계단을 올라가 기둥이 좌우 8열, 앞뒤 2열로 놓인 열주랑*을 지나 안으로 들어갔다. 조금 어두운 로비에서 좀더 직진하니 햇볕이 내리쬐는 밝은 공간이 나타났다. '그레이트코트Great Court'라는 이름을 가진 실내 중정이다. 앞마당에서 로비를 거쳐 중정으로 이어진 길지 않은 동선인데도 빛과

● portico, 원기둥이 줄지어 서 있는 공간으로 고전주의 건축물의 전면 출입구 부분을 열주랑으로 계획했다.

어둠이 번갈아 나타나는 밝기의 변화는 드라마틱했다. 짧은 시간에 서로
다른 세상을 경험하는 듯했다.

　직교하는 건물들의 안쪽 입면이었을 벽으로 둘러싸인 실내 중정의 한가
운데에는 로마시대 판테온의 돔을 닮은 원형 건물이 세워져 있고, 그 둘레

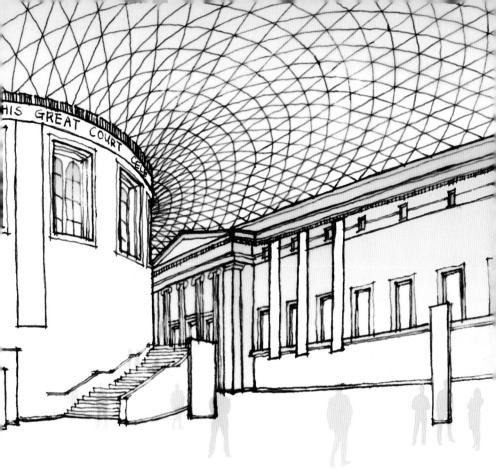

영국박물관 그레이트코트.

를 나선형 계단이 대칭을 이루며 감싸고 있었다. 원형 건물과 직선형 건물 사이의 공간 상부에는 유리 지붕을 씌웠다. 흰색과 베이지색이 주조인 공간에서 푸른색 유리를 관통해 들어오는 빛과 지붕의 실루엣이 느껴지는 프레임의 그림자는 초현실적인 공간감을 연출했다.

높다랗고 널찍한 공간의 웅장함, 직선형과 원형의 조합, 유리 지붕의 유려한 곡선, 흰색과 푸른색의 적절한 배색, 공기 입자까지 색을 입힌 듯한 공간의 색감, 이 모든 것은 과거 유산과 최신 건축의 공존으로 탄생한 마법 같은 결과였다. 이 공간의 정확한 명칭은 '엘리자베스 2세 위대한 중정(The Queen Elizabeth Ⅱ Great Court)'이다. 예전에 잡지에서 이곳을 찍은 사진을 보면서 사진가의 내공이 보통이 아니라고 생각했는데, 와서 보니 꼭 그런 것만은 아니었다. 누가 찍어도 사진은 멋질 수밖에 없었다.

그레이트코트는 빛을 잘 다루는 건축가 노먼 포스터^{Norman Foster}가 설계했다. 그는 영국박물관 리노베이션 사업의 현상설계에 당선되었는데 여기에는 세 가지 명제가 있었다. 숨겨진 공간의 노출, 옛 공간의 수정, 그리고 새로운 공간의 창조였다.

영국박물관의 최초 건물을 지었을 당시 지금의 중정은 야외 정원이었다. 1857년에 중정 한가운데에 원형의 열람실^{reading room}을 지은 후부터 150년 가까이 정원은 그 의미가 퇴색되어 왔다. 노먼 포스터는 중정 상부에 유리 지붕을 얹어 외부 공간을 실내 공간으로 전환해 전혀 다른 느낌의 쾌적한 공간으로 만들었다. 그 결과 사람들이 모이게 했고 숨어 있던 옛 정원도 드러나게 했다. 기존 열람실의 위치는 남북 방향으로든 동서 방향으로든 정중앙이 아니어서 원형 열람실 건물과 직선형 건물 사이의 공간을 채운 곡선형 지붕의 유리 패널은 크기가 모두 다르다.

옛 열람실 건물을 활용한 설계는 큰 효과를 얻었다. 원형 건물 좌우로 계단을 새로 설치하고 입면을 모던하게 처리한 결과 아름다운 조형미를 뽐내는 동시에 다양한 레벨을 가진 계단의 지점마다 그레이트코트를 바라보는 다양한 뷰포인트를 만들었다. 네 개의 직선형 건물이 중앙의 원형 건물로 연결되면서 복잡했던 내부 동선이 단순해졌고, 이정표가 되어 길찾기도 쉬워졌다.

아이는 이집트관에서 대부분의 시간을 보냈다. 긴 시간의 흐름을 보여주는 미라에 관심을 보였다. 죽음에 대한 막연한 궁금증과 공포심은 그 또래에게 중요한 화제였다. 무서워하면서도 다양한 형태의 미라에서 눈을 떼지 못했다.

원형 건물의 계단을 걸어 내려갔다. 아이의 표정을 보니 집중력이 많이 떨어져 있었다. 언제라도 "아빠! 심심해!"라고 외칠 것 같았다. 아이의 관심을 끌 만한 제안을 했다. 가위바위보를 해서 이긴 사람이 두 단씩 계단을 내려가기로. 꽤 높은 곳에서 시작하는 계단을 한 단씩 내려가다가는 시간이 많이 걸려서 내가 집중력이 떨어질 것 같았다. 아이 얼굴은 금세 밝아졌다. 까르르 웃는 소리가 중정에 크게 울렸고 지나가는 사람들이 우리를 쳐다보았다. 일부러 져주다보니 가위바위보 감을 잃어버렸다. 계속 지는 바람에 아이와의 거리가 너무 멀어져버렸다. 몰래 계단을 내려가다가 아이에게 딱 걸렸다. "아빠! 반칙이야!"라고 외치면서 또 크게 까르르 웃었다.

런던의 2층버스

뮤지엄스트리트 E정거장에서 세인트 폴대성당으로 가는 8번 버스를 탔다. 망설일 것도 없이 2층의 맨 앞자리에 앉았다. 운이 좋게도 2층버스를 탈 때마다 2층의 맨 앞자리는 예약해놓은 것처럼 비어 있었다.

런던 2층버스.

런던 하면 떠오르는 명물 중 하나가 2층버스다. 솔직히 런던의 버스는 모두 2층인 줄 알았는데, 일반적인 1층버스도 다니고 있다는 것을 이곳에 와서 깨달았다. 2층버스는 차량 길이를 짧게 하면서 많은 인원을 수송하기 위해 고안된 교통 수단으로, 그 역사가 19세기 2층마차 시절까지 거슬러 올라간다. 길이 좁고 교차로가 여유롭지 않은 런던의 열악한 도로 조건에 유용한 대중교통 수단이었다.

전면에 엔진룸이 있는 트럭 느낌의 버스 위에 승객칸을 얹고, 뒤쪽에 계단과 출입구가 한꺼번에 있는 루트마스터Routemaster가 런던 2층버스의 상징이었지만 지금은 대부분 은퇴했다. 일부 노선은 여전히 유지되고 있는

2층버스에서 바라본 런던 시내.

데, 전통을 중시하는 런던 시민의 요구와 관광객을 배려해서다. 최근에는 엔진룸을 뒤로 보내고, 앞문과 뒷문을 구분하고, 계단이 중간쯤에 있는, 1층과 2층이 일체화된 직육면체 형상의 미려한 디자인으로 바뀌었다.

거리를 달리는 빨간색 2층버스를 보는 것도 좋지만, 버스의 2층 맨 앞자리에 앉아 런던 시내를 구경하는 것이 훨씬 좋았다. 운전사가 보이지 않고 레벨이 높아 시야를 가리는 것이 없으니 런던을 배경으로 한 영화가 스크린에 영사되는 것 같았다. 2층버스에서 런던 시내의 모습을 바라보면서 이곳에서만 느낄 수 있는 도시의 정체성을 경험할 수 있었다. 유난히 높은 2층버스에서는 특별한 재미가 있었다.

우선 눈높이가 다르다는 점. 2층 커피숍의 창가에서 거리를 내려다보면 1층에서 보는 것보다 더 많은 풍경이 눈에 들어온다. 눈높이가 높은 만큼 시야의 범위가 넓어지기 때문이다. 높이 변화에 따른 공간감의 변화는 상당히 크다. 1층에서는 거리만 인식되지만, 2층에서는 도시의 공간이 인식된다. 2층버스가 그렇다. 게다가 버스가 이동하면서 거리 풍경이 함께 변하기 때문에 볼거리가 훨씬 풍부하다.

우리나라에서 역주행에 해당하는 왼쪽 차선을 달리는 2층버스에서는 도시를 바라보는 경험이 새롭고 특별했다. 특히 버스가 교차로에서 우회전하기 위해 크게 회전할 때는 반대편에서 오는 자동차와 부딪힐 것 같았다. 2층버스의 맨 뒷자리에 있으면 뒤따라오는 택시의 움직임이 영화 속 추격전 같았고, 거리의 건물은 투시도의 가운데 소실점으로 빨려들어가는 것 같았다.

2층버스와 블랙캡.

　차창 밖으로 보이는 런던 시내는 클래식과 모던이 조화를 잘 이루고 있다는 생각이 들었다. 연륜 있는 석조 건물은 디테일이 예사롭지 않았다. 현대적인 건물은 직선과 사선, 원형과 사각형 등 기하학적 특성이 돋보였고, 디테일이 단순하고 깔끔했다. 오밀조밀한 고전 건물과 단순한 현대 건물은 서로 잘 어울렸다.

　런던의 도로에서는 2층버스와 함께 블랙캡Black Cab이라고 하는 런던 택시도 눈에 띄었다. 클래식한 디자인의 블랙캡은 영국 전통의 분위기를 물씬 풍기며 거리를 누볐고 택시 기사마저 영국 신사 분위기를 풍겼다. 영화

「킹스맨」에 나온 블랙캡과 똑같이 생겨서 킹스맨 요원이 택시 문을 열고 나와 멋진 폼을 잡을 것 같았다.

2층버스를 타기 전에 작은 걱정이 하나 있었다. 내려야 할 정거장에 도착했을 때, 2층에서 계단으로 내려가는 동안 버스 문이 닫히고 출발해버리지 않을까 신경이 쓰였다. 처음에는 미리 계단을 내려가 문이 열리기를 기다렸다. 버스 기사의 운전은 대체로 거칠었다. 버스 변속기가 수동이어서 그런지 변속할 때마다 버스는 출렁거렸다. 그래서 버스가 달리는 동안 계단을 내려가는 일이 쉽지 않았다. 아이는 계단을 내려가다가 부딪쳐서 울기도 했다. 유심히 살펴보니, 런던의 터프한 버스 기사는 승객이 내릴 때까지 충분히 기다려주었다. 그래도 나는 혹시나 하는 마음에 미리 1층에 내려갔고, 아내와 아이는 버스가 멈춘 후 내려오게 했다.

높은 2층버스가 가로수에 닿는 것쯤은 예사로운 일 같았다. 2층버스는 가로수의 키와 상관없이 직진을 했고, 내가 가로수에 부딪힐 것만 같아 움찔했다. 나뭇가지가 우두둑하고 부러지는 소리가 조금은 섬뜩했다. 2층버스의 높이를 고려해서 가로수 키를 조정하거나 나뭇가지를 수시로 다듬어줘야 할 것 같은데, 어찌됐건 독특한 경험이었다.

런던의 중심

킹에드워드스트리트 정거장에서 내렸다. 5분 정도 걸으니 세인트폴대성당이 보였다. 이곳에서 남쪽으로 더 가면 밀레니엄브리지가 나오고, 밀레니엄브리지를 건너면 테이트모던이 있다.

세인트폴대성당 전면.

오랜만에 날씨가 맑아서 그런지 성당 앞 광장에는 직장인으로 보이는 정장을 입은 젊은이들이 많이 나와 있었다. 샌드위치나 샐러드를 가지고 와서 식사를 하고 있었는데, 그들은 대부분 같은 방향을 바라보고 앉아 있었다. 해가 떠 있는 남쪽이었다. 모두들 광합성을 하는 해바라기 같았다. 성당 옆 건물의 광장에는 선베드 비슷하게 생긴 의자가 줄지어 있었고 또다른 해바라기들이 그 자리를 가득 채우고 있었다.

── 세인트폴대성당

바로크 양식의 석조 성당을 바라봤다. 성당의 서쪽 전면에 두 개의 첨탑을 세우고 직육면체 형태의 건물 중앙에 둥근 돔을 얹은 구성이었다. 전면 파사드는 선이 굵고 장대하면서 단정했다. 좌우로 뾰족한 첨탑이 솟아 있고, 출입구가 있는 중앙부는 두 개씩 묶은 기둥을 2단으로 쌓은 열주랑이 있었다. 기둥 상부는 아칸서스 잎사귀를 형상화한 코린트식 오더였다. 기둥이 아래에 열두 개, 위에 여덟 개로 입면이 안정적으로 보였다. 윗단의 열주 위에는 페디먼트를 올렸다.

열주랑의 폭만큼 넓은 계단을 올라 성당 안으로 들어갔다. 오늘은 행사가 있어서 내부 관람이 허용되지 않았다. 입구에서 본당의 신랑과 측랑 부분만 볼 수 있었다. 긴 복도의 천장은 볼트* 구조가 연속적으로 이어져 있었다. 폭은 좁지만 높이가 높고 공간이 깊어서 웅장하고 경건한 분위기가

---

* vault, 천장을 지탱하는 아치 형태의 구조로, 형태에 따라 반원형, 교차형 등이 있다. 오랜 세월 동안 여러 양식에 적용된 구조다.

세인트폴대성당의 측면

느껴졌다.

세인트폴대성당은 시련의 역사를 갖고 있다. 604년에 최초로 지은 성당은 675년에 화재로 소실됐다. 두번째로 지은 성당은 바이킹의 침공으로 다시 소실됐다. 세번째 성당은 석조로 지어졌는데, 1240년 노르만족이 점령하면서 규모를 키워 다시 지었다. 그러나 이 건물도 번개를 맞아 일부가 소실됐고, 1666년 런던대화재 때 완전히 소실됐다. 현재 건물은 크리스토퍼 렌Christopher Wren에 의해 재건축된 것으로 1711년에 완공됐다. 세인트폴대성당을 상징하는 둥근 돔은 이때 지어진 것이다. 제2차세계대전 당시 독일군의 런던 공습이 있었지만 성당은 파괴되지 않고 살아남았다. 그래서 런던 시민에게 각별한 의미가 있는 장소다.

길을 건너 동쪽으로 걸었다. 세인트폴대성당의 위풍당당한 측면을 볼 수 있었다. 서쪽 전면에서 예상하지 못했던 어마어마한 규모였다. 돔이 있는 중앙의 하부 건물이 수평으로 돌출되어 있는 것을 통해 성당의 평면이 십자형임을 짐작할 수 있었다. 이 돌출된 건물의 내부 공간은 십자형 평면의 좌우 날개 부분인 익랑에 해당한다.

박스 형태의 하부 건물은 2단으로 분절되어 있어서 위압적으로 보이거나 단순해 보이지 않았다. 분절 구간은 석재 마감이 수평으로 돌출되어 있었다. 수평의 돌출 요소는 상대적으로 왜소한 주변 건물과 높이를 맞춰 스카이라인을 형성하고 있었다.

—— 밀레니엄브리지

템스강 쪽으로 내리막길을 걸어갔다. 밀레니엄브리지를 건너기 직전에 직사각형의 작은 광장이 나타났다. 깔끔하게 정돈된 광장이었다. 바닥에는 밀레니엄브리지의 개설을 기념해 영국 여왕이 헌정한 원형의 금속 명판이 있었다. 우리는 금속 명판 주위에 둥글게 서서 인증사진을 찍었다.

광장은 밀레니엄브리지로 연결되었다. 대부분의 다리가 강을 경계로 분리된 두 지역의 도로를 이어서 교통의 흐름을 연결하는데, 밀레니엄브리지 주변에는 연결이 필요한 도로가 없었다. 도로축의 연결보다는 지점을 연결하는 역할을 했다. 다리는 템스강 북쪽의 세인트폴대성당과 남쪽의 테이트 모던을 연결하고 있었다. 자동차가 다니지 않는 보행교라는 점도 특별했다.

런던에 도착한 날 템스강에서 유람선을 탔을 때 밀레니엄브리지 아래를 지나가면서 다리를 올려다봤다. 물결 모양의 가장자리 구조물은 다리의 폭으로 인식됐다. 난간처럼 보이는 구조물은 얇아서 부러질 것 같았고 간격이 넓어서 다리를 건너는 사람을 제대로 보호할 수 없을 것 같았다. 그런데 오늘 밀레니엄브리지 위를 걸으니 느낌이 완전히 달랐다. 보행로의 영역은 명확했고, 바닥의 마감은 단단했다. 다리 밑에서는 보이지 않았던 난간이 안쪽으로 기울어져 있어서 보행자가 다리 밖으로 나가지 못하게 막아주었다. 물결 모양의 얇은 철제 구조물은 추가로 설치한 추락 방지 안전망 같았다. 첫인상과 달리 밀레니엄브리지는 안전하고 쾌적했다.

다리를 절반 정도 걸었을까. 뒤를 돌아보니 세인트폴대성당이 눈에 들어왔다. 이렇게 크게 잘 보일 거라고는 전혀 예상하지 못했다. 세인트폴대성당은 런던을 대표하는 랜드마크임을 증명하고 있었고, 런던 어디에서도 이 매머드급의

밀레니엄브리지 명판.

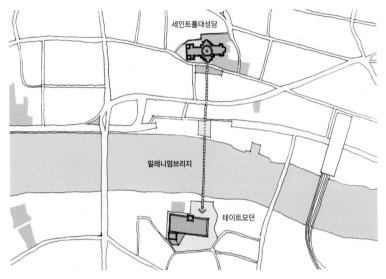

세인트폴대성당, 밀레니엄브리지, 그리고 테이트모던.

종교 건축물을 볼 수 있을 것 같았다. 거리가 점점 멀어져도 성당의 실루엣은 또렷하게 보였다.

밀레니엄브리지는 건축, 예술, 엔지니어링의 합작품이다. 건축가 노먼 포스터, 조각가 앤서니 카로Anthony Caro, 구조엔지니어링 회사 에럽Arup이 밀레니엄브리지의 설계에 참여했다. 교각, 케이블, 상판 등 다리의 구성 요소를 완벽하게 구분하고, 각자 역할을 충실히 수행하도록 디자인했다. 길이 325미터, 폭 4미터의 보행로를 좌우 양쪽에서 네 개의 케이블이 지지하고, 이 케이블을 Y자 형태의 교각이 지지하는 구조다. 일반적인 현수교와 다르게 케이블을 지지하는 탑이 없고, 날개를 펼치듯 측면으로 뻗어 있다.

밀레니엄브리지 아래에서 본 모습.

그 덕분에 다리를 건너갈 때 구조물이 시야를 방해하지 않아서 런던의 온전한 모습을 볼 수 있다.

2000년 다리가 개통했을 당시 너무 많은 사람이 한꺼번에 몰리는 바람에 구조 문제가 발생해서 통행을 금지했다. 오랜 조사와 연구 끝에 보행자가 동시에 발을 디딜 경우 구조적으로 취약해질 수 있음을 밝혀내고 데크 하부에 충격 완화 장치를 설치해서 문제를 해결했다. 2002년에 다시 통행을 허가한 이후 현재까지 문제가 발생하지 않았다고 한다.

일반적으로 다리는 강이나 바다를 건널 수 있게 해주는 구조물이다. 밀레니엄브리지는 단순히 강을 가로지르는 좁고 긴 다리가 아니라 쾌적한 보

밀레니엄브리지 위에서 본 모습.

행 공간으로 느껴졌다. 걷다가 머물면서 주변을 감상할 수 있는, 가로를 걷는 느낌이었다. 또한 이 다리가 런던의 중심임을 단번에 알 수 있었다. 서쪽으로는 런던아이, 빅벤, 웨스트민스터사원이, 북쪽으로는 세인트폴대성당이, 동쪽으로는 현대식 건물들과 타워브리지, 런던시청사, 초고층 건물 샤드가, 남쪽으로는 테이트모던이 보였다. 21세기 최첨단 기술과 디자인이 접목된 밀레니엄브리지는 런던의 랜드마크를 품고 있었다. 다리를 거의 다 건넜을 때 성당을 다시 돌아봤다. 21세기를 기념해 만든 밀레니엄브리지와 18세기에 지어진 세인트폴대성당은 절묘한 조화를 이루고 있었다.

밀레니엄브리지에서 바라본 런던 시내.

밀레니엄브리지의 건너편 끝자락에는 테이트모던 앞마당이 경사로로 연결되어 있었다. 우리는 연륜이 느껴지는 거대한 벽돌 건물 안으로 들어갔다. 외부에서 박스처럼 보이는 건물이 내부에서는 텅 빈 거대한 공간으로 나타났다. 터빈홀Turbine Hall이었다. 길이 155미터, 폭 23미터, 높이 35미터로 엄청나게 큰 이 공간은 외벽으로 막혀 있지만 천창과 측창에서 빛이 들어

와 어둡지 않았다. 이곳에서는 전시와 공연 등의 이벤트가 열린다. 중간의 브리지를 지나 반대편으로 갔다. 외부 공간이 나왔고 새로 증축한 건물이 보였다. 2016년에 문을 연 신관 건물은 같은 벽돌 재료를 사용했지만 단위 크기와 디테일이 기존 건물과 달랐다. 평면과 입면 모두 사다리꼴 형태인 신관 안으로 들어갔다.

테이트모던은 예전에 화력발전소였다. 환경오염 때문에 화력발전소를

테이트모던의 외관.

도심 외곽으로 옮긴 후 20년 정도 방치됐던 건물을 테이트 재단이 런던시와 손잡고 미술관으로 재탄생시켰다. 설계는 스위스 출신의 건축가 자크 헤어초크Jacques Herzog과 피에르 드뫼롱Pierre de Meuron이 맡았다. 현상설계 당시 대부분의 건축가가 기존 건물을 철거하고 새로 건물을 짓는 신축 설계안을 제안했는데, 헤어초크와 드뫼롱은 기존 건물의 외형을 유지하면서 새 프로그램을 적용하는 리모델링을 제안해서 당선됐다. 기존 화력발전소 외벽의 벽돌 마감과 굴뚝을 그대로 남기고, 지붕에는 유리 박스를 새로 얹었다. 테이트모던에는 전시 공간과 회의실, 극장, 서점, 기념품숍, 식당, 카페 등이 있다. 2000년에 문을 열었고 2016년에 증축 공사를 마쳤다.

런던 템스강 남쪽 지역의 도시재생사업은 크게 두 가지인데, 모두 템스강 북쪽 지역과 관련이 있다. 하나는 템스강 남쪽 지역을 가로지르면서 북쪽의 두 지점 스트랫퍼드와 스탠모어를 연결하는 지하철 노선인 주빌리 라인Jubilee Line이다. 지하철 길을 만들어서 강북과 강남을 연결했다. 다른 하나는 세인트폴대성당을 연계한 밀레니엄브리지와 테이트모던이다. 두 시설로 인해 런던 북쪽의 도심 영역을 템스강 남쪽까지 연장하고 확대했다.

세인트폴대성당은 런던의 중심이면서 종교적으로 각별한 장소다. 이곳에서 출발한 보행의 흐름은 밀레니엄브리지를 건너는 동안 런던을 상징하는 장소들을 보면서 테이트모던으로 진입한다. 자동차로 다리를 건널 때는 전면 도로를 응시해야 하지만, 걸어서 다리를 건널 때는 주변 경관을 바라볼 수 있다. 그런 면에서 테이트모던은 지리적으로 템스강 남쪽에 위치하지만, 그 이야기는 템스강 북쪽에서 시작한다.

테이트모던은 개장하고 얼마 지나지 않아 많은 방문객을 끌어모았고 고유한 이야기와 디자인으로 세계적인 미술관이 되었다. 사람들이 모여들면서 낙후됐던 주변 지역에 상점이 들어섰고, 도로가 정비되었으며, 현대식 오피스 빌딩과 아파트가 세워졌다. 테이트모던이 템스강 남쪽 도시재생의 방아쇠 역할을 했다고 볼 수 있다.

옛 화력발전소의 활용과 흔적 남기기, 새로운 프로그램의 도입, 역사와 전통의 세인트폴대성당과 새

테이트모던 10층 전망대.

로운 랜드마크를 잇는 도시재생의 스토리텔링은 테이트모던과 밀레니엄 브리지의 의미이자 가치다. 영국 사람들은 전통의 가치를 중요하게 여기는데, 테이트모던이 그 맥을 함께한다.

테이트모던은 기존 화력발전소를 리모델링한 보일러하우스Boiler House 영역과 새로 증축한 신관 스위치하우스Switch House 영역으로 나뉜다. 최근에 증축한 신관 건물이 궁금했다. 유명 건축가가 설계한 최신의 건물을 그냥 지나치면 많이 아쉬울 것 같아서 아내와 아이에게 양해를 구하고 건물을 구경했다.

테이트모던 전망대에서 바라본 런던 시내

먼저 지하층으로 내려갔다. 탱크The Tanks라고 불리는 이곳은 예전에 화력발전용 기름을 저장하던 장소였다. 기존 건물의 지하를 활용했지만, 지상의 경사진 외벽을 연상시키는 경사 기둥이 있었다. 이 반대편에 발전기 터빈이 있었던 터빈홀이 있다. 엘리베이터를 타고 가장 높은 층으로 올라갔다. 이곳에서 시작해서 한 층씩 걸어 내려갈 생각이었다. 최상층인 10층

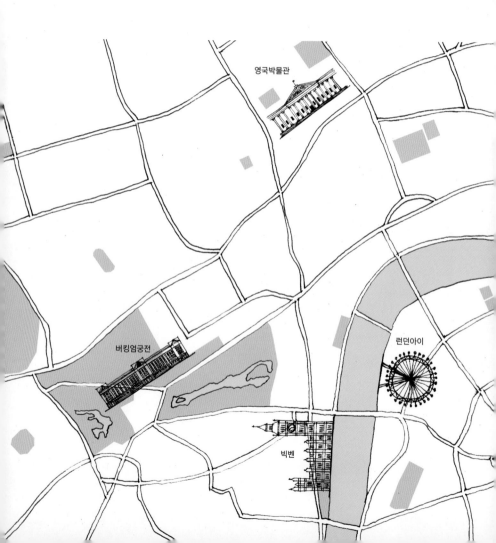

은 전망대 개념의 테라스(Viewing Level이라고 부른다)인데, 네 면을 둘러 싼 외부 복도에서 주변을 전망할 수 있다. 밀레니엄브리지보다 더 높은 곳 에 있으니 런던 전경을 더욱 자세히 볼 수 있었고, 밀레니엄브리지와 세인 트폴대성당이 일직선으로 이어진 것도 확인할 수 있었다.

　템스강 반대 방향을 바라보니 길 건너에 있는 범상치 않은 건물이 눈에

런던 도시재생, 테이트모던은 지리적으로 템스강 남쪽에 위치하지만, 그 이야기는 템스강 북쪽에서 시작한다.

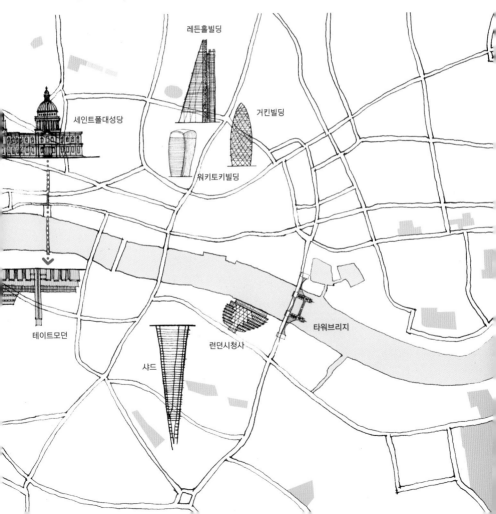

네오뱅크사이드의 외관.

들어왔다. 건축가 리처드 로저스가 설계한 고급 아파트 네오뱅크사이드Neo Bankside였다. 네 개 동으로 이루어진 아파트는 테이트모던과 좁은 도로를 사이에 두고 마주보고 있었다. 사선의 철제 프레임과 유리 커튼월이 인상적이었다. 개성 있는 디자인 덕분에 눈에 잘 띄는 이 건물은 외벽이 통유리로 되어 있어서 조망과 채광이 좋은 반면, 바깥에서 건물 내부가 여실히 다 보였다. 테이트모던 전망대 복도 벽면에 흰 종이가 하나 붙어 있어서 들여다 보니 "Respect your neighbor's privacy(이웃의 사생활을 존중합시다)"라고 쓰여 있었다. 종이에 출력해서 벽에 스카치테이프로 붙인 것도 그렇고, 글의 내용도 그렇고, 수준 높은 두 건물의 격에 맞지 않는다는 생각이 들었다.

네오뱅크사이드 입주민은 사생활 침해로 테이트모던을 고소했다. 10층 전망대의 테라스 이용을 제한해달라는 내용인데, 양측의 논쟁은 현재도 진행 중이다. 네오뱅크사이드 건물은 2007년에 허가를 받았고, 테이트모던의 증축 공사는 2009년에 허가를 받았으니, 나중에 허가를 받은 건물이 배려를 해야 한다는 주장과, 테이트모던 증축 허가 이후에 건물이 준공됐으니 입주자가 주변의 여건을 인지했어야 한다는 주장으로 대치하고 있다.

테이트모던에서 밖으로 나왔다. 주변에는 지은 지 얼마 되지 않은 새 건물이 여럿 보였다. 이곳이 바로 도시재생사업이 한창 진행 중인 런던의 '강남'임을 짐작할 수 있었다. 건물 모형을 멋스럽게 전시하고 있는 장소를 발견했다. 명품숍의 쇼윈도처럼 단순하면서 세련된 느낌이었다. 쇼윈도 안쪽을 들여다봤다. 도면을 펼치고 토론하는 사람들의 모습과 컴퓨터 모니터의 익숙한 화면에서 설계사무소임을 알 수 있었다.

상점에는 으레 쇼윈도가 있다. 사람들은 쇼윈도 안에 진열된 물건이 마음에 들면 상점으로 들어간다. 그런 점에서 쇼윈도는 소비자와 생산자(혹은 판매자)를 연결하는 중개 장치라고 할 수 있다. 불특정 다수가 지나가는 거리에 상점을 세우고 물건이 잘 보이게끔 큰 창을 설치하는 것은 매출을 올리기 위한 여러 방편 가운데 하나다.

대부분의 건축주는 설계사무소가 생산하는 설계(혹은 디자인)의 의사 전달 수단이라 할 수 있는 도면이나 패널, 모형을 좋아한다. 하지만 대부분의 설계사무소는 패널과 모형을 사무실 깊숙한 곳에 두거나 아예 두지 않는 곳도 있다. 한편으로는 설계사무소가 거리를 지나다니는 잠재적 소비자인 건축주를 끌어들이기 위한 노력을 소홀히 하지 않았나 하는 생각이 들었다. 수주를 위해 많은 노력을 하지만 생산자를 만나고자 하는 소비자들, 그중에서도 누구를 만나야 할지 모르는 이들을 배려하는 방법에 대해 고민이 필요함을 깨달았다. 런던의 설계사무소 쇼윈도는 충동구매를 하듯 사무실에 한번 들어가보고 싶게 하는 것 같았다. 쇼윈도를 통해 소비자가 좋아하는 물건을 보여주는 것은 꽤 기발하고 적절한 아이디어였다.

서울은 우측통행,
런던은 좌측통행

구글 지도는 매우 유용했다. 출발지와 도착지를 입력하면 버스, 지하철, 택시 등 교통수단에 따라 이동 거리와 예상 소요 시간이 표시됐다. 버스와 지하철은 실시간으로 위치와 도착 시간을 알려줬다. 다음 행선지는 스카이가든이고, 예약 시간은 오후 3시 45분이었다. 시계를 보니 30분 정도 남았다. 구글 지도를 열어 도착지를 입력했다. 사우스워크브리지로드 정거장에서 344번 버스를 타면 됐다. 근처에 정거장이 있어서 금방 찾을 수 있었다.

구글 지도는 1분 후 버스가 도착할 거라고 알려줬다. 멀리서 버스가 오는 것이 보였다. 2층버스가 아니라서 조금 아쉬웠지만, 그래도 예약 시간에 맞출 수 있을 것 같았다. 계획대로 착착 진행되어 기분이 좋았다. 오이스터 카드를 꺼내고, 버스를 타기 위해 한 걸음 내디뎠다. 순간 허전함과 싸늘함을 느꼈다. 정확히 무엇이 잘못됐는지 모르겠지만, 잘못됐다는 것만은 확실한 그런 느낌적인 느낌이었다.

버스는 우리 앞에 서지 않았다. 길 건너 반대편 정거장에 섰고, 손님을

런던의 횡단보도, LOOK RIGHT→

태우고 떠나버렸다. 버스 정거장의 이름은 사우스워크브리지로드 'BV'인데, 정거장 이름만 확인하고 뒤에 붙은 알파벳 기호를 눈여겨보지 않았다. 행선지가 동쪽이기 때문에 서쪽에서 버스가 온다고 인식한 것까지는 틀리지 않았다. 하지만 영국은 자동차가 좌측통행한다는 사실을 까맣게 잊고 길 반대편에서 버스를 기다린 것이다. 엉뚱한 방향을 바라보면서 말이다. 자동차가 한 대라도 우리 앞을 지나갔다면 정거장 위치가 틀렸음을 깨달았으련만, 우리가 서 있던 정거장 기호는 'BL'이었다.

런던의 횡단보도 바닥에는 'LOOK RIGHT→'라고 쓰여 있다. 자동차가 좌측통행을 하니 오른쪽을 잘 살피라는 의미다. 나는 'LOOK LEFT←'를 하고 있었다. 예약 시간에 맞춰야 한다는 생각에 집중한 나머지, 내가 런던에 있다는 사실을 순간 잊어버렸다. 아내는 내가 반대편 정거장에서 엉뚱한 방향을 쳐다보는 것이 의아했지만 너무나 자연스럽게 행동하기에 합당한 이유가 있는 줄 알았다고 했다. 여행하는 동안 장기 기억이 단기 기억을 지배한 두번째 순간이었다.

한참을 돌아 횡단보도를 건넌 후 건너편 버스 정거장으로 갔다. 다음 버스의 도착 시간을 확인하니 기다리다가는 예약 시간에 늦을 것 같았다. 하는 수 없이 우버를 불렀다. 다행히 우버는 금방 왔고, 예약 시간인 3시 45분에 스카이가든이 있는 워키토키빌딩에 도착했다.

스카이가든, 라파엘 비뇰리의
실수? 혹은 의도?

워키토키라는 별칭을 가진 펜처치스트리트20번지20 Fenchurch Street 건물의 1층 로비에는 스카이가든으로 입장하는 입구가 따로 있었다. 사람들이 줄을 서 있었지만 분위기상 조금 늦었다고 해서 들여보내지 않을 정도로 융통성이 없어 보이지는 않았다. 예약 서류를 보여주고 여권을 확인한 후 보안 검색을 거쳐 35층에 오르는 엘리베이터를 탔다.

엘리베이터에서 내려 테이블이 놓인 카페를 지나니 바깥으로 나가는 문이 있었다. 동선이 자연스럽게 문이 있는 방향으로 연결되었다. 스카이가든의 한 면 전체가 야외 테라스였다. 테라스는 템스강과 평행하게 놓였고 런던 시내의 모습이 한눈에 들어왔다. 38층의 건물은 높이가 약 160미터로 아주 높은 것은 아니지만 위치적으로는 런던 시내를 조망하기에 최고의 장

독특한 형상의 워키토키빌딩.

소였다.

전면으로 템스강과 초고층 건물 샤드, 왼쪽으로 런던탑과 타워브리지, 런던시청사, 오른쪽으로 테이트모던과 세인트폴대성당, 그 너머로 국회의 사당의 빅벤과 런던아이가 조그맣게 보였다. 최대한 넓은 영역을 담기 위해 파노라마 촬영을 여러 번 시도한 끝에 괜찮은 사진 하나를 건졌다.

워키토키빌딩은 런던에 온 날 템스강 유람선에서 가장 눈에 띄었던 건물이다. 덩치가 크고 독특한 형상의 건물은 우루과이 출신으로 미국에서 활동하는 건축가 라파엘 비뇰리Rafael Viñoly가 설계했다. 도쿄국제포럼과 서울의 종로타워도 그가 설계한 것이다.

오피스 빌딩은 층이 높을수록 임대료가 비싸기 때문에, 상부 층으로 올라

갈수록 바닥면적을 크게 하겠다는 상업적 논리에 따라 기울어진 형태로 디자인했다. 초기 계획안은 지금보다 훨씬 기울어져 있었는데, 심의를 거치면서 런던 도심지 옛 건물의 스카이라인을 해친다는 이유로 경사를 줄인 것이 현재의 모습이다. 경사진 외벽 때문에 사고도 있었다. 햇빛이 유리 외벽에 반사되어 길에 주차된 차를 녹였고 화재사고까지 났다. 그래서 빛 반사를 줄이기 위해 특수 필름을 유리면에 설치했다. 돌풍이 불 때 아래쪽으로 강한 바람이 불기도 해서 논란이 끊이지 않는 건물이다.

그가 설계한 미국 라스베이거스의 브다라^{Vdara} 호텔도 비슷한 논란이 있

다. 건물의 전면이 오목한 곡면을 이루고 있는데, 이 곡면이 태양 빛을 모으고 발산하면서 호텔 수영장의 한 지점에 집중되어 유리컵을 녹이고 투숙객의 머리카락을 태우는 사고가 있었다. 미국에서는 이를 '브다라 죽음의 광선Vdara Death Ray'이라고 부른다. 이 때문에 런던의 워키토키빌딩처럼 빛을 흡수하고 산란시키는 필름을 호텔 남쪽 면에 설치했다.

라파엘 비뇰리는 여러 모로 독특한 천재 건축가다. 그의 사무실에서 일했던 친구에게 들은 에피소드가 있다. 하루는 라파엘이 3D 모델링을 하는 컴퓨터 프로그램인 라이노Rhino로 작업하던 직원에게 형태를 이렇게 해봐라, 선을 저렇게 고쳐봐라 잔소리를 한 모양이다. 젊은 직원이 그에게 이렇게 말했다.

"라파엘, 무슨 말을 하는 거예요? 나는 라이노를 할 줄 알지만, 당신은 모르잖아요. 당신이 말한 것은 라이노에서는 말이 안 돼요."

라파엘은 아무 대꾸 없이 자기 방으로 들어가 문을 틀어 잠그고 밖으로 나오지 않았다. 일주일이 지나 방에서 나온 라파엘은 라이노에 대해 훈계한 직원을 찾아가 이렇게 말했다.

"너, 라이노 할 줄 안다고 했지? 나도 할 줄 알아!"

라파엘 비뇰리는 일주일 동안 자기 방에서 라이노를 독학했던 것이다.

그는 평소 안경을 여러 개 달고 다니는 것으로도 유명하다. 안경마다 용도가 다른데, 먼 거리를 볼 때 쓰는 안경, 피아노를 연주할 때 쓰는 안경, 독서할 때 쓰는 안경, 스케치할 때 쓰는 안경, 이렇게 네 개라고 한다!

스카이가든은 건물 외벽의 두 측면을 따라 아래층과 위층을 연결하는 계단 안쪽으로 정원이 조성되어 있었다. 중앙에 위치한 엘리베이터와 레스토랑의 좌측과 우측을 둘러싼, 자연 그대로의 나무와 꽃을 빼곡히 심어놓은 정원은 공간의 분위기를 결정했다. 정원에 물을 공급하는 배관에서 안개처럼 미세한 물을 뿜었다. 고층에 있는 공중 정원, 말 그대로 스카이가든이었다. 계단의 경사를 따라 이어진 정원은 언덕처럼 보였다.

흰색 프레임의 유리 외벽과 유리 지붕이 공간 전체를 감싸고 있어서 전체가 한 공간으로 인식됐다. 그래서 계단에서 정원을 바라보면 유리 지붕의 영역만큼 정원이 연속으로 이어져 있을 거라는 착각이 들었다(사실 중

스카이가든 실내 모습.

앙의 코어* 공간과 레스토랑에 의해 끊겨 있다). 방문객의 동선에서 항상 정원이 보인다는 것도 특별했다. 실제 정원의 면적보다 훨씬 넓게 인식되어 이곳이 꽤 큰 식물원으로 느껴졌다. 스카이가든의 정면에 해당하는 아래층의 야외 테라스와 배면에 해당하는 위층의 라운지는 런던 시내를 조망할 수 있는 곳으로, 시선을 자연스럽게 바깥으로 유도했다.

● core, 건축물에서 엘리베이터, 계단실, 화장실, 설비 공간 등을 집약해서 배치한 공간으로, 구조적으로 매우 중요한 역할을 담당한다. 코어의 평면상 위치에 따라 중앙 코어, 편심 코어, 독립 코어 등으로 구분된다.

세 개 층으로 구성된 스카이가든은 층마다 다른 성격의 카페와 레스토랑을 운영하고 있다. 맨 아래층에는 캐주얼한 카페가, 중간층에는 레스토랑이, 가장 위층에는 술을 마실 수 있는 바가 있는데, 이 구성 또한 의미가 있다. 공간적 한계 때문에 여러 층으로 매장을 구분한 것이 결과적으로 다양한 레벨에서의 시각적 경험을 제공했고, 층마다 고객의 연령대도 구분할 수 있게 했다.

복잡하고 분주한 도심의 고층에 위치한 정원은 자연에서의 휴식을 제공하고, 식물의 광합성으로 산소를 공급해준다. 또한 이곳에서는 좋은 음식을 즐기면서 도시를 한눈에 내려다볼 수 있다. 볼거리와 즐길거리가 풍부한 매우 특별한 장소다. 다만 한여름에는 찜통이라는 아쉬운 전언이다. 우리가 갔을 때는 초가을이라 느끼지 못했지만.

로이즈, 레든홀, 거킨

로이즈빌딩Lloyd's Building으로 가는 길에 외관이 특별한 건물을 발견했다. 건물 두 개가 붙어 있었는데 하나는 퀸 알렉산드라하우스처럼 앤 여왕 부흥 양식으로 붉은 벽돌 마감, 삼각형 박공벽, 흰색 프레임의 창을 가진 건물이고, 다른 하나는 층마다 다른 형상의 아치 창호와 발코니가 있는 석조 건물로 외벽의 절반을 유리 커튼월로 덧댔다. 그 앞에 수많은 스티커를 아기자기하게 붙인 런던 택시 블랙캡까지, 런던의 특징을 함축적으로 설명하는 장면이었다. 과거와 현재가 공존하는 도시.

위낙 유명한 건물들이 지척에 있어서 아내와 아이는 광장의 나무 그늘

외관이 특별한 건물,
과거와 현재가 공존하는 도시 런던.

에서 쉬게 하고, 나는 잰걸음으로 주변을 다녔다. 영국의 건축가 리처드 로
저스가 설계한 로이즈빌딩은 얼핏 봤을 때 고층의 공장 건물 같았다. 건물
에 사용하는 설비와 계단을 외부에 노출하여 이를 입면 디자인의 주요소로
활용했다. 오래된 건물임에도 세련됐을 뿐만 아니라 관리를 잘해 반짝반짝
광이 났다.

바로 근처에 리처드 로저스가 최근에 설계한 고층 빌딩이 우뚝 솟아 있
었다. 48층, 225미터 높이의 레든홀빌딩은 1층에 로비가 없었다. 층고가
매우 높은 필로티 공간은 일반인에게 개방된 광장이었다. 광장 중앙의 에
스컬레이터를 타고 올라가면 그곳이 건물의 로비다. 사선의 철골 구조재와

로이즈빌딩.   레든홀빌딩.

유리 커튼월이 인상적인 건물은 구성 요소가 명확히 구분되어 있는데, 전
면은 오픈 플랜의 사무 공간이고, 배면은 엘리베이터, 계단, 화장실 등으로
구성된 코어가 좌우로 길게 배치되어 있었다. 사무 공간은 위로 올라갈수
록 작아지면서 측면의 사선 입면을 만들었다. 뒤에서 보면 고층부, 중층부,
저층부로 구분된 엘리베이터 여러 대가 위아래로 움직이는 모습이 꼭 살아
있는 생명체 같았다.

거킨빌딩.

영국박물관의 그레이트코트를 설계한 노먼 포스터의 건물을 찾았다. 오
이를 닮았다고 해서 '거킨Gherkin'이라고 불리는 원통형 건물은 여느 대규모
오피스 빌딩의 위압적인 저층부와 다르게 휴먼스케일이 느껴졌다. 건물의
입면을 지배하는 X자 형태의 구조재 사이로 들어가는 출입구는 아담했다.
로비는 1층에서 차지하는 면적이 얼마 되지 않았고 층고도 그리 높지 않았
다. 나머지 공간은 깔끔하고 세련된 카페와 레스토랑으로 채워져 있었다. X

자 형태의 구조재는 중세 건물의 회랑처럼 열주 역할을 했고, 그 안쪽 필로티 공간의 통로가 상업시설에 면해 있었다. 원통형의 건물 주변으로 폭이 3미터 정도 되는 세련된 수경시설이 옛 성의 해자처럼 건물의 경계를 표시했다. 하지만 전혀 위압적이지 않았고 디자인이 아름다워 가까이에서 확인하고 싶었다.

노먼 포스터와 리처드 로저스는 하이테크 양식을 이끄는 건축가다. 이들의 건축은 기술적 요소인 구조와 설비, 엘리베이터, 계단을 외부에 노출시켜 입면 디자인 요소로 활용하고, 내부는 군더더기 없이 깔끔하고 넓은 오픈 플랜 공간을 제공한다. 또한 시각적으로나 물리적으로 가볍고 튼튼한 재료를 사용해서 미래지향적인 외관을 만들어내고 있다. 잠깐의 건축물 답사를 마치고 아내와 아이가 있는 광장으로 갔다. 그동안 둘은 잘 쉬었는지 표정이 밝아 보였다.

런던탑과 타워브리지

해자로 둘러싸인 요새 같은 런던탑은 (제목이 기억나지는 않지만) 어릴 적 만화영화 속에서 봤던 성채가 연상됐다. 아마도 만화 속 성채의 모티프가 런던탑이 아니었을까. 런던탑을 지나 근처에 있는 타워브리지까지 걸었다. 런던을 상징하는 랜드마크에 왔다는 사실에 흥분한 나머지 카메라 셔터를 마구 눌렀다. 나중에 사진을 확인하니 구도는 엉망이고, 얼굴은 피곤에 찌들었으며, 해질녘의 햇빛 때문에 온갖 인상을 쓰고 있었다.

타워브리지는 두 개의 탑 사이에 연결된 다리가 두 개 층으로 구성되어

불을 밝힌 전구로 장식한 해러즈백화점.

있다. 고딕 부흥 양식의 탑은 독일의 어느 한적한 산골에 있으면 어울릴 만한 성 같았다. 큰 배가 지나갈 때 1층의 다리 상판이 올라가면 2층의 다리를 이용해서 건널 수 있지만, 일반인이 그럴 일은 없을 것이다. 탑의 바깥부분은 현수교다. 하지만 탑을 기준으로 한쪽으로만 현수교 케이블이 연결되어 있어서 반대편으로 엄청난 횡력이 작용한다. 두 개의 탑을 연결하는 2층 다리가 이를 지지해준다.

　다리의 중간까지 걸은 후 다시 왔던 길로 되돌아왔다. 해러즈백화점에 가기로 했다. 모뉴멘트역에서 센트럴/디스트릭트 노선을 타고 사우스켄싱턴역에서 피커딜리 노선으로 갈아탔다. 퇴근 시간이라 지하철은 콩나물시루처럼 사람들로 가득했다. 나이트브리지역에서 내려 출구 밖으로 나오니 하늘은 이미 어둑어둑했다. 클래식한 느낌의 동그란 전구로 수놓인 해러즈백화점은 무척 낭만적으로 보였다.

7일차

───

런던의 목요일

　　　　　　　　　　　런던을 떠나는 날 아침이다. 커튼을 젖히고 창문을 열었다. 위아래로 여는 창이 여전히 익숙하지 않았다. 맑고 선명한 하늘이 눈에 들어왔다. 런던에서 본 하늘 중 가장 쾌청했다. 이렇게 맑은 날씨의 런던 시내는 어떨지 궁금하지만 우리는 곧 떠나야 한다.

　런던에는 국제공항이 두 군데 있다. 그중 유명한 곳이 히스로공항인데, 오늘 우리는 런던 시내에서 남쪽 방향에 있는 개트윅공항으로 간다. 호텔에서 공항까지 거리가 꽤 멀다. 직선거리로 40킬로미터가 넘는다. 대중교통을 알아봤는데 조금 복잡했다. 글로스터로드역에서 지하철을 타고 빅토리아역에서 내린 후, 이곳에서 공항까지 가는 기차를 타야 한다. 또 갈아타기 위해 이동하면서 꽤 많이 걸어야 한다. 출근 시간대에 만만찮은 짐을 끌고 아이와 함께 이동한다는 것이 매우 힘겨운 일임을 잘 알고 있었다. 세 명이 이동할 경우 대중교통이 택시보다 크게 저렴하다고 볼 수도 없었다.

그래서 한인택시를 예약했다.

택시 기사는 약속 시간보다 40분이나 일찍 도착해서 우리를 재촉했다. 마음 편히 아침식사를 하지 못하고 허둥지둥 나갈 채비를 해야 했다. 모범 생 스타일로 보이는 택시 기사는 오른손에 방금 내렸을 것으로 보이는 스타벅스 커피를 들고 있었다. 택시에 타서는 길이 막힐 거라는 투덜거림을 들어야 했지만, 어제의 강행군 때문인지 눈이 감기고 말았다. 아내의 말로는 공항에 가까워지자 하늘에 교차로가 있는 듯 비행기들이 아슬아슬하게 공중 곡예를 했다고 한다. 런던의 항공기 교통량이 많다는 얘기를 들은 적이 있는데, 좋은 구경을 하지 못한 것이 아쉬웠다.

런던 개트윅공항,
베네치아 마르코폴로공항행
이지젯? 디피컬트젯!

개트윅공항의 남쪽 터미널에 도착했다. 택시에서 내려 엘리베이터를 타고 출발층으로 이동했다. 이지젯^{EasyJet}항공사 구역을 찾았다. 항공사 직원이 있는 체크인 카운터는 보이지 않고, 모니터가 달린 무인 키오스크가 여러 대 사열하듯 서 있었다. 직원이 있지만 키오스크 이용 방법을 설명하거나 체크인할 짐을 맡기는 장소를 안내할 뿐이었다. 보딩패스와 짐에 붙일 체크인 스티커가 키오스크에서 출력되어 나왔다.

보딩패스 발급과 수하물 체크인을 무인 방식으로 운영하는 것은 정보 기술의 발달과 인건비 절감이라는 의미가 있겠지만, 나는 사람을 직접 대하는 유인 방식이 좋다. 궁금한 점을 물어보고 해결할 수 있고, 좌석 위치를 바꿔달라고 부탁할 수도 있기 때문이다. 그러나 유인 방식은 빠른 속도로 사라지고 있다. 아날로그를 그리워하는 것처럼, 선택의 여지없이 사라져버리는 게 그리울 따름이다. 무인 방식의 체크인을 처음 해보는 것은 아니었지만, 돌다리도 두들겨보고 건너는 마음으로 직원에게 이 기계로 체크인하면 되는지를 물었다.

내가 기대한 대답은 그저 "예스"였다. 하지만 이 질문은 하지 말았어야 했고, 질문할 대상을 잘못 골랐다는 것을 깨닫는 데에 몇 초가 걸리지 않았다. 직원은 친절했고 열정적이었다. 동화를 구연하듯 열의를 다해 설명하면서 몸소 체크인 시연까지 해보였다. 체크인 버튼을 누른 후 여권을 스캔했다. 체크인할 짐이 두 개라고 말해줬다. 짐 하나를 체크인하는 것까지는 별 문제가 없었지만 두번째 짐부터 어찌할 바를 모르는 듯했다. 뭔가 잘못됐다고 말하는 것 같은데, 억양이 너무나 영국적이라 알아듣기가 쉽지 않았다. 무슨 문제가 생긴 건지 그녀에게 물어도 잘 모르겠다고 하면서 당황한 듯 허둥대고 있었다.

특별히 잘못된 상황은 아니었다. 방금 전에 했던 방식대로 아내 여권을 스캔하고, 나머지 짐을 체크인하면 될 일이었다. 하지만 열정적인 직원은 모든 것이 자동으로 되어야 한다고 생각하는 것 같았다. 대화를 이어가다 보니 이 직원은 오늘이 첫 출근이거나 며칠 되지 않은 신참일 거라는 확신이 들었다.

답답한 마음에 내가 직접 해야겠다고 생각했다. 키오스크를 조작하려고 하자 그녀는 나를 뜯어말렸다. 항공사 직원이 하지 못하는 일을 손님이 하는 상황을 용납하지 못하는 것 같았다. 한참 고민을 하다가 우리를 어딘가로 데려갔다. 조금만 더 시간을 끌면 아무리 친절하고 열정적이어도 그녀에게 한마디 해야겠다고 마음먹던 참이었다.

우리를 데려간 곳은 항공사 직원이 체크인 업무를 하는 카운터였다. 직원 두 명이 한가롭게 담소를 나누고 있었다. 유인 방식의 체크인 카운터가 전혀 없는 것은 아니었다. 속으로 '왜 이렇게 꽁꽁 숨어 있는 거야!'라고 불만을 쏟았다. 열정적이지만 작은 실패를 맛본 그녀는 우리를 카운터 직원에게 소개해주고는 어디론가 사라졌다. 카운터에 있는 직원에게 내 생각을 말했다. 아까 그 직원은 키오스크에서 체크인하는 방식을 좀 잘못 알고 있는 것 같다고. 카운터에 있는 직원이 눈을 찡긋하며 말했다. "그녀는 신입이야."

카운터 직원은 내가 손수 만든 '여행 가이드북'에 관심을 보였다. 여행 일정과 예산과 지도와 각종 예약 서류를 출력한 후 제본하여 직접 만든 책이었다. 표지의 그림을 들여다보고, 뒤집어서 보고, 책 속의 페이지를 하나하나 넘기면서 꼼꼼히 살폈다. 숙제 검사를 하는 선생님 같았다. 이걸 어떻게 만들었느냐고 묻기에, 제본에 관심이 있는 줄 알고 "기계로 만들었지"라고 대답했다. 그녀는 다시 물었다.

"내 말은, 어떻게 계획하고 구성하고 정리한 거냐고. 티켓이랑 지도랑 등등."

"아, 이거 마음에 들어? 자료를 찾고, 일정 계획을 세우고, 예약하고, 편집하고, 출력하고, 제본하고, 그렇게 만들었지."

조금 뻐기듯이 말했더니 그녀는 「아메리카 갓 탤런트」의 심사위원이 합격 버튼을 누르며 리액션을 하듯 격하게 외쳤다. "오 마이 갓! 어메이징! 언빌리버블!"

여행을 준비하다보면 이것저것 출력할 문서가 많다. 비행기 티켓, 숙소 바우처, 공연 티켓, 놀이공원 티켓, 일정표, 지도, 영수증, 지하철 노선도, 버스 시간표, 여권 복사본……. 종류가 많고 크기도 다양해서 정리하기가 쉽지 않다. 정리를 해도 금방 흐트러지기 마련이다. 집게로 고정시키거나 파일에 넣어둬도 여행을 시작하면 얼마 지나지 않아 여기저기 흩어지게 된다. 그러면 필요한 서류를 찾는 데 시간이 오래 걸리고, 못 찾기 일쑤다. 잃어버려도 한참 나중에 깨닫게 된다. 그래서 서류와 출력물을 한곳에 모아둔다는 의미로 제본을 해 책자를 만들었다. 링 제본을 하면 넘기기가 편해서 좋다. 처음에는 티켓과 바우처만 출력했는데, 여행을 여러 번 다니면서 조금씩 발전했다. 일정 계획표와 지도, 각종 여행 정보를 추가했고 두께도 상당해졌다. 결과적으로 여행 가이드북 비슷한 것이 됐다.

앞부분에는 A4 용지를 열 장 정도 넣었다. 맨 앞장은 표지인데, 아이가 꾸미게 했다. 표현과 색깔 선택이 남다르고 아직은 순수해서 꽤 기발한 아이디어가 나온다. 떠나는 비행기 안에서 색연필로 표지를 만들었다. 나머지 용지에는 지출 내역을 메모하고, 특이사항을 기록하고, 아이 스케치북으로 활용했다. 바둑판처럼 선을 그어 오목을 두기도 했다.

일정표는 엑셀로 만들었다. 날짜와 도시, 교통편, 일출과 일몰 시각, 일기 예보, 방문지, 식사 장소, 예약 정보, 비용 등을 표시했다. 여행하면서 일정이 바뀌는 상황은 계속 일어났고, 일정표도 수정해갔다. 수정은 볼펜

직접 만든 여행 가이드북.

으로, 줄을 좍좍 그어가면서.

보딩패스를 발급받고 짐을 체크인한 후 게이트로 가는 길에 면세점에서 해러즈백화점 편집숍을 발견했다. 어제 해러즈백화점에서 쇼핑을 충분히 하지 못해 후회했는데 잘됐다 싶었다. 우산과 에코백을 샀다. 적당한 가격에 디자인도 괜찮아서 선물하기에 좋았다. 런던 분위기가 물씬 풍기는 스노볼도 샀다. 유리구슬 안에는 빅벤, 웨스트민스터사원, 런던아이, 거킨, 샤드 모형이 들어 있고, 해러즈백화점의 초록색 차양과 빨간색 공중전화 박스도 있었다. 아침 일찍부터 부산을 떠느라 피곤했던 아이는 스노볼을 보고 표정이 밝아졌다.

개트윅공항은 보안 검색이 매우 철저했다. 검색대는 통과 라인과 재검사라인, 이렇게 두 갈래로 분류했다. 검색대 요원이 아내와 나의 짐을 다시검사해야겠다며 따로 줄을 서라고 했다. 죄를 진 것도 없는데 살짝 긴장이됐다. 그들의 검색 능력은 매우 탁월했다. 코에 뿌리는 감기약이 나왔다.기내에 액체류를 휴대할 수 없다는 사실을 알고 있었지만, 이 약을 액체로인식하지 못했던 것이다. 게다가 지금까지 거쳐온 여러 검색대에서는 문제가 발생하지 않았다.

아내의 핸드백에서는 핸드크림과 사과 주스가 나왔다. 파리 슈퍼마켓에서 번들로 샀던 사과 주스였다. 분명 하나가 남았는데 어디 있는지 찾아도보이지 않아서 어딘가에 흘린 줄 알았다. 핸드크림과 코감기약은 용량이적어서 비닐에 담아갈 수 있었다. 목이 마르기도 해서 사과 주스를 마시겠다고 했더니 직원이 매몰차게 안 된다고 해서 아쉽지만 쓰레기통에 버려야했다.

게이트에 있던 이지젯항공 직원은 친절이란 눈을 씻고 봐도 찾을 수 없었다. 융통성 없이 꽉 막힌 교도관 같았다. 기내에 휴대할 수 있는 짐은 한명당 하나이며, 초과할 경우 탑승할 수 없으니 짐을 버리든지 하라고 했다.나는 배낭을 등에 메고, 크로스백을 어깨에 메고, 면세점에서 산 쇼핑백 몇개를 들고 있었다. 아내도 핸드백과 쇼핑백 몇 개를, 아이는 어른 베개 크기의 니모 인형을 들고 있었다. 직원은 작은 크로스백이나 핸드백도 짐 하나로 센다면서 무조건 한 개로 줄이라고 했다. 규정이라는 사실을 강조하면서 말이다. 돈을 더 내겠다고 했더니, 게이트는 돈을 받는 곳이 아니라며화를 내듯 말했다. 답답했지만 직원은 자신의 본분을 다하고 있었다. 턱을 바짝 올리고 아쉬운 것 하나 없다는 표정으로.

가방을 뒤지니 런던의 슈퍼마켓에서 받은 허름한 비닐가방이 나왔다. 무거운 물건을 담으면 금방이라도 찢어질 것 같았지만 크기만큼은 꽤 컸다. 비닐가방에 크로스백, 핸드백, 니모 인형, 쇼핑백 몇 개를 집어넣었다. 아내는 큰 쇼핑백에 작은 쇼핑백을 쑤셔넣었다. 아이에게 배낭을 메게 했다. 하지만 그렇게 해도 한 사람당 하나의 짐으로 정리되지 않았다. 두 팔로 비닐가방과 다른 짐을 감싸 안으며, 직원에게 "One piece!"라고 외쳤다. 어쨌든 통과했다.

게이트를 통과하자마자 비닐가방은 터져버렸고 물건들은 바닥에 나뒹굴었다. 양어깨와 양팔과 양손을 모두 써서 물건들을 메고 쥐고 끌어서 비행기 안으로 도망치듯 뛰어 들어갔다. 융통성 없는 직원이 우리를 잡으러 쫓아올지도 모른다는 생각이 들었다. 이지젯항공은 이름을 바꿔야 했다. 디피컬트젯Difficult Jet이라고!

중세시대 분위기를 간직한 베네치아

VENEZIA

7일차
|
베네치아의 목요일

런던을 떠난 지 두 시간이 흘렀다. 비
행기 창밖으로 잔잔한 바다 위에 피자를 깔아놓은 것 같은 풍경이 보였다.
물 위에 떠 있는 대지 위에 오밀조밀 빼곡하게 서 있는 빨갛고 노랗고 하얀
건물들은 꼭 피자 토핑 같았다. 베네치아가 보였다. 12년 만이다. 어른이
되어 어린 시절에 뛰놀던 동네 골목길을 다시 찾은 느낌이었다. 심장이 조
금씩 쿵쿵대기 시작했다.

12년 만의 베네치아

비행기가 베네치아 마르코폴로공항
활주로에 착륙했다. 계단차를 밟고 내려와 활주로에 발을 디뎠다. 우리가
타고 온 비행기의 모습을 온전히 볼 수 있었다. 비행기를 배경으로 사진을
찍었다. 12년 만에 찾은 마르코폴로공항은 대대적으로 공사 중이었다.

베네치아 대운하.

　베네치아에는 자동차 길이 없다. 배가 교통수단이다. 버스도 택시도 모두 배다. 곤돌라는 관광객을 위한 체험용 탈것이다. 자전거를 이용할 수 있지만, 운하가 많고 대부분의 다리에 계단이 있어서 건너기가 불편하다. 또 좁은 골목길에 관광객이 많아서 자전거로 다니는 일이 쉽지 않다. 배가 다니지 않는 섬 안쪽은 걷는 것이 유일한 교통수단인데, 걷는 것도 나쁘지 않다. 아날로그적인 분위기가 좋고, 걷는 내내 볼거리가 많아서 더 좋다.

　공항의 안내 데스크에서 교통카드인 베네치아 유니카Venezia Unica를 샀다. 기간을 정해서 정액권으로 구입하면 그 기간 동안 수상버스인 바포레토vaporetto를 무제한으로 이용할 수 있다. 안내 데스크 직원에게 혹시 가족 할인이 있는지 물어보았다. 직원은 친절했지만 대답은 단호하게 없다고 했다. 베네치아 유니카 2일권은 한 사람당 30유로였다. 무제한으로 이용한다

하더라도 꽤 높은 가격이었다.

마르코폴로공항은 베네치아 섬의 북쪽에 위치한 유럽 대륙의 바닷가에 있다. 베네치아에 가려면 공항 근처 선착장에서 일종의 공항버스인 알리라구나Alilaguna 수상버스를 타야 한다. 공항 건물 밖으로 나왔다. 런던과 다르게 베네치아는 한여름 날씨였다. 햇살은 따갑고 공기는 습했다. 묵직한 캐리어를 땅에 끌고 가려니 팔의 인대가 늘어질 것 같았고, 그것이 삶의 무게감처럼 느껴져 급격히 피로가 몰려왔다. 12년 만에 다시 만나 두근거리는 마음은 금세 가라앉았다. 하지만 아내와 아이는 베네치아에 대한 기대감이 표정에 잘 드러나 있었다. 즐거워 보였다.

흰색 알리라구나 수상버스는 길이가 우리나라 마을버스만 했다. 자동차 핸들 모양의 조타기가 설치된 공간 뒤로 계단을 통해 내려가면 승객칸이 나오는데, 벽을 등지고 서로 마주보도록 의자가 놓여 있고 그 뒤에 수평으로 창이 나 있어 바깥을 볼 수 있었다. 캐리어는 배의 상판에 올려놓고 계단을 내려가 자리를 잡았다. 흰색 티셔츠와 흰색 바지를 입고 선글라스를 끼고서 조타기를 조종하는 직원은 모델 같은 분위기를 풍겼다.

베네치아 섬까지 한 시간 정도 걸린다고 해서 거리가 꽤 먼 줄 알았는데, 실제로는 그렇지 않았다. 배는 아주 천천히 이동했다. 가끔 물보라를 일으키며 전속력으로 달리기도 했지만 아주 잠깐이었다. 운전하는 사람 마음인 것 같았다. 기상 상황이나 교통체증과 상관없이 정시에 도착하기 위해 이동 시간을 여유롭게 조정했는지, 아니면 베네치아 구경을 충분히 하라는 의미인지 알 수 없었다. 나중에 안 사실인데, 모터보트가 일으키는 물살이 베네치아의 매립 구조물에 손상을 주기 때문에 속도 제한이 있다고 한다. 그렇다면 잠깐 물보라를 일으키며 달렸던 것은 속도 위반이었을까?

조수 간만의 차가 있고 수심이 낮은 베네치아에는 뱃길이 따로 있다. 뱃길을 표시하는 나무 말뚝이 줄지어 있었고, 알리라구나는 말뚝을 따라 이동했다. 30분쯤 지나 베네치아 대운하에 들어섰다. 멀리 리알토다리가 보였다. 보수공사 중이라고 들었는데, 공사가 끝났는지 다리 위의 아치가 선명하게 보였다. 그런데 다리 가까이에 가서야 알았다. 리알토다리의 모습을 본뜬 가림막이었다는 사실을. 멀리서는 영락없이 리알토다리로 보였던 것이다.

이탈리아 사람들은 조상을 잘 만난 덕에 후손이 혜택을 받는다고 하는데, 절반은 맞고 절반은 틀린 말인 것 같다. 이들은 문화재 보존을 위한 강력한 규제를 마련해 시행하고 있으며, 보수공사도 지속적으로 하고 있다.

오래되어 때가 타고 색이 바랜 장소와 현대적인 장치를 조화롭게 엮는 기술이 탁월하다. 공사장의 가림막도 디자인이 꽤 멋있었다.

산타마리아델질리오 선착장에 도착했다. 알리라구나의 종점이었다. 공항의 선착장에서는 빈자리 없이 빼곡했는데, 이곳에서는 우리 셋만 남았다. 4일 후 공항에 갈 때 우리가 가장 먼저 타서 원하는 자리에 앉을 수 있을 거라 생각하니 기분이 좋았다. 선착장에 짐을 내리고 숙소 매니저에게 전화를 걸었다. 몇 미터 앞에서 전화를 받는 백인 청년이 보였다. 턱수염을 기르고 머리가 조금 벗어진 왜소한 체격에 흰색 반바지와 노란색 티셔츠를 입고 있었다.

매니저의 이름은 리니오였다. 우리는 서로 인사를 나누고 숙소로 향했다. 커다란 캐리어 두 개를 끌고 있는 것을 보면서도 혼자 앞장서서 가는 매니저가 조금 야박하게 느껴졌다. 숙소는 생각보다 멀었다. 한 번에 다 외우기 힘든 골목길에서 좌회전과 우회전을 반복했고, 계단이 있는 다리를 세 개나 건넜다. 빨리 갈 수 없어서 일부러 더 천천히 걸었다. 힘든 표정을 짓고 땀을 닦는 시늉을 했다. 뒤따라오는 게 느려서 답답했는지, 아니면 측은했는지, 매니저는 캐리어 하나를 끌어줬다. 진작 그럴 것이지. 나는 걷는 속도를 높였다.

**베네치아 체크인,
운하 조망 침실**

우리가 묵을 숙소는 파리에서처럼 지

베네치아 숙소의 현관.

은 지 100년은 훌쩍 넘었을 작은 아파트 건물의 2층이었다. 외벽에는 건물이 지어지고 한참 후에 설치했을 각종 전선과 가스관, 배관 들이 벽을 뚫고 위아래로 연결되어 있었다. 작고 네모난 유리를 끼운 격자창이 달린 현관문을 열고 들어갔다. 홈페이지 사진 속 모습은 모던하고 깔끔하던데, 와서 보니 바닥이며 벽이며 가구에 오래된 때가 배어 있어서 중세시대 문화유산에 들어온 것 같았다. 숙소는 침실 하나와 거실, 식당, 부엌, 화장실로 구성되어 있었다. 거실 바깥으로는 골목길이 보이고, 반대편 침실 바깥으로 작은 운하가 보였다.

리니오에게 부엌 사용하는 법을 알려달라고 하니 수도꼭지를 가리키면서 여기를 돌리면 물이 나온다고 대답했다. 그 정도는 나도 충분히 예상할 수 있다고 말했다. 가스레인지는 어떻게 사용하는지를 묻자 조금 복잡하다면서 서랍에서 성냥을 꺼냈다. 성냥을 보니 그가 왜 복잡하다고 하는지 알 것 같았다. 그는 가스레인지의 손잡이를 돌려 가스가 새어나오게 한 후 화구에 성냥불을 갖다 댔다. 숙소의 분위기만큼이나 가스레인지를 켜는 방법도 고전적이었다.

숙박비는 예약하면서 미리 지불했고, 청소비와 세금을 합쳐 115유로를 더 냈다. 매니저는 재활용 쓰레기를 분리해서 건물 출입문 앞에 두라고 하면서, 주말에는 근처 광장에 갖다놓으라고 했다. 분리수거는 내가 하는데 청소비가 왜 이렇게 비싼 건지 이해되지 않았지만, 달리 방법이 없었다. 비싼 수업료를 내는 만큼 맘껏 즐기는 게 남는 것임을 잘 알고 있었다.

매니저에게 슈퍼마켓이 어디에 있는지 물었다. 그는 가깝다면서 설명을 하는데, 출입문을 나서서 왼쪽으로 직진한 후, 좌회전, 우회전, 좌회전, 좌회전, 우회전……, 외울 수 있는 경로가 아니었다. 리알토다리 방향이라는 것만 파악했다. 아내는 짐 정리를 하고, 나는 슈퍼마켓을 찾았다.

1층의 출입문을 나서서 오른쪽으로 조금 걸어가면 베네치아 대운하가 나왔다. 운하와 나란히 줄지어 서 있는 건물들 너머로 해가 지고 있었다. 그늘이 지는 데다 석양이 강해서 건물들은 상대적으로 많이 어두워 보였다.

시선을 왼쪽으로 돌리자 대운하 건너편에서 석양이 산타마리아델라살루테성당의 돔 지붕을 빨갛게 불태우고 있었다. 스멀스멀 올라오는 아지랑이는 불타는 느낌을 극대화했고, 돔 꼭대기의 작은 첨탑은 살아 움직이는 불꽃처럼 보였다. 햇빛을 받지 않는 건물의 어두운 벽과 함께 명암의 극명한 대비를 이루었다. 아름다웠다. 예상치 못한 감동에 망치로 머리를 맞은 것 같았다. 이곳에 오길 잘했다는 생각이 들었다. 카메라로 이 풍경을 담았지만 눈으로 직접 보는 것에 한참 미치지 못했다.

슈퍼마켓이 있는 리알토다리 방향으로 다시 걸었다. 조금 헤맸지만 어렵지 않게 찾을 수 있었다. 매니저가 가깝다고 말한 것이 걷는 데 익숙한 현

베네치아 대운하의 석양.

지인의 기준이었는지는 몰라도 내 기준은 아니었다. 슈퍼마켓은 시골 구멍가게처럼 물건들이 듬성듬성 놓여 있었다. 하지만 종류로 보면 있을 건 다 있었다. 물과 음료수, 맥주를 샀다. 숙소로 돌아가는 길은 슈퍼마켓으로 가는 길보다 훨씬 어려웠다. 잠시 길을 잃어버려서 새로운 골목길을 탐험했다. 가게를 구경하는 재미도 쏠쏠했다. 예쁜 옷과 가방, 액세서리를 판매하는 상점을 발견했다. 아내와 아이에게 매력 넘치는 베네치아 골목길을 빨리 알려야겠다는 생각에, 숙소로 가는 발걸음을 재촉했다.

베네치아 골목길 1

베네치아 골목길을 걷기로 했다. 낮
동안의 기온은 한여름이지만 저녁은 가을이었다. 옷을 두툼하게 챙겨 입어
도 한기가 느껴졌다. 늦은 시각인데 골목길은 사람들로 북적였다. 어떤 길
이 나타날지 예측할 수 없는 구불구불한 골목길과 지저분하지만 운치 있는
오밀조밀한 운하는 12년 전과 똑같았다. 옆으로 긴 3층짜리 건물 아래 통
로를 지나자 산마르코광장이 나타났다. 좁은 골목길에서 광장으로 나오니

가슴이 확 트였다. 광장 너머로 산마르코대성당의 돔 지붕과 뾰족하게 솟은 종탑이 보였다.

아치형 열주가 있는 회랑은 광장의 영역을 분명하게 했다. 광장을 둘러싼 건물은 하나의 긴 건물로 보이지만, 지어진 시점이 다른 세 개의 건물들이다. 건물들의 이름에는 각각 '프로쿠라티에Procuratie'라는 단어가 들어 있는데, 이는 '행정관청'이라는 뜻이다. 북쪽에 있는 건물 프로쿠라티에베키에Procuratie Vecchie는 16세기에 지어졌고, 남쪽의 건물 프로쿠라티에누오베Procuratie Nuove는 17세기에 지어졌다. 두 건물 모두 르네상스 양식이다. 중앙에 있는 프로쿠라티에누오비시메Procuratie Nuovissime는 19세기에 지어졌고 신고전주의 양식이다. 최근 영국의 건축가 데이비드 치퍼필드David Chipperfield가 프로쿠라티에베키에의 리노베이션 설계를 진행하고 있다.

산마르코광장에는 두 개의 큰 식당이 나란히 있는데, 광장 일부를 할애해서 작은 무대와 테이블을 설치해놓았다. 이곳에서는 피아노와 첼로, 바이올린, 아코디언의 협주 공연이 진행되고 있었다. 클래식 음악이 흐르는 가운데 고전적인 건물로 둘러싸인 광장의 야경이 제법 운치 있어 보였다.

광장에는 야광 장난감과 레이저 펜을 파는 행상의 수가 관광객 수와 맞먹었다. 12년 전에는 밤에 이곳을 찾은 적이 없어서 그때도 이런 모습이었는지 모르겠다. 건물을 비추거나 건물에서 새어나오는 불빛보다 야광 장난감과 레이저 펜이 산마르코광장의 야경을 지배하고 있었다. 베네치아를 온전히 느끼려는 입장에서는 방해 요소임이 분명했다. 어느 곳에서나 보이는 야광 장난감과 레이저 펜의 불빛이 장소 본연의 모습을 망가뜨리는 것 같

중세시대 분위기를 간직한 베네치아

베네치아 골목길의 상점.

베네치아 골목길의 극장.

아 안타까웠다. 그러나 긍정적인 부분이 없는 것은 아니었다.

아이는 에펠탑에서 사고 싶어 했던 레이저 펜을 다시 봐서 무척 반가운 것 같았다. 아빠가 안 사줘서 속상했고, 계속 생각났다고 했다. 그날 아이의 시무룩한 표정이 기억났다. 안 좋은 기억이 떠오른 마당에 또 실망시켜서는 안 될 일이었다. 베네치아와 연관성 하나 없는 기념품을 샀다. 아이는 레이저 펜을 켰다 껐다 반복하면서 즐거워했다.

얼마 후 유쾌하지 않은 일이 발생했다. 배터리가 닳았는지, 고장이 난 건지, 레이저가 힘을 못 쓰더니 이내 꺼져버렸다. 우리에게 레이저 펜을 팔았던 그는 찾을 수조차 없었다. 얼굴이 기억나지 않았고, 기억이 난들 이 많은 사람들 중에서 찾는다는 게 쉬운 일이 아니었다. 아이는 또 시무룩한 표정을 지었다. 슈퍼마켓에 가서 배터리를 바꿔보자면서 달랬다. 그 말이 떨어지기가 무섭게 슈퍼마켓에 언제 갈 거냐고 칭얼거렸다.

산마르코대성당 옆 골목으로 들어갔다. 식당이 줄지어 있고 사람도 많아서 활기가 느껴졌다. 우리나라 횟집처럼 수족관이 있는 식당이 보였다. 아이와 나는 수족관의 랍스터가 반가웠다. 이를 놓치지 않고 동남아 출신으로 보이는 직원이 우리에게 말을 걸었다. 잘해줄 테니 들어오라고 했다. 랍스터 가격을 물었는데 생각보다 비싸지 않았다. 저녁을 이미 먹었으니 다음에 오겠다고 하고 명함을 챙겼다. 골목길 안으로 더 들어가자 젤라토 가게가 있었다. 바닐라 맛을 골랐다. 적당히 달고 부드럽고 시원한 맛이 12년 전과 똑같았다.

슈퍼마켓을 하나 발견했다. 아까 물과 음료수를 샀던 곳이 편의점이라면, 이곳은 마트였다. 정말이지 없는 것이 없어 보였다. 아기자기한 베네치아 골목길에서는 상상 못할 규모였다. 이곳에는 레이저 펜에 맞는 사이즈의 배터리가 있었다. 배터리를 교체하니 레이저 펜은 다시 힘을 쓰기 시작했고, 아이는 다시 행복해졌다.

골목길에서 오페라 극장을 발견했다. 건물 모양새로는 극장이 있을 거라고는 예상할 수 없었는데 간판을 보고서야 극장임을 알 수 있었다. 다음 번에 베네치아를 오면 오페라를 관람하기로 했다. 이탈리아 오페라를 경험하고 싶고, 클래식한 공연장의 내부 공간도 확인하고 싶었다.

리알토다리까지 베네치아 골목길을 누볐다. 오후에 슈퍼마켓에 갔다가 숙소로 돌아오는 길에 봤던 골목길을 다시 마주쳤다. 숙소에 돌아오니 자정에 가까운 시간이었다. 피곤이 밀려왔다. 두 발을 마룻바닥에 붙인 채 소파 겸 침대에 걸터누웠다. 눈이 스르르 감겼다. 아내가 씻고 누우라고 몇 번을 얘기했지만 그럴 의지도, 몸을 가눌 힘도 없었다.

숙소 분석

주스글램카모리스
Juice Glam Ca Maurice

주소: S. Marco 2730, Venezia, Italy
연락처: +39-0422-821515
홈페이지: juiceglamapartments-it.book.direct/en-gb
이메일: info@juiceglam.com
숙박비: 3박 4일 450유로(숙박 335유로, 청소비 100유로, 세금 15유로)

위치와 주변 환경　　　'주스글램Juice Glam'은 숙소 브랜드 이름이고, 카모리스 Ca Maurice는 지명이다. '주스글램이 운영하는, 카모리스에 있는 집' 정도의 의미다. 중년 부부가 베네치아의 주택 여러 세대를 수리해서 단기임대 방식으로 숙소를 운영하고 있다. 숙소마다 위치와 크기, 구조가 다르고 분위기도 다르다. 산타마리아델질리오 선착장에서 10분, 산마르코광장에서 10분, 아카데미아다리에서 5분, 리알토다리에서 15분 거리다. 시내버스에 해당하는 바포레토와 공항버스에 해당하는 알리라구나가 산타마리아델질리오 선착장에 선다. 선착장에서 숙소로 가는 골목길이 복잡하고 다리도 몇 개를 건너야 하지만 베네치아에서 이 정도면 초역세권이다.

외관　　　골목길에서 보면 단순한 박스 형태의 3층짜리 건물이다.

건물이 지어지고 한참 후에 설치했을 각종 전선과 가스관, 배관 들이 벽을 뚫고 위아래로 연결되어 있다. 베이지색 회반죽이 일부 벗겨져 벽돌이 노출된 벽면을 보면 건물을 지은 후 한 번도 보수하지 않은 것 같다. 색이 많이 바랬지만, 주변 건물과 함께 빈티지한 외관이 꽤 멋있어 보였다.

건물의 출입문을 열면 세 단짜리 계단이 나타난다. 우기에 밀물의 수위가 올라가는 아쿠아 알타acqua alta 시기에 건물 안으로 물이 차오르는 것을 방지하기 위한 용도로 추측된다.

내부 공간　　　　계단을 올라가 2층의 검은색 현관문을 열면 맞은편에 화장실이 있고 오른쪽은 주방이다. 주방을 지나 직진하면 직사각형의 큰 공간이 나오는데, 식당과 거실이다. 이곳에서 현관문 방향으로 돌아 직진하면 침실이다. 앞뒤로 긴 스튜디오 타입의 구조에 침실, 화장실, 주방, 식당, 거실이 일자로 배열되어 있다. 침실과 거실에는 바깥을 조망할 수 있는 창이 있다.

식당과 거실은 한 공간에 가구로 영역이 구분되어 있다. 식당에는 큰 식탁과 의자가, 거실에는 침대로 변신할 수 있는 카우치가 있다. 작은 샹들리에 조명이 달린 거실의 외벽 좌우 끝에 위아래로 긴 직사각형 창이 있고, 그 사이에는 나무 서랍장 위에 시대와 어울리지 않는 작은 브라운관 TV가 놓여 있다. 바닥은 마루로 마감했고, 벽 마감과 나무 들보가 노출된 천장은 흰색으로 도장했다.

거실과 침실 중간에 있는 주방은 측면에 창이 있어서 작은 마당을 조망할 수 있다. 싱크대와 가스레인지, 조리대, 전자레인지, 그리고 여행객에게는 과분하게 큰 선반이 있다. 바닥 마감은 조리 공간임을 감안해서 타일을 깔았다. 주방 도구가 잘 갖춰져 있고 거실과 침실에 큰 가구가 여러 개 있어서 살림집을 잠시 빌린 것 같은 느낌이 들었다.

화장실 문을 열면 정면에 세면대와 거울이, 왼쪽에 슬라이딩 유리문이 달린 샤워부스가, 오른쪽에 변기와 비데가 있다. 샤워부스는 런던의 숙소에서처럼 측

평면도 앞뒤로 긴 스튜디오 타입의 구조로 현관문을 열면 맞은편에 화장실이 있고, 오른쪽에 주방과 식당, 거실이 있다. 현관 왼쪽에는 침실이 있고 유난히 높은 킹 사이즈 침대가 있다

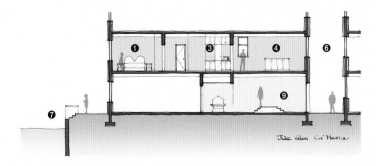

단면도 건물의 출입문을 열면 세 단짜리 계단이 있다. 계단을 오르면 2층에 숙소가 있다. 거실에서는 골목길을, 침실에서는 작은 운하를 조망할 수 있다.

❶침실 ❷화장실 ❸주방 ❹식당과 거실 ❺창고 ❻골목길 ❼운하 ❽마당 ❾1층 현관

면이 바닥에서 조금 올라간 샤워 팬 형식이다.

붙박이장이 있는 침실은 유난히 높은 킹 사이즈 침대 양옆으로 협탁과 스탠드가 있고, 맞은편에 서랍장 겸 화장대가 놓여 있다. 나무 들보 아래 샹들리에 조명과 함께 침대와 협탁, 서랍장 등 가구의 디자인이 고풍스러웠다.

운하가 보이는 창밖 풍경.

창밖 풍경　　　창문은 안으로 열리는 유리창과 바깥으로 열리는 나무창으로 된 이중창 구조다. 수상 도시의 지리적 특성상 거센 비바람에 대비한 것으로 보인다. 거실 바깥은 좁고 긴 골목길이다. 회색의 회반죽으로 마감한 주변 건물들은 외관이 매우 소박하다. 골목길 건너편에 있는 호텔의 내부가 꽤 좋아 보여서 호텔 명판을 찍어뒀다가 홈페이지를 확인하니 객실이 깔끔하고 가격도 그리 높지 않았다. 다음에 베네치아에 오면 묵을 숙소 후보 중 하나다. 침실 창밖으로 운하가 보인다. 운하의 크기는 작지만 베네치아의 독특함을 느낄 수 있다.

베네치아 숙소의 침실.

총평　　　베네치아의 중세시대 모습을 제대로 느끼고 싶어서 현대적으로 리모델링한 호텔보다 단기임대 주택을 알아봤고, 베네치아의 중심지인 산마르코광장에서 멀지 않은 이곳을 베네치아 숙소로 정했다. 방에서 작은 운하를 볼 수 있다는 점이 특별했고, 조금만 걸어나가면 베네치아 대운하를 볼 수 있어서 좋았다. 주변에 볼거리가 많아서 골목길 구경을 하기에 안성맞춤이었다. 주방이 있어서 한국 음식을 조리해 먹을 수 있고, 유럽 음식으로 느끼해진 속을 달랠 수 있어서 좋았다.

8일차

|

베네치아의 금요일

　　　　　　　　눈을 뜨니 조명은 꺼져 있고, 주위는
고요했다. 지난밤 씻지도 않고 신발을 신은 채 소파에 걸터누운 자세로 잠
이 들었나보다. 몸이 찌뿌둥했다. 시계를 보니 새벽 5시가 조금 지나 있었
다. 아직 해가 뜨지 않았는지 바깥은 어두웠다. 서둘러 샤워를 하고 침대
이불 속으로 들어갔다. 단잠을 지켜줄 포근한 밤을 놓치지 않기 위해.

　7시쯤 됐을까. 나도 모르게 눈이 떠졌다. 유럽에 온 지 일주일. 몸이 여
행에 최적화되고 있음을 느꼈다. 알람 없이 일어나 세수를 하고, 식사를 거
르지 않고, 아침 일찍 숙소를 나서서 저녁 늦게까지 돌아다녔다. 숙소에 와
서는 짐을 정리하고, 지출 내역을 확인하고, 다음날 계획을 점검했다. 하루
일과가 만만찮은데도 몸은 쌩쌩하고, 정신은 멀쩡했다. 한국에 있을 때는
보통 주말이면 늦잠을 자고, 바람 쐬러 어디 다녀오기라도 하면 피곤해서
뻗기 일쑤였다. 여행이 보약이고, 여행이 진리였다.

카마카나,
가면 만들기 체험

숙소 가까이에 있는 작은 광장인 캄포 산마우리지에서 벼룩시장이 열렸다. 좋은 물건을 괜찮은 가격에 구하리라는 기대를 안고 찾았다. 그것이 벼룩시장의 묘미라고 믿으면서 말이다. 그러나 현실은, 보물은 많았으나 가격도 보물에 해당하는 값이었다.

아내가 귀걸이가 마음에 든다며 가격을 물었다. 금발을 길게 늘어뜨린 주인은 300유로를 불렀다. 깜짝 놀라서 중고 물건이 왜 이리 비싸냐고 따지듯 물었다. 그녀는 200년 넘은 귀한 보물이라며 물건 볼 줄 모르는 사람을 대하듯 쳐다봤다. 다른 가게도 살펴봤지만 물건들이 대부분 100년, 200년쯤은 거뜬히 넘었고, 가격은 문화재급이었다. 골동품 수집가에게는 이곳의 벼룩시장이 훌륭한 보물창고와 다름없겠지만, 우리에게는 그저 그랬다. 정말로 100년, 200년을 넘긴 물건인지 확인할 수 없었고, 그만큼의 가치가 있는지를 판단할 심미안도 없었으며, 돈을 지불할 능력도 배짱도 없었다.

가면 만들기 체험을 하러 카마카나Ca' Macana에 갔다. 도르소두로 지구에 있는 카마카나는 베네치아 가면을 생산하고, 판매하며, 가면 만들기를 체험하는 공방도 운영한다. 조앤 티트마시가 쓴 『베네치아 걷기여행』이라는 책을 통해 이곳의 존재를 알게 됐는데, 포털 사이트나 여행 커뮤니티, 블로그에서는 정보를 찾기가 어려웠다. 홈페이지에서 예약하려고 알아봤지만 체험비를 송금해야 하는 등 절차가 복잡해서 직접 와서 부딪혀보기로 했다.

아카데미아다리를 건넜다. 다리 한가운데에서 바라본 베네치아 대운하와 고전적인 건물의 모습은 중세시대를 배경으로 하는 영화 세트장 같았다. 이곳에 있으니 200~300년은 거슬러 올라가 시간 여행을 하는 기분이 들었다. 우리는 베네치아 대운하를 배경으로 사진을 찍었다.

아카데미아다리를 건너 오른쪽으로 조금 걸어가 아카데미아미술관 앞을 지난 후 골목길을 조금 헤맨 끝에 카마카나를 찾았지만, 문을 닫았다고 쓰여 있었다. 가는 날이 장날이라고 시간을 잘못 잡았구나 싶었다. 안을 들여다보니 사람들이 몇 명 있어서 염치 불구하고 문을 밀고 들어갔다. 직원으로 보

카마카나 상점 입구(위)와 내부(아래).

이는 백인 여성에게 가면 만들기를 하러 왔다고 말을 걸었다. 그녀는 오늘 촬영이 있어서 문을 열지 않는다고 했다. 가게 안에는 영화배우인지 모델인지는 모르겠지만 외모가 화려한 사람들이 모여 있었다. 그녀는 가면 만들기를 하는 공방이 따로 있다며 약도를 보여주면서 그리로 가라고 안내해주었다. 체험비는 이곳에서 지불해야 한다고 해서 49유로를 현금으로 냈다.

약도에 표시된 화살표를 따라 걸었다. 처음 찾은 그곳과 똑같은 간판이 걸린 장소를 발견했다. 벽에는 다양한 형태와 색상의 가면들이 걸려 있고, 장식이 없는 하얀 가면과 페인트처럼 보이는 커다란 물감 통, 붓, 팔레트 등의 재료와 도구가 놓여 있었다. 한쪽의 넓은 작업대에서 커다란 스카프로 멋을 낸 중년 여성과 인상 좋은 젊은 여성 두 사람이 작업을 하고 있고, 다른 작업대에도 한 커플이 가면 만들기 체험을 하고 있었다.

사람이 많아서 체험을 못할까봐 걱정했는데 기다리지 않고 가면 만들기를 할 수 있었다. 우선 하얀색 석고 가면 하나를 골라야 했다. 베네치아 축제 가면, 이탈리아 전통극 코메디아 델라르테의 가면, 동물 가면, 광대 가면 등 종류가 다양했다. 아이는 이마에 초승달이 달려 있는 가면을 골랐다.

가면 만들기는 몇 단계 과정을 거쳤다. 바탕색 칠하기, 1차 건조, 도안 그리고 색칠하기, 2차 건조, 다시 색칠하기, 3차 건조, 장식 붙이기, 최종 건조, 포장하기 순서로 진행됐다. 아이는 쑥스러워하면서도 엄청난 집중력을 발휘했다. 표정은 장인 못지않게 진지했다. 도안을 어떻게 그릴지 고민하는 아이에게 강사가 신문지에 시안을 그려 보여주었다. 숙련된 강사의 시범에서 장인의 솜씨를 느낄 수 있었다. 작업은 한 시간 동안 진행됐다. 아이는 자신이 만든 세상에 하나뿐인 가면에 아주 만족해했다. 아내와 나

역시 뿌듯했고, 자랑하고 싶은 마음
이 꿈틀거렸다.

왔던 길을 다시 돌아가 처음 들렀
던 카마카나 가게에 갔다. 촬영이 끝
나 다시 영업을 하고 있었다. 톰 크루
즈와 니콜 키드먼이 출연한 영화「아
이즈 와이드 셧」에서 톰 크루즈가 비
밀 파티에 가는 장면이 있다. 파티에
참석한 모든 사람들이 가면을 쓰고
있는데, 영화에 사용한 가면을 이 가
게에서 제작했다고 한다. 알고 보니
숨은 명소였다.

베네치아 가면은 다 비슷한 줄 알
았는데 종류가 매우 다양했고, 가면

가면 만들기 체험.

마다 품질 차이가 크다는 사실을 깨달았다. 사람 얼굴 모양의 가면이 가장
많고, 고양이나 새 같은 동물, 태양과 달 같은 모양도 있었다. 사람 얼굴 가
면만 해도 무표정한 얼굴, 웃는 얼굴, 우는 얼굴, 화난 얼굴, 그리고 모자
를 쓴 것, 대머리인 것, 얼굴의 전체를 가리는 것, 눈만 가리는 것 등 매우
다양했다. 색상도 흰색부터 금색, 빨간색, 초록색, 파란색 등 종류가 거의
무한대일 것 같았고, 가면을 묶는 줄마저도 재질과 색상이 다양했다. 눈이
호강하는 날이었다. 아내와 아이는 가면을 종류별로 써보면서 사진을 찍
었다.

베니스 비엔날레

　　　　　　　　　　산토마 선착장에서 1번 바포레토를 타고 자르디니 선착장에 내렸다. 12년 전에는 바포레토 표가 회수권처럼 생겼고, 직원이 승객의 표를 일일이 확인했다. 지금은 카드를 개찰구에 접촉하여 통과하는 방식으로 바뀌었다. 비엔날레 매표소는 한산했다. 정원을 뜻하는 자르디니 안에 전시장이 모여 있는데, 공원의 진입로에서 매표소까지 걸어가는 동안 우리 말고는 아무도 없었다. 관광객으로 시끌벅적한 산마르코광장과 분위기가 많이 달라서 다른 도시에 온 것 같았다.

　베니스 비엔날레는 1895년 이탈리아 국왕 움베르토 1세와 마르게리타 왕비 부부의 결혼 25주년을 기념해 처음 미술 전시회를 열었던 것이 그 후 2년마다 열리는 국제 전시회로 발전했다. 미술·건축·영화·음악·연극 이렇게 다섯 개 부문으로 진행되는데, 자르디니 공원의 스물아홉 개 국가관에서는 나라별 전시회가, 옛 조선소였던 아르세날레의 주제관에서는 특별 전시회가 열린다. 베니스 영화제는 리도에서 열린다. 홀수 해에는 미술전이, 짝수 해에는 건축전이 열려서 매년 비엔날레 전시회를 볼 수 있다.

　2016년 베니스 비엔날레 건축전은 '전선에서 알리다(Reporting From the Front)'라는 주제로 열렸다. 건축계의 현실을 알리거나 고발한다는 맥락이었다. 우리는 영국관과 미국관을 비롯해 몇몇 국가관들을 구경했다. 그중 벨기에관은 공연장의 객석 같은 거대한 나무 계단이 천장 바로 아래까지 설치되어 있어서 눈길을 끌었다. 천창 아래 촘촘하게 배열된 회색 노출 콘크리트 구조의 수직 요소와 갈색 나무 계단의 수평 요소가 적절한 비례감으로 서로 대응했다. 계단 중간중간에는 분홍색, 빨간색, 하늘색 등의

벨기에관, 계단 중간중간에는
분홍색, 빨간색, 하늘색 등의 전단지가 쌓여 있는데,
높이가 다양한 색깔 상자처럼 보였다.

프랑스관, 체험할 수 있는 요소들로 전시를 꾸몄다.

한국관, 용적률 게임이라는 주제로 전시를 했다.

전단지가 가지런히 쌓여 있는데, 멀리서 보면 높이가 다양한 색깔 상자처럼 보였다.

　아이는 체험을 할 수 있는 프랑스관을 좋아했다. 나무로 만든 건물 모형에 경사로가 있어서 구슬을 얹으면 굴러가면서 건물의 여러 공간을 지나갔다. 구슬을 내려놓을 때마다 다른 위치로 굴러가서 흥미와 궁금증을 유발했다. 공간의 흐름을 이해하는 데 도움이 될 것 같았다. 소파와 탁자 등의 가구와 액자, 화분, 조명 등의 소품을 표현한 아파트 단면 모형도 미니어처에 관심이 많은 아이의 발걸음을 멈추게 했다.

한국관을 찾았다. 한국관은 '용적률 게임(The FAR Game)'이라는 주제로 전시를 했다. 최대 바닥면적을 뽑고 싶은 건축주의 요구와 제한하려는 도시계획의 엄격한 규제 사이에서 줄타기하는 건축가의 작업을 용적률 게임이라고 명명했다. 건축가의 창의성이 발현되어 양이 질로, 사익이 공익으로 승화되는 과정을 다세대 주택과 중소 규모의 복합건물을 통해 설명하고 있었다. 건축물의 규모를 결정하는 것은 설계 초기 단계에서 매우 중요한 이슈다. 개별 토지마다 어느 규모로 건물을 지을 수 있는지에 관해서는 답이 나와 있지 않다. 건축가는 관련 법규와 규정과 기준을 분석해서 건폐율, 용적률, 연면적, 층수에 대한 모범답안을 찾아낸다. 답안에 대한 해석이 분분해서 설계사마다 결과치가 다르고, 인허가 과정에서 공무원과 실랑이하는 게 흔히 있는 일이다.

한국관은 자르디니 안에 들어선 국가관 중에서 막내 격에 해당한다. 지어진 시기가 가장 최근이고 규모도 가장 작다. 1993년 베니스 비엔날레에서 황금사자상을 수상한 백남준 작가의 노력 덕분에 1995년 베니스 비엔날레 100주년을 기념해 한국관을 개관했다. 자르디니 공원 안에 새 건물을 지을 장소가 마땅치 않아 일본관 옆에 있는 숲의 일부 공간에 한국관을 세웠다. 당시 설계를 맡았던 아키반의 고(故) 김석철 소장님 말씀에 의하면, 설계 조건상 자연환경을 훼손하지 않아야 했고, 그래서 나무를 피해 건물을 세우다보니 구불구불한 형태가 나오게 되었다고 한다. 한국관 안에서는 나무숲 사이로 바다가 보인다. 숲과 물의 대비가 아름답고, 바닷물에 반사된 햇빛이 나무숲을 뚫고 건물 안으로 광선처럼 들어오는데, 종교 건축물의 신성함과는 결이 다른 생기와 발랄함이 느껴진다.

기억 속 12년 전의 한국관 모습과 실제의 모습은 꽤 달랐다. 앞마당이 이렇게 작았나? 어릴 적 넓어 보였던 동네 골목길이 어른이 되면 작아 보이듯, 30대와 40대에도 그런 차이가 있는 걸까? 여행에서 돌아와 12년 전 비엔날레 한국관 앞마당에서 찍었던 사진을 찾아 스케일을 확인하면서 팩트와 인식의 차이를 깨달았다. 앞마당은 그대로였다.

한국관을 확인하고 싶었다. 철재 프레임의 유리 건물은 원래의 형태를 유지하고 있었는데 당시 청록색이던 프레임이 흰색으로 바뀌었다. 전시장의 안쪽 문을 지나 밖으로 나가서 계단을 따라 지붕으로 올라갔다. 동그란 전시관 너머 나무숲 사이로 바닷물에 반사된 햇빛이 12년 전 그때처럼 강하게 눈을 때렸다. 한국에서 멀리 떨어진 이곳에서 돌아가신 김석철 소장님의 흔적을 확인하니 마음이 애잔했다.

아르세날레로 가보기로 했다. 다른 전시도 관람하고, 12년 전에 작업했던 장소를 확인하기 위해서였다. 자르디니 선착장에서 바포레토를 타고 아르세날레 선착장에 내렸다. 색이 바랜 붉은 벽돌의 창고 건물을 여러 개 연결해서 전시장으로 운영하고 있었다. 베네치아의 모습을 그대로 축소해 만든 나무 모형을 보면서 아이에게 우리가 다녔던 곳과 내일 방문할 곳을 설명했다. 우리가 서 있는 아르세날레와 숙소 근처 선착장인 산타마리아델질리오, 어젯밤에 갔던 산마르코광장, 오늘 가면 만들기를 했던 카마카나, 조금 전에 다녀온 자르디니, 내일 방문할 무라노, 리도, 산조르조까지…….열심히 설명했지만 아이는 작고 정교한 모형에만 관심이 있었다.

창고 건물들을 지나 안쪽 마당까지 갔다. 옛 기억이 새록새록 떠올랐고,

베네치아 나무 모형.

기억의 퍼즐 조각이 하나씩 맞춰졌다. 중간에 철책이 세워져 있어서 더 이상 들어갈 수 없었다. 철책 너머로 예전에 작업했던 장소를 확인했다. 아르세날레 선착장에 부교 형식의 파빌리온을 만들어 전시장으로 사용했는데, 철거됐는지 선착장 외에는 아무것도 없었다. 예전에 살던 집을 찾았으나 새 아파트가 들어서서 흔적조차 확인할 수 없는 것처럼 허전한 기분이 들었다.

베네치아 골목길 2

오늘도 베네치아 골목길을 걸었다. 조

금은 지저분하지만 중세시대의 분위기를 간직한 이 공간은 현대 도시에서 요구되는 기능을 수행하고 있었다. 그러한 이질감이 이곳을 특별하게 만들었고, 나는 그것이 좋았다. 크고 작은 광장과 명품숍, 최신 유행의 패션숍, 기념품 가게, 카페, 레스토랑, 호텔, 오페라 극장, 성당 등 베네치아 골목길은 도시의 모든 장소를 품고 있었다. 패션의 나라답게 옷가게에서 판매하는 의류도 세련됐고, 액세서리는 화려했다. 기념품도 다양했고, 젤라토는 달콤했다. 베네치아 골목길을 사랑하지 않을 수 없었다.

베네치아의 골목길은 다 비슷해 보여도 자세히 뜯어보면 나름의 위계가 있고, 종류도 다양하다. 베네치아 골목길을 통칭해서 칼레calle라고 하지만 장소와 성격에 따라 부르는 이름이 다르다. 베네치아 골목길의 종류를 익히면 자연스럽게 베네치아의 도시 구조를 이해할 수 있다.

위계에 따라 중심 가로인 살리차다salizada, 가게가 늘어선 길 루가ruga, 큰 길에서 떨어진 작은 골목 라모ramo로 구분된다. 골목과 골목을 연결하기 위해 건물 밑으로 길을 뚫기도 하는데, 이를 소토포르테고sotoportego라고 한다. 골목길 위로 건물이 돌출된 경우도 있으며, 이때 건물 아랫부분의 골목을 바르바카네barbacane라고 한다. 운하를 따라 나 있는 길을 폰다멘타fondamenta라고 한다.

육지에서 떨어져 있고 전봇대가 없는 베네치아에서는 골목길 하부의 관을 통해 전력과 통신, 가스, 상수 등을 공급한다. 전통적인 배수 방식은 바다로 배출하는 것이었다. 섬 사이의 운하가 하수 관로인 셈이다. 썰물일 때 하수는 먼 바다로 흘러가고, 밀물일 때 새 물이 들어오는 식으로 정화를 했다. 하지만 하수관이 갯벌에 퇴적되어 막히거나 바닷물이 역류하기도 해서

중심 가로 살리차다(왼쪽), 운하를 따라 난 길 폰다멘타(오른쪽).

상점가 루가(왼쪽), 작은 골목 라모(가운데), 건물을 통과하는 소토포르테고(오른쪽).

한계가 있었다. 최근에는 각 건물마다 별도의 정화조를 설치하는 보수공사가 진행되고 있다.

베네치아의 다리는 대부분 아치 형상이고, 다리의 상부에는 계단이 설치되어 있다. 구조적 안정성을 유지하면서 멋을 내기 위한 목적도 있지만, 다리 아래의 운하를 따라 배가 다녀야 할 공간을 만들기 위해서이기도 하다. 일자형 다리도 많은 한편, 섬의 골목길이 생겨난 후 필요에 의해 다른 섬의 골목길과 다리로 연결하다보니 사선으로 꺾인 다리도 많다.

베네치아의 다리 중에서는 아카데미아다리와 리알토다리가 유명하다. 아카데미아다리는 원래 철로 만든 다리였는데, 돌다리로 바꾸는 과정에서 돌 수급이 원활하지 않아 임시로 나무다리를 세운 것이 지금까지 이어져왔다. 반대로 리알토다리는 원래 나무다리였다가 돌다리로 다시 만들어졌다. 가운데가 높은 경사진 다리 위로 보행로와 나란하게 상점이 있다.

골목길을 따라 서 있는 건물들은 입면이 대칭을 이루거나 위아래 층의 창 모양이 일치하는 것이 거의 없다. 건물마다 외벽의 색이 많이 바랬고, 일부는 표면이 벗겨져 벽돌이 노출되어 있었다. 빈티지한 것이 오히려 자연스럽고 멋있어 보였다. 또한 베네치아에는 공원이 별로 없다. 그 대신 돌이 깔린 크고 작은 광장이 있다. 광장이 있으면 그 옆에 교회와 우물이 있다. 여러 섬들의 결합체인 베네치아에서 광장과 교회와 우물은 섬의 기본 구성 요소였다. 광장의 크기에 따라 작은 광장을 캄포campo, 큰 광장을 피아자piazza라고 하는데, 베네치아에서 피아자라고 불리는 가장 대표적인 곳이 산마르코광장이다.

장소의 독특함은 그곳의 매력을 결정하는 중요한 요소가 된다. 자동차가

베네치아의 다리.

작은 광장 캄포.

큰 광장 피아자.

다니지 않는 베네치아에서는 해안과 운하를 따라 다니는 배를 타거나 거미줄처럼 복잡하게 얽힌 골목길을 걸어야 한다. 자동차 길을 대신하는 운하와 골목길이 베네치아의 독특함을 담당하며 이곳을 매력적인 장소로 만들었다.

골목길을 돌아다니다보니 자연스럽게 숙소 근처까지 왔다. 베네치아의 복잡한 골목길에 조금은 익숙해진 것 같았다. 숙소에 돌아와 각자 물건을 정리하고 있는데 아내가 걱정스러운 표정으로 누군가 방에 들어왔던 것 같다고 말했다. 현관 옆 창고 방에 아침에 없던 비닐 포대가 놓여 있었다. 매니저가 들렀던 모양이다. 순간 모든 지퍼를 활짝 열어놓은 가방이 떠올랐다. 가방이 널브러져 있는 침실로 뛰어갔다. 하지만 적당히 살피다 말았다. 몸이 너무 피곤해서 가방을 하나하나 확인하는 게 귀찮았고, 빨리 밥을 먹고 싶었다.

12년 전 베네치아

2004년 여름, 미아동 현장에서 감리를 하고 있을 때였다. 사용승인은 완료됐고, 인테리어 공사와 하자 보수가 한창 진행 중이었다. 본사에서 전화가 왔다. 강 이사님이었다.

"베니스 비엔날레가 9월 초에 열리는 거 알고 있지? 현지에 파견할 팀은 구성됐고, 자네가 팀장을 맡기로 했으니까, 현장 일 빨리 마무리하고 본사로 복귀하도록 해."

"알겠습니다."

짧고 담담하게 대답했다. 어떤 연유로 결정된 건지 물은들 속 시원한 답변이 없으리라는 걸 잘 알고 있었기 때문이다. 지금은 고인이 되신 김석철 소장님의 아키반에서 건축에 입문한 지 4년차가 되던 해였다. 학생 시절 설계 좀 한다는 소리를 들었지만, 아키반에 있으면서 맡은 일들은 할 줄 알아서 하는 것이 하나도 없었고, 또 새로운 도전이 아닌 것도 없었다. 이 상황도 그런 맥락이라고 생각했고, 현장 업무를 마무리하기 위해 불철주야로 일했다.

2004년 당시 베니스 비엔날레 주제는 '변용─건축적 변형과 창조(Meta-morph: Transformation and Invention of Architecture)'였다. 우리는 아르세날레에서 열린 도시특별전에 참가했다. 도시특별전에는 스물네 개 도시가 참가했고, 우리가 제시한 주제는 '황해연합 수변도시─취푸 그리고 인천(Waterfront Urban

플로팅 파빌리온의 외관.

Center in Yellow Sea Union: Qufu and Incheon)'이었다. 취푸曲阜는 공자가 태어난 중국의 내륙 도시로 유교의 발상지다. 우리는 취푸의 구도시에서 가까운 곳에 도시 구조가 운하로 구성된 신도시를 제안했다. 그리고 인천공항에서 인천대교를 거쳐 송도로 진입하는 초입에 관광특구 개념의 인공 섬을 제안했다.

1년 가까이 진행해온 일보다 앞으로 한 달 동안 해야 할 일이 훨씬 많은 것 같았다. 작업 과정에 크고 작은 사건 사고가 계속해서 일어났다. 모형을 만들 때도 소소한 사고가 일어났고, 다시 만들기를 반복해야 했다. 전시장의 불확실한 환경도 걱정거리였다. 비엔날레 도시특별전의 전시장은 플로팅 파빌리온floating pavilion으로, 옛 조선소 선착장 앞바다 위에 부유 장치를 띄우고 그 위에 나무판을 바닥으로 깔아놓은 공간이었다. 물 위에 떠 있는 야외 전시장은 비를 막을 지붕과 경계를 나눈 벽만 있을 뿐, 냉방이나 환기를 위한 설비가 따로 없었다.

전시장 여건을 미리 확인할 필요성에 대한 논의가 있었다. 하지만 결정을 차일피일 미뤘고, 결국 전시장 도면만 믿고 어마어마한 작업을 강행했다. 한여름임에도 휴가는커녕 휴일 없이 매일 사무실에 나갔다. 새벽 4,5시에 퇴근해서 아침 10시쯤에 출근했다. 퇴근할 때 자유로에서 외곽순환도로를 끼고 일산 인터체인지를 지날 때쯤이면 해가 뜨기 시작했다. 여명은 노을과 거의 차이가 없이 순서만 달랐다. 어둠이 가시면서 밝아지는 과정의 신비로움과 역광의 대비, 하늘빛의 아름다움을 보고 있으면 모두 잠자리에 있을 순간을 혼자 독점한다는 기분이 들었고, 마음이 싱숭생숭하기도 했다.

비엔날레 개막 일주일을 남기고 베네치아로 출발했다. 전시장에 설치할 어마어마한 물량의 전시물 재료와 도구, 부품을 비행기에 실었다. 부피가 큰 재료는 이탈리아 현지에서 공수받기로 했다. 스프레이 본드가 많이 필요했는데, 공항 검색대를 통과하지 못해서 결국 모두 가져갈 수 없었다.

D-5　　　　　　　베네치아 마르코폴로공항에 도착하자마자 전시장을 확인하기 위해 아르세날레로 갔다. 가는 길에 유리공예로 유명한 무라노섬과 리알토다리, 산마르코광장 앞을 지나갔는데, 이국 땅에 대한 설렘은 이미 서울 사무실에 두고 온 터라 머릿속에는 일 생각만 가득했고, 베네치아의 멋스러움은 눈에 들어오지 않았다.

현장은 예상과 달리 많이 열악했다. 부교 형식의 가설 구조로 지은 전시장은 물결에 따라 바닥이 꿀렁거렸다. 나무 데크로 된 전시장 바닥은 하이힐 굽이 나무판 틈에 빠질 정도로 간격이 넓었다. 연필이나 드라이버, 나사를 떨어뜨리기라도 하면 나무판 사이 틈으로 빠져버렸다. 바닥의 틈보다 크기가 큰 물건은 바닥을 구르다가 바닷물에 풍덩 빠졌다.

전시물과 도구를 포장했던 종이상자를 잘라서 테이프로 바닥에 고정한 후 펜

전시장 작업.

스를 쳤다. 재료와 도구가 바다에 빠지지 않도록 하기 위한 고육지책이었다. 더 큰 문제가 있었다. 부교를 연결한 이음새 부분이 우리 전시장 중간에 있었다. 연속벽일 거라고 예상한 전시장 벽은 어정쩡한 위치에서 끊겨 있었고, 벽체끼리 서로 어긋나 있었다. 주최 측에 시정을 요구했지만 어쩔 수 없다는 반응이었다.

전시장 벽체도 문제였다. 수직과 수평이 맞지 않는 것은 물론이고, 전시장의 치수가 주최 측이 제공했던 도면과 일치하는 부분이 하나도 없었다. 결과적으로 우리가 의도한 레이아웃대로 전시물을 설치하는 것이 불가능했다. 시험 삼아 전시 패널 하나를 벽에 달아봤다. 접착제와 양면테이프를 사용했는데, 패널은 얼마 지나지 않아 벽에서 떨어졌다. 전시물 설치 방법도 새로 강구해야 했다.

휴대폰을 빌려서 서울 사무실에 전화를 걸었다. 전시장 여건과 상황에 대한 설명, 그로 인한 레이아웃의 부분적인 변경, 작업 방법과 순서 조정에 대해 소장님의 결정을 받아야 했다. 하지만 소장님이 계시지 않았고, 이사님과 함께 전시장 상황과 대응 조치에 대해 논의했다. 그러나 소장님 말고 결정할 수 있는 사람이 없었다. 서울과 베네치아는 밤낮이 서로 달라서 한나절 정도 지나 통화를 시도하기로 했다. 현장 상황도 그렇고, 소장님과 통화를 하지 못한 것도 그렇고, 시작부터 분위기가 심상치 않았다.

D-4 아침 일찍 바포레토를 타고 전시장에 갔다. 전날 밤에 쟀던 치수를 표시한 도면을 확인했다. 소장님의 결정을 확인하지 않았지만, 일정이 촉박한 상황이라 어떻게든 일을 시작해야 했다. 딱히 다른 대안이 없다고 판단했고, 전시 레이아웃과 전시물 크기를 수정하기로 했다. 전시장 벽면에 전시물 설치 위치를 표시하는 것으로 작업을 시작했다.

전시장은 행사가 없는 평상시에는 사람이 드나드는 곳이 아니었다. 그런 이유인지 몰라도 전시장에 공중전화가 없었다. 임대폰을 신청했지만 하루를 더 기다려야 했다. 전시장 밖으로 한참을 걸어서 공중전화를 찾아 서울 사무실에 전화를 했다. 전화기 너머로 심각한 분위기를 감지할 수 있었다. 목소리가 상기된 이사님은 소장님을 바꿔주겠다면서 있는 그대로 잘 설명하라고 신신당부했다. 소장님이 전화를 받으셨다.

"야!!!!!!!!!!!!!!!!!"

소장님은 전화를 받자마자 한 5초 정도 소리를 질렀는데 체감상 족히 1분은 되는 것 같았다.

"너 왜 나랑 통화 안 했어? 문제가 생겼다며? 그럼 나랑 통화를 했어야 할 거

아냐? 국제적으로 망신당하게 생겼어. 베네치아 안 갈 거니까 네 맘대로 해!"

속사포를 퍼붓는 것 같았다. 평소 소장님은 무섭고 두려운 존재였지만, 지금 소장님의 화풀이는 그리 중요한 일이 아니었다. 넘겨야 할 여러 고비 중 하나일 뿐이었다.

자초지종을 하나하나 설명했다. 소장님은 "지금 너무 흥분해서 얘기하지도 듣지도 못하겠으니까, 20분 있다가 다시 전화해!"라면서 전화를 끊으셨다. 사무실의 전화기가 부서졌을 수도 있겠다는 생각이 들었다.

20분에 10분을 더해 30분이 지난 후 다시 전화를 걸었다. 소장님이 바로 받으셨다. 목소리가 한결 차분해진 소장님은 상황을 다시 설명하라고 하셨다. 나는 베네치아에 도착해서 확인한 전시장 환경을 설명한 다음, 소장님과 연락이 되지 않아 시간을 지체할 수 없어 결정을 해야 했고, 작업을 진행하고 있다고 말했다. 전화기 너머로 작은 미소를 느낄 수 있었다. 다른 팀은 어떤지를 물으셨다. 다른 부스에 대해 설명하면서 전시물 규모와 충실도, 작업 난이도가 우리 전시장이 가장 높다고 했다.

"그래. 다들 그렇게 쉽게 일을 해. 그것이 좋은 게 아냐." 극도의 흥분을 컨트롤하는 소장님에게 경외심을 느꼈다. "내가 준비할 건 따로 없는 것 같네. 내일 가서 보자." 전화를 끊고 전시장으로 돌아왔다. 내가 자리를 오래 비운 사이 직원들은 나름대로 작업을 하고 있었고, 나는 수정 작업을 지시했다.

D-3   소장님을 모시러 마르코폴로공항에 갔다. 비행기에서 한잔하셨는지 얼굴은 빨갛고 술 냄새가 진동했다. 나를 노려보면서 말씀하셨다.

"일이나 할 것이지, 여긴 왜 왔어?"

"숙소로 가시겠어요?"

"전시장을 가야지! 무슨 소리를 하는 거야?"

수상택시가 전시장 입구에 도착했다. 전시장에 먼저 달려가 직원들에게 소장

님의 도착을 알렸다. 다들 '얼음'이 되었다. 소장님은 무거운 표정으로 전시장에 나타났다. 그런데 얼마 지나지 않아 소장님의 무거운 표정이 밝게 변했다.

"정성우가 말한 게 이 부분이구나. 왜 이렇게 했는지 이제 알겠어. 잘했네. 잘했어. 내가 했어도 이것보다 잘하지 못했을 거야. 진도가 조금 늦긴 하지만 방향을 잘 잡았으니까 괜찮을 거야."

아무 설명도 하지 않았는데 소장님은 한눈에 모든 상황을 파악하고 품평까지 하셨다. 직원들은 활기를 되찾았고, 나는 큰 고비를 넘겨 한숨 돌렸다. 모든 작업이 크고 작은 결정의 연속이었다. 직원 한 명이 대형 원형 패널 위에 부착할 글자를 어느 위치로 할지 물었고, 나는 소장님께 여쭸다.

"소장님, 어떻게 할까요?"

"팀장이 결정해. 내가 젊었을 때 모형 잘 만들었거든. 나한테도 일을 시켜. 베네치아 구석구석 잘 아니까, 필요한 거 있으면 말해. 내가 다 구해줄게."

호되게 꾸지람을 듣다가 엄청난 칭찬을 들으니 나의 마음은 롤러코스터를 탔다.

D-2　　　　　　　분위기가 매우 좋았다. 사모님도 오셔서 먹거리를 해결 해주셨다. 전시장 바깥의 그늘진 곳에 큰 단열재 하나를 땅바닥에 깔아놓고 그 위에서 풍요로운 식사를 했다. 식사가 끝난 후 소장님은 단열재 위에 누워 낮잠 을 주무셨다.

베네치아의 여름은 덥고 습하며 낮과 밤의 온도차가 매우 컸다. 전시장은 온 도와 습도 변화에 무방비 상태였다. 전시장의 벽체는 내구성이 있지만, 전시물 을 부착하기에는 최악이었다. 전시물은 레고 블록처럼 음각과 양각이 있는데, 음각인 부분은 접착하기 어렵고 나사로 고정하려 해도 헛돌기 일쑤였다. 재료와 도구를 더 사야 했고, 설치 순서가 늘어나고 복잡해져서 작업 시간은 예상보다 곱절이 넘게 걸렸다.

D-1　　　　　　　새벽 4시경 숙소로 돌아와서 혼자 컵라면을 먹고 있었 다. 소장님이 다가와 말을 걸었다. 표정을 보니 기분이 좋으신 것 같았다.

"잘한다는 말은 들었는데, 일하는 모습을 확인할 기회가 별로 없었잖아. 몇 달 동안 감리 보느라 나가 있기도 했고. 솔직히 의심쩍고 불안했는데, 이번에 일하 는 것을 보고 달리 봤다. 우리 한국에 가서 잘해보자. 아키반은 도시와 건축을 둘 다 할 줄 아는 사람이 필요. 데리고 일하고 싶은 사람 있으면 말해. 붙여줄게."

대가로부터 듣는 특급 칭찬이었다. 하지만 무던했던 나는 짧게 "네"라고 대답 하고 남은 컵라면을 마저 먹었다.

「카핑 베토벤」이라는 영화가 있다. 영화에서 베토벤은 귀가 멀어 소리를 들을 수 없지만, 음악을 향한 열정을 멈추지 않는다. 그런 베토벤을 돕는 조수 겸 제자가 있다. 9번 교향곡 「합창」의 초연에서, 제자는 오케스트라 뒤에 숨어서 연주에 맞춰 정확한 타이밍에 베토벤에게 신호를 보내고, 베토벤은 그녀의 신호에 따라 지휘를 한다. 음악적 천재성과 인간적 순수함을 가진 베토벤은 사람들과의 대화와 관계가 항상 불편하다. 그렇다고 천재는 타협할 의사가 딱히 없다. 사람들은 베토벤의 천재성을 인정하지만, 인성이 부족하고 괴팍하다고 한다. 베토벤의 천재성과 인성을 모두 이해하는 그녀는 영화 속에서 내내 고군분투한다.

영화 속 베토벤의 모습을 보면서 김석철 소장님이 떠올랐다. 당신의 건축적 사고와 지향점은 일반인이 이해할 수 있는 주파수와 달라서 사람들은 수신불가 상태다. 말로는 대가라고 칭하지만, 그의 건축을 정확히 이해하고 말하는 것인지는 모르겠다.

아침에 깨어나서 시계를 확인했다. 7시에는 일어났어야 했는데 8시가 훨씬 넘었다. 주변을 둘러보니 아무도 없었다. 고양이세수를 하고 전시장으로 달려갔다. 오늘따라 가는 길이 더 멀게만 느껴졌다. 소장님과 직원들이 작업을 하고 있었다. 후배에게 왜 깨우지 않았느냐고 했더니, 소장님이 깨우지 말라고 하셨단다.

작업은 순조로웠지만 여전히 많은 일이 남아 있었다. 마지막 밤은 꼴딱 새울 참이었다. 소소한 사고는 계속해서 발생했다. PDP 패널을 설치하면서 애를 먹었다. 패널은 무거웠고, 패널을 지지해야 할 벽체는 흐물흐물했다. 철재 각형 파이프를 구해서 벽을 보강했다. 비행기로 오면서 부서졌던 모형을 수리하고, 색도 다시 칠했다. PDP 패널 못지않게 덩치가 큰 모형을 벽체에 고정하는 일이 남았다. 전시 부스에서 가장 중요한 위치에 있어야 할 모형이 떨어지면 정말이지 끝장이다. 작업하면서 터득한 모든 방법을 동원했다.

D±0   프레스 오프닝 두 시간 전에 겨우 작업을 끝냈고, 청소도 마쳤다. 잰걸음으로 숙소에 가서 깔끔한 옷으로 갈아입은 후 다시 전시장으로 돌아와 행사를 준비했다. 많은 유명인사와 기자들이 찾아왔고, 우리 부스에 대한

전시 작업 완료(위), 프레스 오프닝(아래).

관심이 높았다. 브로슈어를 많이 준비했는데 금방 동이 났다. 소장님은 목표했던 것보다 결과물이 훨씬 잘 나왔다고 만족스러워 하셨다. 서울로 돌아가기 전에 파리에서 놀다 가자는 제안도 하셨다. 후배들은 환호했고, 나도 기분이 좋았다.

D+1   도시특별전 개관 기념행사가 아르세날레의 창고 건물에서 열렸다. 500명 정도 수용하는 가설 스탠드가 마련됐는데, 오래된 건물과 현대식 철재 구조물이 잘 어울렸다. 이탈리아 사람들은 과거와 현대를 조합하는 작업을 참 잘한다는 생각이 들었다.

예정에 없던 시상식이 있었다. 사회자 설명에 의하면, 전시회가 순위를 매기는 경쟁을 의도한 것은 아니었지만 내용이 좋고 수준이 높아서 특별히 상을 수여하기로 했다는 것이다. 사회자는 최우수 프로젝트로 '취푸 그리고 인천'을 호명했다. 귀를 의심하지 않을 수 없었다. 주변에서 우리를 축하해주면서 무대로 가라고 손짓했다. 소장님과 인천시장, 나를 포함한 팀원 네 명, 이렇게 여섯 명이 무대 단상에 올라갔다. 모두 상기된 표정이었다.

하지만 뭔가 이상했다. 상을 수여하지 않고, 사회자의 장황한 설명이 이어졌다. 우리의 계획과 전시물은 최고 수준의 작품이지만, 계획안이라는 점이 문제라는 것이었다. 실제로 구현된 프로젝트를 전시하는 것이 이번 비엔날레의 기본 취지였기 때문에, 상을 수여할 수는 없다고 했다. 굳이 따지자면 우리 작품은 규정 위반이었다. 진짜 최우수 프로젝트상은 '부에노스아이레스'에게로 돌아갔다.

우리는 단상에서 내려가지 못한 채 어정쩡한 자세로 다른 팀이 수상하는 모습을 바라보며 박수를 쳐야 했다. 한국에 온 후 비엔날레 사무국은 사무실로 '최우수 프로젝트에 대한 특별상(Special Awards for the Best Project)'이라는 것을 보내왔다.

하지만 이날 우리는 되레 민망하고 심기가 불편해졌다. 상을 받지 않아도 분위기가 좋을 상황이었는데 말이다. 행사가 끝난 후 연회가 있었다. 여러 사람들

예정에 없던 시상식.

이 왜 그런 식으로 행사를 진행했는지 이해되지 않는다며 우리를 위로했지만, 이미 마음이 상해서 그 어떤 위로도 와닿지 않았다. 소장님도 아주 못마땅한 표정이었다.

우여곡절이 많았지만, 인생 최고의 전쟁은 그렇게 끝이 났다. 소장님 심기로는 파리에 못 갈 것 같았다. 우리는 반나절짜리 베네치아 여행을 했다. 산마르코광장으로 갔다. 베네치아에서 일주일 동안 있었는데, 그날 처음 산마르코광장을 보았다. 소장님과 함께 산마르코대성당을 배경으로 사진을 찍었다.

종탑과 두칼레궁전을 지나 한참 걷다가 베니스 영화제가 열리는 리도에 가기로 했다. 톰 크루즈가 영화제에 왔다는 이야기를 들었는데 운이 좋으면 그를 볼수도 있겠다는 기대를 했다. 산자카리아 선착장에서 바포레토를 탔다. 바포레토에서 베네치아 모습을 카메라에 담았다. 마지막 날이라니 괜히 쓸쓸해 보였다. 리도 선착장에 내린 후 버스를 타고 베니스 영화제가 열리는 장소로 갔다. 하지

베스트 프로젝트상 수상.

만 영화제가 모두 끝난 모양인지 을씨년스러웠고, 가설 천막만 남아 있었다. 우리의 작업도 끝났고, 모든 게 다 끝났다.

D+2 베네치아 마르코폴로공항에서 파리행 비행기를 탔다. 시상식 해프닝만 없었다면 파리에 갔을 텐데, 우리는 파리 땅을 밟지 못하고 드골공항에서 서울행 비행기로 갈아탔다. 비행기에서 영화「빈 집」으로 베니스 영화제 은사자상을 수상한 김기덕 감독과 마주쳤다. 우리는 예상치 못한 상을 탈뻔했다가 어이없이 다른 팀에게 넘기고, '빈 손'으로 돌아왔다.

베네치아에서 돌아오고 한 달이 지나 소개팅을 했다. 나는 베네치아의 무용담을 늘어놓았고, 상대방 여성은 런던 이야기를 했다. 그녀가 바로 12년 후 파리와 런던, 베네치아 여행을 함께한 나의 아내다.

9일차
|

베네치아의 토요일

　　　　　　　　　　　베네치아 주변 섬들 가운데 유명한 곳
을 꼽으면 부라노섬과 무라노섬, 리도섬이 있다. 부라노는 가수 아이유의
노래 「하루 끝」의 뮤직 비디오를 촬영한 곳으로, 건물마다 외벽에 파스텔
톤 페인트가 칠해져 있다. 무라노는 유리공예로 유명하다. 유리공예 가게
가 많고, 제작 과정을 체험할 수 있는 공방도 있다. 베니스 영화제가 열리
는 리도는 베네치아 본섬과 다르게 자동차가 다니고 현대적인 건물들이 있
으며 해수욕장도 있다. 오늘 이 섬들을 돌아볼 참이다.

　중요한 일이 하나 더 있다. 산조르조마조레성당 종탑에 올라가 석양을 볼
계획이다. 일몰 예정 시간은 오후 7시 3분, 입장하는 줄이 길어서 오래 기다
릴 수도 있고, 종탑에 올라가는 데 시간이 오래 걸릴지도 모른다. 석양은 과
정을 보는 것이 중요한 만큼 여유롭게 도착할 생각이다. 상황이 여의치 않으
면 중간 일정을 취소해서라도 산조르조마조레성당에 가기로 했다.

중세적 무라노,
현대적 리도

　　　　　　　　　　주변 섬으로 가는 배편을 알아봤다. 부라노섬과 무라노섬은 배가 자주 다니지 않는 데다 부라노섬은 너무 멀어서 이곳에 가면 다른 두 섬을 아예 못 볼 것 같았다. 고민 끝에 부라노섬을 포기했고, 그렇게 결정하니 마음이 편해졌다. 하지만 조금 지나지 않아 깨달았다. 부라노섬을 가지 않는다고 해서 여유로운 일정이 아니라는 사실을. 이동하는 내내 배 시간표를 확인해야 했다.

　숙소 앞의 산타마리아델질리오 선착장에서 바포레토를 타고 오르토 선착장으로 갔다. 베네치아 대운하를 지나는 노선이다. 리알토다리를 비롯해 본섬의 중심부를 지나가는 경로라서 눈은 호강했지만 시간이 많이 걸렸다. 나중에 지도를 확인하니 걸어가는 거리가 배를 타고 가는 것보다 훨씬 짧고 시간도 덜 걸린다는 것을 깨달았다. 오르토 선착장에서 바포레토를 갈아타고 무라노콜로나 선착장으로 갔다. 무라노섬이 유명해서인지, 배가 띄엄띄엄 다녀서인지 바포레토는 사람들로 가득했다.

　지금은 무라노가 유리공예로 유명하지만, 원래 유리공예의 시초는 베네치아 본섬이었다. 뜨거운 불을 쓰는 유리공방에서 종종 불이 났고 주변 건물로 번져 큰 화재사고가 발생하기도 했다. 주로 목조 건물이 많았던 베네치아에서 화재는 큰 골칫거리였다. 결국 베네치아 정부는 13세기에 모든 유리공예 장인을 베네치아의 변두리에 있으면서 격리된 장소인 무라노로 강제 이주시켰고, 그 후로 무라노는 유럽 유리공예의 메카가 됐다.

　무라노콜로나 선착장 바로 앞에 유리공예 전시장이 있었다. 우리는 홀린 듯 전시장 안으로 들어갔다. 아내는 고급스럽고 화려한 유리공예 그릇과 장신구에 흥분을 감추지 못했다. 아내의 표정에 촉을 한껏 세운 점원은 가격이 상당한 그릇과 컵을 보여주면서 많이 깎아주겠다고, 안전하게 포장해서 항공택배로 보내줄 테니 가져갈 고민은 하지 않아도 된다며 충동구매를 부추겼다. 아내는 유리공예 그릇에 밥을 먹으면 맛있을 것 같고 선물을 해도 정말 좋겠다며 유리공예 예찬론을 펼쳤다. 나도 덩달아 구매의 충동이 발동했다. 하지만 유로화를 한화로 계산하면서 정신을 차렸다. 흥정하는 게 의미 없을 정도로 높은 가격이었다. 점원 입장으로 많이 깎아줘봤자 성사될 수 없는 금액이었다. 아무 일 없었다는 듯 홀연히 전시장 밖으로 나왔다. 아내와 아이도 뒤따라 나왔다. 아내는 이것저것 다 살 것처럼 하다가 빈손으로 도망치듯 나왔다면서 민망하다고 한소리를 했다.

아내의 불만을 피해서 바로 옆 건물에 들어갔고, 아내와 아이도 따라 들어왔다. 이곳은 이전에 들렀던 곳과는 스케일부터 남달랐다. 물건을 구입하지는 못했지만 유리공예 구경은 매우 흥미로워 시간 가는 줄 몰랐다. 우리는 무라노콜로나 선착장에서 50미터 밖을 벗어나지 못하고 있었다. 아내에게 섬 안쪽으로 가자고 했다. 운하 옆으로 난 길을 걸어서 다리를 건넜다.

공방을 하나 발견했다. 중세시대에 지어진 산타키아라교회를 수리한 건물이었는데, 개장한 지 얼마 되지 않아서 매우 깔끔했다. 1층은 유리공예 작업을 관람할 수 있는 공방이고, 2층은 전시장 겸 판매점이었다. 2층에서는 아래층의 공방을 내려다볼 수 있었다. 화려한 샹들리에가 매달려 있고, 찻잔과 그릇, 장신구, 촛대와 거울, 그리고 수제 향수도 판매하고 있었다. 차와 음료를 마실 수 있는 작은 바도 있었다. 나중에 홈페이지를 보고 이곳

중세시대 분위기를 간직한 베네치아

무라노섬의 유리공방.

에서 가면무도회가 열린다는 사실을 알았다. 아담한 안뜰은 빛바랜 붉은
벽돌과 초록의 식물, 따스한 햇살이 장소의 분위기를 부드럽고 포근하게
만들어주었다.

　1층의 공방 한쪽에 큰 탁자 두 개가 있는데, 중년 여성 두 사람이 유리공
예 작업을 하고 있었다. 한 사람은 유리의 틀을 짜고, 다른 한 사람은 장식
을 달았다. 작은 계단식 관람석도 있었다. 관람석 앞에 용광로처럼 보이는
화로와 작업대가 있는 것이 딱 유리공예 체험학습장이었다. 콧수염을 정갈
하게 정리한 남성이 터벅터벅 걸어나오더니 마술쇼처럼 유리공예를 시연

유리공예 공방, 중세시대에 지어진 산타키아라교회를 수리해서 공방으로 꾸몄다.

했다. 우리가 상상하고 기대했던 바로 그런 곳이었다.

기다란 봉을 용광로에 넣었다가 꺼내면 유리 재료인 녹은 모래가 면봉 모양처럼 묻어났다. 봉의 구멍으로 바람을 불어넣으면 유리는 풍선처럼 부풀었고, 불기를 멈추면 적당한 크기의 컵 모양이 됐다. 한번은 봉을 계속 불어서 큰 풍선처럼 커지더니 '퍽' 하는 소리와 함께 깨지면서 유리 파편이 사방으로 흩어졌다. 아이는 유리가 터질까봐 조마조마하다가 유리가 깨지는 순간 탄성을 질렀다. 봉을 돌리고 세우고 바람을 불고 집게로 만져주는 사이에 멋진 곡선을 갖춘 유리컵이 완성되었다. 유리로 만든 액세서리를 바닥에 깔고 컵을 돌리면서 붙였다. 순식간에 멋진 유리공예품이 됐다.

무라노콜로나 선착장으로 돌아와 7번 바포레토를 타고 산자카리아 선착장으로 갔다. 산마르코광장 가까이에 있는 식당에서 늦은 점심을 먹었다. 스파게티와 마르게리타 피자를 시켰다. 음식에 대한 모험을 즐기는 편이 아니라서 고르는 메뉴가 이 두 가지를 벗어나지 않았다. 식당이 달라도 맛이 거의 비슷했고, 이 맛도 지겨워지려 했다.

기념품숍에 들러서 곤돌라 뱃사공이 쓰는 둥근 챙모자를 골랐다. 생김새가 런던에서 봤던 교복 입은 어린이들이 쓴 모자와 비슷했다. 아내는 런던에서 이런 챙모자가 마음에 들어서 어디서든 구할 생각으로 촉을 세우고 있다가 식당 가는 길에 눈여겨봤다고 했다. 모자에 두른 빨간 리본에 'VENEZIA'라고 쓰여 있었다.

이제 리도로 향했다. 베네치아 본섬에서 지척에 있지만 전혀 다른 세상이었다. 리도에는 자동차가 다녔다. 차도와 인도가 구분되어 있고, 건물은

리도 해수욕장.

현대적이었다. 베네치아에 온 지 사흘밖에 지나지 않았는데 이 풍경은 왠지 낯설어 보였다.

섬 반대 방향으로 걸었다. 15분 정도 지났을까. 해변이 보이기 시작했다. 섬의 끝에서 반대쪽 끝까지 15분이면 닿는다는 사실에 영화 「트루먼 쇼」에서 짐 캐리가 폭풍우를 뚫고 바다를 건넜을 때, 하늘과 구름이 그려진 세트장 벽에 부딪혔던 것처럼 영역의 한계가 느껴졌고, 기분이 묘했다.

리도 해변의 해수욕장은 우리나라 해수욕장과 별반 차이가 없었다. 작은 돗자리를 펴고 아내 무릎을 베개 삼아 누웠다. 파란 하늘이 유난히 높게 느껴졌고, 몸에서 피로감이 증발하여 사라지는 기운을 느꼈다. 하지만 아이가 물에 들어가자고 재촉하는 바람에 금방 일어나야 했다. 신발을 벗고 바닷물에 발을 담갔다. 날씨는 더워도 물은 차가웠다. 아이는 물장구를 치고 싶어서 몸이 근질근질했지만 나는 옷이 젖을까봐 거리를 두고 다녔다.

산마르코광장

해변에 있으니 시간 가는 줄 몰랐다. 왔던 길을 다시 걸어 리도 선착장으로 가서 바포레토를 타고 다시 산자카리아 선착장에 갔다. 해를 확인하니 아직 중천에 떠 있었다. 이곳에서 산조르조 선착장까지는 한 정거장이고 10분 정도면 도착하니까 시간 여유가 조금 있었다. 산마르코광장 쪽으로 걸었다. 해가 떠 있을 때 산마르코광장의 모습을 보고 싶었다.

산마르코광장까지 연결된 운하 옆길을 걸었다. 두칼레궁전과 그 건너편의 감옥을 연결하는 '탄식의다리Ponte dei Sospiri'가 나타났다. 이 좁은 운하의 작은 다리가 유명해진 것은 카사노바의 공이 크지 않을까? 두칼레궁전에서 형이 결정된 죄수는 탄식의다리를 건너 감옥으로 이송됐다. 이 감옥을 탈출했던 이가 단 한 명 있었으니, 그가 바로 카사노바다. 여기에는 여러 설이 있다. 카사노바의 탁월한 탈출 능력 때문이라는 설과 이 감옥에 갇힌 적이 없다는 설, 집행관의 아내와 염문을 뿌린 바람에 그 사실을 감추기 위해 집행관이 탈출을 도왔다는 설도 있다.

두칼레궁전의 입면은 반복의 질서를 적용하되, 층마다 차이가 있었다. 베네치아의 총독 도제doge가 머물렀던 건물의 1층에는 뾰족아치 형상의 열주를 설치한 회랑이 있고, 2층은 1층 열주 폭의 절반쯤 되는 간격으로 뾰족

두칼레궁전 외관.

아치 열주를 설치했다. 2층 기둥 위에는 네잎클로버 모양으로 뚫린 장식이 있고 열주 사이에 난간을 설치했다. 3층과 4층 벽면은 마름모 패턴의 흰색과 분홍색 벽돌로 조합했다. 큰 뾰족아치 창이 듬성듬성 있으며, 외벽 가운데에 발코니가 돌출되어 있다. 발코니 위 건물 꼭대기에는 동상이 세워져있었다. 지붕의 장식은 2층 기둥과 같은 간격으로 뾰족한 삼각형의 조형물이 반복됐다.

산마르코광장 초입에 놓인 날개 달린 사자상과 성 테오도레 석상은 이곳을 지키는 수호신 같았다. 광장의 종탑은 하늘을 찌를 듯했다. 수직의 면분할이 명확한 종탑은 요철이 있는 주황색 벽돌 벽면 위로 각각 네 개씩 아치형 개구부가 뚫려 있고, 그 위로 다시 주황색 벽돌 벽면에 날개 달린 황

산마르코 종탑.

산마르코광장의 노을.

금사자상이 있으며, 그 위로 사각뿔 형태의 초록색 지붕이 있었다. 꼭대기에는 대천사 가브리엘의 황금 동상이 빛나고 있었다.

성 마르코는 성 베드로의 제자이고 4대 복음의 저자 중 한 사람이다. 이집트 알렉산드리아교회의 설립자로 그곳에 7세기 동안 안치되었던 성 마르코의 유해를 9세기에 두 명의 베네치아 상인이 훔쳐와 베네치아로 옮겼다. 베네치아로 가는 동안 폭풍우를 만나자 성 마르코가 나타나 기적을 일으켜 무사히 베네치아로 돌아올 수 있었다고 한다. 성 마르코의 유해는 베네치아에서 엄청난 환영을 받았고, 그를 위한 성당을 짓기로 했다. 두칼레 궁전 옆에 산마르코대성당을 축조해서 이곳에 그의 유해를 안치했다. 지금의 성당은 11세기에 지은 것이다. 같은 장소에 세워진 세번째 건물로, 이전의 성당은 불이 나고 파손되어 재건되었다.

성당의 전면에는 황금빛 모자이크가 새겨진 다섯 개의 아치가 있는데 그중 가운데 아치가 다른 것들보다 더 크다. 아치의 지붕에 해당하는 평평한 테라스 위로 다섯 개 아치를 또 올렸고, 그 위에 회색 돔을 얹었다. 위에서 보면 십자가 형상인 산마르코대성당은 십자가의 교차부와 네 개의 날개 상부에 총 다섯 개의 돔을 설치했다.

성당 중간 높이의 테라스에는 네 마리 청동 말 조각상이 세워져 있다. 나폴레옹이 베네치아를 정복하면서 파리의 카루젤개선문으로 가져갔던 네 마리 청동 말은 몇 년이 지나지 않아 다시 베네치아로 되돌아왔고 성대한 반환식이 열렸다. 진품은 따로 보관되어 있으며, 산마르코대성당에 올린 조각상은 복제품이라고 한다. 금장으로 장식한 성당의 원형 천장은 화려하면서도 종교 건축물의 엄숙함과 장중함이 느껴졌다.

중세시대 분위기를 간직한 베네치아

나폴레옹이 유럽에서 가장 아름다운 응접실이라고 극찬했던 산마르코광장은 엄청나게 많은 관광객으로 붐볐다. 광장 한쪽에서는 웨딩 촬영이 진행되고 있었다. 신부의 흰색 웨딩드레스와 신랑의 검은색 턱시도가 이 장소와 잘 어울렸다. 산마르코대성당의 전면은 햇볕을 받아 그대로 반사하고 있었다. 역광으로 보이는 광장의 모습과 사람들의 실루엣을 카메라에 담으니 예술사진이 따로 없었다.

산조르조마조레성당,
베네치아의 석양

산자카리아 선착장으로 갔다. 베네치아에서 머무는 동안 수없이 왔던 곳이다. 베네치아의 허브 선착장인 이곳에서 바포레토를 기다리면서 바다 건너 멀지 않은 곳에 위치한 산조르조마조레성당을 바라봤다. 하늘은 붉은 기운이 돌기 시작했고, 성당 전면의 흰색 외벽은 석양빛을 받아 빨갛게 물들었다. 햇빛을 받은 면과 받지 않은 면의 대비는 건물의 입체감을 두드러지게 했다. 돔의 첨탑 그림자가 종탑의 벽면에 드리워져 있었다.

2번 바포레토를 타고 산조르조 선착장으로 갔다. 바포레토가 일으키는 물보라 너머로 중세시대 건물들이 물에 떠 있는 것처럼 보였다. 석양이 모든 건물의 서쪽 벽면을 비추었다. 건물마다 본래의 색에 석양빛이 섞이면서 다양한 색조의 붉은빛을 만들었다. 우리 쪽으로 다가오는 엄청난 규모의 크루즈선, 쉴 새 없이 움직이는 작은 배와 곤돌라, 저공비행하는 갈매기 떼, 베네치아의 볼거리는 넘실거리는 파도처럼 넘쳐났다.

산조르조마조레성당.

산조르조마조레성당 전면.

산조르조마조레성당 내부.

산조르조 선착장은 성당 앞마당과 바로 연결되어 있었다. 이곳에 서니 베네치아 대운하와 함께 산타마리아델라살루테성당, 산마르코종탑, 산마르코대성당, 두칼레궁전 등 베네치아를 대표하는 건축물이 모두 보였다. 베네치아에서 사진을 찍기에 최고의 장소라는 생각이 들었다. 경관을 찍으면 엽서사진이 되고, 인물을 찍으면 멋진 인증사진이 됐다.

산조르조마조레성당은 르네상스시대 건축 이론서인 『건축4서』를 저술한 안드레아 팔라디오Andrea Palladio가 설계했다. 당시 교회 건축의 새로운 모델을 정립한다는 목표로 성당의 건립을 추진했고, 착공식에 교황이 참석했다. 르네상스 고전주의 양식의 건축물은 팔라디오가 죽은 후 완성되었다.

출입구가 있는 전면은 그가 설계한 빌라로톤다Villa La Rotonda처럼 묵직하고 단단했다. 크기가 다른 두 개의 페디먼트를 위아래로 쌓은 형상이었다. 중앙의 본당과 좌우 복도를 아우르는 아랫부분의 페디먼트는 좌우 끝단의 벽기둥이 받치고 있고, 그 위에 올린 페디먼트는 높은 주춧돌 위에 세운 네 개의 원기둥이 받치고 있었다. 페디먼트는 화려한 조각 없이 단정하며 중앙에 작은 동그라미 구멍이 뚫려 있었다. 흰색의 전면 파사드 뒤로 둥근 돔 지붕과 높게 솟은 종탑의 실루엣이 보였다. 산마르코종탑과 비슷한 구조였지만 초록색 지붕이 원뿔형으로 산마르코종탑의 지붕이 사각뿔 형태인 것과 달랐다.

성당 안으로 들어갔다. 이번 여행에서 봤던 다른 성당보다 내부가 많이 소박했다. 바닥은 빛바랜 붉은색과 흰색의 체크무늬 대리석으로 되어 있다. 흰색의 두꺼운 기둥과 벽기둥, 벽면은 장식이 간결했다. 어둑어둑한 넓

은 공간에 빛이 광선처럼 새어 들어와 신성하고 경건한 분위기를 고조시켰다. 본당의 천장에는 스페인 출신의 현대미술 작가 하우메 플렌사Jaume Plensa의 작품 「투게더Together」가 매달려 있었다. 다양한 언어의 글자들을 모아 손을 형상화한 조각작품으로 2015년 베니스 비엔날레 때 전시된 것을 기간을 연장해서 전시하고 있다고 한다. 장중한 파이프 오르간 소리가 울려 퍼졌다. 미사가 진행 중인 것 같아 조심스럽게 안쪽으로 이동했다. 종탑으로 올라가는 엘리베이터가 본당 왼쪽 복도 안쪽에 위치해 있었다.

아내는 파이프 오르간 소리가 좋다며 더 듣고 가겠다고 했다. 해가 저물

산조르조마조레성당 종탑에서 바라본 베네치아의 석양.

기 전에 메시지를 보낼 테니 휴대폰을 꼭 확인하라고 신신당부하고 아이와
먼저 종탑으로 올라갔다. 복도 끝에 작은 매표소가 있었다. 입장료를 내고
엘리베이터를 기다렸다. 종탑은 성당 건물보다 먼저 지어졌지만 18세기에
무너져서 다시 지었다고 한다. 엘리베이터는 종탑 꼭대기를 향해 올라갔
고, 베네치아 석양에 대한 기대감도 함께 올라갔다.

종탑에 오르니 예닐곱 명쯤 되는 사람들이 있었다. 엘리베이터 주위로
ㅁ자 형태의 통로가 있는데, 두 사람이 겨우 비켜 지나갈 수 있을 정도의

산조르조마조레성당 앞을 지나가는 크루즈선.

폭이었다. 위에는 금속 종이 매달려 있었다. 통로 외벽에는 아치형의 구멍이 뚫려 있고, 그 바깥으로 베네치아의 전경을 볼 수 있었다. 바로 아래로 성당의 지붕이 보였다. 십자형의 평면 위로 박공지붕이 교차하는 지점에 둥근 돔이 세워져 있었다.

　성당 종탑에서 바라본 베네치아의 석양은 기대 이상이었고, 그 감동은 말과 글로 형용할 수 있는 유가 아니었다. 지도를 펼쳐놓은 듯한 아드리아 해의 바닷물과 베네치아의 여러 섬들, 중세 건물들 사이에 솟은 뾰족한 종탑, 붉은색에서 푸른색까지 다양한 스펙트럼의 하늘과 빨갛게 타는 해, 이런 멋진 조합은 두 번 다시 볼 수 없을 것 같았다.

산타마리아델라살루테성당의 회색 둥근 돔과 붉게 타는 둥근 해가 절묘하게 형태의 대응을 이루고 있었다. 바다에 비친 석양빛은 물살의 각도에 따라 생겼다 사라지면서 바다 위에 떠 있는 작은 별의 반짝임을 연상시켰다. 두칼레궁전 너머로 보이는 산마르코대성당의 다섯 개 회색 돔은 숨바꼭질하는 동자승의 머리 같았다. 각도가 절묘해서 두칼레궁전 오른쪽 좁은 운하 사이로 탄식의다리도 보였다. 군인이 사열하듯 바다를 향해 정렬해 있는 건물은, 그 구성과 비례와 색깔이 황홀할 정도로 완벽한 풍경을 만들어냈다. 베네치아에서 거의 유일하게 나무숲이 있는 곳, 비엔날레가 열리는 자르디니도 보였다. 리도섬의 얇고 긴 지평선 너머로 희미하게 아드리아해의 수평선이 겹쳐 보였다.

바다에서는 다양한 크기와 모양과 색상의 배들이 본연의 역할을 충실히 수행하고 있음을 보여주듯 각자의 방향으로 분주하게 움직였다. 지금 서 있는 장소가 베네치아의 교통을 담당하는 관제탑 같았다. 베네치아는 다이내믹하게 작동하고 있었다. 성당의 앞마당이 베네치아 인증사진을 찍기에 최고의 장소라고 했는데, 정정해야겠다. 이곳 종탑이 최고의 장소다.

어디서 나타났는지 어마어마한 크기의 크루즈선이 성당 앞을 지나가고 있었다. 앙증맞은 예인선이 이동을 거들었다. 붉게 물든 건물, 석양과 대비되어 검게 보이는 바다, 아직 푸른빛이 남아 있는 하늘, 흰색 크루즈는 일부러 색깔을 맞춘 것 같았다. 현대적 디자인의 거대한 크루즈선과 오랜 세월을 거쳐 색이 바랜 아담한 건물들, 큰 배가 지나갈 수 있을지 수심이 의심스러운 섬 사이의 운하, 어울릴 것 같지 않으면서도 절묘하게 어울리는 풍경의 조화는 런던의 세인트폴대성당과 밀레니엄브리지, 테이트모던의 조화와는 다른 차원의 감동을 주었다.

　그런데 최근 대형 크루즈선과 작은 배가 충돌해서 사람이 다치는 사고가 발생한 적이 있다. 이탈리아 정부는 안전과 환경오염 문제, 파도로 인한 베네치아의 침식 피해를 이유로 대형 크루즈선이 베네치아 수로로 진입하는 것을 금지하는 조치를 취했다. 다음에 베네치아를 찾을 때 이날의 광경을 다시 볼 수 없을지도 모르겠다.

　특별한 점이 하나 더 있었다. 산조르조마조레성당 건너편의 베네치아섬, 그 너머의 바다 수평선으로 해가 질 줄 알았는데, 바다 너머로 유럽 대륙의 지평선이 보였다. 베네치아인의 조상들이 게르만족에 의해 쫓겨나기 전 그들의 고향 땅이다. 얼핏 봐서는 해가 수평선에서 지는지, 지평선에서 지는지 잘 구분되지 않았지만, 자세히 보니 분명히 지평선에서 지고 있었다. 처음 보는 광경이라 감흥이 남달랐다.

　아내에게 급히 메시지를 보냈다. 당장 올라오지 않으면 중요한 순간을 놓칠 거라고 했다. 아내는 미사가 아니라 파이프 오르간 연주회였다며 미리 알았다면 연주를 제대로 감상했을 텐데 하는 아쉬움을 토로했다. 아내의 일장연설은 길게 가지 못했다. 종탑 바깥 풍경이 눈에 들어오자 아내는 탄성을 내질렀다. 30분쯤 지났을까. 성당 관리인이 종탑에 올라와서 문을 닫을 시간이라고 했다. 다급해진 마음에 카메라 셔터를 쉴 새 없이 누르며 눈앞의 장면을 외우고, 또 가슴 깊이 담았다. 여행의 하이라이트에 대한 감동과 아쉬움을 남긴 채 우리는 종탑에서 내려왔다.

중세시대 분위기를 간직한 베네치아

베네치아 최후의 만찬

바포레토를 타고 다시 산자카리아 선착장으로 갔다. 이 여행에서 마지막으로 타는 바포레토였고, 이 선착장도 이제 마지막이었다. 베네치아에서 보내는 마지막 저녁인 만큼 비싸고 맛있는 음식을 먹고 밤늦게까지 돌아다니기로 했다.

베네치아에 도착한 날 산마르코광장 근처에서 보았던 레스토랑을 찾았다. 수족관이 있어서 인상적인 곳이었다. 며칠 전 우리와 대화했던 직원은 오늘도 레스토랑 입구에서 호객행위를 하고 있었다. 그에게 대뜸 나를 기억하느냐고 물었다. 그는 물론이라며 기다리고 있었다고 능청스럽게 대답했다. 우리를 레스토랑 안으로 안내한 후 그는 메뉴판을 가져다주고는 사라져버렸다. 다른 직원이 주문을 받으러 왔고, 랍스터와 소고기 스테이크, 새우 파스타, 이탈리아산 맥주를 주문했다.

주문을 마친 후 레스토랑 밖에 있는 그에게 가서 말을 걸었다. 그는 호객 전문인지 줄곧 바깥에 서 있었다. 다시 오겠다는 약속을 지켰으니 특별한 서비스가 없는지 그에게 농담처럼 물었다. 그리고 음식을 많이 시켰으니 서비스를 주든지, 아니면 음식 값을 깎아주라고 슬쩍 떠봤다. 그는 천연덕스러운 표정으로 대답했다. "너는 음식 세 그릇이랑 맥주 시켰잖아. 저기 테이블 보이지? 저 두 사람이 열두 그릇 시켰어."

관심 없는 것 같아도 우리가 무엇을 주문했는지 그는 잘 알고 있었다. 다정다감한 표정으로 유쾌하게 말하는 그에게 더이상 비굴하게 굴지 않기로 했다. 자리로 돌아왔다. 기왕에 비싼 식당에서 먹는데 배부르게 먹고 나가야겠다고 생각하고, 먹물 파스타와 마르게리타 피자, 그리고 맥주를 더 주문했다.

베네치아 골목길 유람에 나섰다. 이번 여행에서 걷기와 뛰기는 일상적인 일이 되었다. 우리는 거의 철인3종 선수가 되었다. 베네치아를 구경하는 데 체력은 문제되지 않았다. 시간이 부족했을 뿐. 첫날 맛있게 먹었던 젤라토 가게를 발견했다. 바닐라 젤라토를 골랐다. 역시 명불허전이었다. 아이의 쇼핑 욕구는 가라앉을 기미가 없었다. 눈에 보이는 기념품숍마다 모두 들어가야 했다. 아이를 위한 베네치아 가면과 열쇠고리를 샀다. 저녁에 지나다닐 때마다 눈길이 갔던 옷가게는 오늘도 문이 닫혀 있었다. 가게 쇼윈도와 주변 광장 사진을 찍었다. 내일 아침에 다시 찾아가기 쉽도록.

밤이 깊어 골목길을 다니는 사람도 많이 줄었다. 우리는 숙소로 돌아왔다. 캐리어에 담아온 음식은 거의 바닥이 났고, 빈자리는 각종 기념품과 선물로 채웠다. 내일 아침에 먹을 음식만 남겨두고 모든 짐을 싼 후 침대에 누웠다.

베네치아의 볼거리는 3박 4일로 부족했다. 아내와 나는 다음에 이곳을 다시 찾으면 오래 머물면서 베네치아 골목길을 하나하나 탐방하기로 했다. 모든 상점들을 섭렵하고 공연도 보기로 했다. 고풍스러운 극장의 내부 공간을 확인하고 클래식 음악을 감상하기로 했다. 또 부라노섬에 가서 파스텔톤의 건물도 보고, 공사 중인 리알토다리의 완성된 모습도 볼 수 있기를 기대하며, 우리는 잠을 청했다.

도시의 강

강을 끼고 있는 도시들은 강과 도시가 역사를 함께한다. 오래전부터 강 주변은 물 공급이 원활하고 평지가 많아서 거주지와 농경지로 적합했다. 이런 이유로 사람들이 정착하여 도시를 형성해왔다. 강을 이용한 교통과 교역은 도시를 양적, 질적으로 발전시켰다. 산업화 이후 도시로의 인구 유입은 급격히 증가했고, 도시는 더욱 커지고 더욱 복잡해졌다.

과거에 강은 식수 공급과 하수 처리, 공업용수와 농업용수의 공급, 교통과 물류 등 산업적 기능이 중요했다. 세월이 흘러 이러한 기능은 다양한 대체재로 옮겨갔고, 그만큼 강의 산업적 기능은 축소되었다. 최근에 강은 공원으로서의 경험적 기능이 주목받고 있다. 강은 번잡한 도심과 다르게 탁 트인 시야를 제공하고, 휴식할 수 있는 공원 기능을 한다. 산업이 고도화되면서 역설적으로 자연에 대한 관심과 요구가 커졌다. 산업 활동이 이루어지는 도심과 가까우면서 자연을 경험하고 느낄 수 있는 호숫가와 강가, 공원과 산자락 등은 주거지역으로 인기가 높고 그만큼 땅값도 비싸다. 시카고는 미시간호수 주변 아파트가 많이 비싸고, 뉴욕은 센트럴파크 주변이 매우 비싸며, 서울은 한강 주변의 집값이 아주 비싸다.

강이 모두 비슷한 것 같아도 자세히 뜯어보면 서로 특징이 다르고 느낌도 다르다. 공간으로서의 고유한 속성과 나름의 가치가 있다. 이를 관찰하는 과정은

파리 센강.

여행의 또다른 즐거움이었다. 공간의 특징과 경험을 논하는 것은 의미가 있다. 인식의 범위를 넓혀서 일상에서 많은 이야깃거리를 만들어낸다. 이 여행에서 도시마다 경험했던, 경험하는 공간으로서 도시의 강에 대해 이야기해보려고 한다.

파리의 센강　　　　기원전 3세기 지금의 노트르담대성당이 있는 시테섬에 파리시Parisii라는 이름의 부족이 요새를 지은 것이 파리의 시초다. '시테Cité'는 도시를 뜻한다. 노트르담대성당 앞 광장의 바닥에는 '포앵제로Point Zero'라고 하는 파리의 중심을 나타내는 표지판이 있는데, 이곳이 파리의 기원지임을 의미한다. 다른 지역과의 거리를 잴 때 이곳을 기점으로 한다.

　　센강은 비교적 스케일이 작은 강이다. 길이는 776킬로미터로 긴 편이지만 폭원은 약 120미터다. 한강과 비교하면 강이 아니라 천川이라고 불러야 할 것 같다. 수심은 6미터 정도 되며, 최고 수위는 1910년에 기록한 8.62미터다. 이때 물에 잠긴 알마다리의 주아브 석상은 홍수의 척도로 사용된다. 센강에는 서른여섯 개의 다리가 있다. 16세기에 지어진 퐁네프다리는 '새로운 다리'라는 뜻인데, 아이러니하게도 현재 파리에서 가장 오래된 다리다.

길이가 긴 센강 주변으로 도시가 많이 형성되어 있다. 철도가 건설되기 전에는 프랑스 내륙 도시를 연결하는 교통로 역할을 했고, 대서양으로 나가는 길목이었다. 센강은 수량이 많지 않았다. 가뭄이 잦았던 고대에는 물이 부족해서 오염이 심했다. 중세시대에 지하 터널과 운하를 통해 파리 외곽의 수원을 센강에 연결했고, 현재도 그 모습을 유지하고 있다.

런던의 템스강　　　　런던은 1세기에 로마제국이 영국을 점령하면서 템스강 근처에 군수보급소를 설치한 것을 시초로 도시가 형성되었다. 런던은 내륙에 있음에도 항구가 있고, 템스강을 통해 교역을 하면서 성장했다.

템스강은 길이가 346킬로미터이고, 폭원이 250~300미터이며, 수심은 5~20미터다. 가장 깊은 곳은 35미터까지 된다. 조수의 영향으로 강의 수면이 오르락내리락하는데, 조수간만의 차는 7미터다. 템스강에는 서른 개의 다리가 있다. 그중 가장 유명한 다리가 타워브리지이며 큰 배가 지나갈 수 있도록 다리 상판이 열린다.

템스강은 범람으로 인한 자연재해의 원인이기도 했다. 북대서양에 강한 저기압이 형성될 때 영국 동쪽 북해의 해수면이 높아지는데, 만조 때 조류와 겹쳐서 바닷물이 템스강으로 밀려 들어온다. 강이 범람할 정도의 큰 해일이 일어나기도 하며, 이를 '대서양 폭풍 해일Atlantic Ocean Storm Surge'이라고 부른다. 이 때문에 범람에 대비해서 강변에 수차례 제방을 쌓았고, 런던 입구에 수문을 설치했다.

지금은 많이 개선됐지만, 산업혁명 이후 템스강의 오염은 매우 심각했다. 수세식 화장실을 도입했으나 정화조 없이 그대로 강으로 배출하는 방식이었다. 당

런던 템스강.

시 템스강의 '대악취'는 큰 사회적 문제였다. 한번은 배가 침몰해서 수백 명이 사망했는데, 대부분 익사보다는 오염된 강물의 악취 때문에 질식사했다고 한다.

베네치아 대운하　　　베네치아는 5~6세기경 게르만족의 침략으로 쫓겨난 로마의 피난민이 정착했던 곳이다. 갯벌에 나무 말뚝을 촘촘히 박아 기초를 만들고 기단을 얹은 다음, 벽돌로 제방을 쌓고 그 위에 건물을 세웠다. 베네치아는 118개의 섬이 177개의 운하와 400여 개의 다리로 얽혀 있다. 물의 도시라는 수식으로도 유명한 이곳에는 자동차가 다니는 길이 없다. 그래서 모든 교통수단이 배다.

　베네치아 대운하는 산마르코섬과 도르소두로섬 사이의 뱃길이다. 바다임에도 섬과 섬 사이의 폭이 일정하고, 운하 주변으로 건물이 줄지어 있어서 얼핏 강

처럼 보인다. 실제로 식수 공급을 제외한 하수 처리, 교통, 물류 등 강의 기능을 하고 있다. '대운하'라는 이름에 걸맞지 않게 폭원은 50미터 정도로 여느 도시의 강보다 좁은 편이다. 수심은 약 2.7미터다. 운하에 놓인 유명한 다리로 아카데미아다리와 리알토다리가 있다. 두 다리 모두 사람만 건널 수 있는 인도교다.

베네치아 바깥쪽 바다에는 남북 방향으로 긴 리도섬이 있는데 큰 파도로부터 베네치아 본섬을 보호하는 자연적인 방파제 역할을 한다. 리도섬 안쪽 바다는 갯벌과 모래톱으로 막힌 석호潟湖라고 할 수 있다. 베네치아는 봄과 늦가을이 우기다. 이때 밀물이 들어오면 섬의 지면보다 해수면이 더 높아지는데, 이를 '아쿠아 알타'라고 부른다. 이 시기에 베네치아에 가면 신발이 젖을 각오를 해야 한다.

지구 온난화로 인해 해수면이 점점 상승하고 있고, 오래전 간척할 당시 세웠던 벽돌과 진흙이 손실되고 있다. 언젠가는 베네치아가 물에 가라앉을 거라고 말하는 사람도 있다. 지속적으로 보수작업을 진행하고 있는데, 섬의 바닥 레벨 전체를 끌어올리는 최첨단 토목공사가 이뤄지지 않을까 예상하고 기대한다.

서울의 한강　　　　　14세기 말 태조 이성계가 조선을 세우고 새 나라의 수도를 서울로 정했다. 당시 수도 한양의 남쪽 경계가 목멱산(현재의 남산)까지여서 한강은 도시의 구성 요소라기보다 도시 외곽의 주변 환경이었다. 당시에는 청계천이 도시의 강으로 설정됐다고 말하는 것이 적절하다. 서울은 계속해서 확장해 왔고, 여의도와 강남까지 영역이 확대됐다. 현재는 한강이 서울의 중앙에 위치해 있으며, 여러 다리와 터널로 강남과 강북을 연결하고 있어서 도시의 중요한 구성 요소로 확고하게 자리를 잡았다.

　한강은 길이가 514킬로미터이고, 폭은 1킬로미터가 넘는다. 도시를 가로지

서울 한강.

르는 강 중에서 이만큼 스케일이 큰 곳은 별로 없다. 수심은 서울 지역에서 약 2.5미터다. 홍수일 때 수위는 10미터 정도까지 올라간다. 서른한 개의 다리가 있는데, 한강을 대표하는 다리가 무엇인지 선뜻 말하기가 쉽지 않다. 문화적 의의보다는 기능적 의의에 충실했던 결과이지 않을까? 한강 최초의 다리는 한강철교이고, 자동차와 사람이 다닐 수 있는 다리는 한강대교가 최초였다. 뉴스에서 가장 많이 언급되는 다리는 잠수교일 것 같다. 비가 많이 와서 한강 수위가 올라가면 잠수교가 잠기기 때문에 다리의 통제 여부가 종종 뉴스에 등장한다.

오늘날 한강은 본래의 모습과는 많이 달라졌다. 폭원이 불규칙하고 습지와 모래사장이 있었는데, 제방을 쌓고 도로를 만들어 둔치를 조성했다. 김포대교와 잠실대교 아래에는 수중보를 설치해 수심을 일정하게 하여 유람선이 다닐 수 있게 했다. 수중보가 없었을 때는 압구정동까지 밀물과 썰물이 드나들었다고 한다.

강의 구성 요소　　　　강의 공간적 구성 요소는 물, 둔치, 제방, 강변도로, 주변 건물 등이 있다. 강마다 구성의 차이가 있고, 스케일과 모습, 분위기, 느낌이 서로 다르다. 어떤 요소로 구성되어 있는지에 따라 근경이 좋은 강이 있고, 원경이 좋은 강이 있다.

센강은 물, 둔치, 제방, 강변도로, 주변 건물로 구성되어 있다. 가장 정형화된 강의 구성이다. 센강은 스케일이 큰 편이 아니라서 사진을 찍으면 한 프레임에 이 모든 요소가 들어 있다. 그것도 근경으로. 디테일이 예사롭지 않은 클래식한 건물을 자세히 볼 수도 있다. 근경을 담은 사진 한 컷에 구성 요소가 많다는 것은 큰 장점이다.

템스강의 강변에는 자동차 도로, 보행로, 광장, 건물 등 다양하게 있는데, 대부분 제방에 강물이 맞닿아 있고 제방 위에 건물이 세워져 있다. 강바닥의 모래톱이 보이기도 하며 썰물일 때 더 많이 드러난다. 템스강은 센강보다 폭이 넓어서 근경을 찍으면 강의 구성 요소를 사진 한 컷에 담기는 어렵고 조금 멀리서 찍어야 한다. 그래서 사진의 밀도가 센강에 비해 낮다.

베네치아 대운하는 제방이 낮아서 운하의 수면과 땅의 지면이 비슷하다. 운하 옆으로 보행로가 일부 있지만 대부분 건물이 물가에 맞닿아 있다. 구성 요소는 물과 보행로, 주변 건물이 전부다. 스케일이 작아서 사진의 한 프레임에 근경의 여러 요소를 한꺼번에 담을 수 있다. 사진 속 베네치아 대운하는 실제보다 스케일이 더 크게 느껴진다.

한강은 물, 둔치, 제방, 강변도로, 주변 건물로 구성된다. 한강 둔치에는 주로 공원과 체육시설이 있다. 한강 주변에 제방을 쌓아 도로를 만들면서 생긴 공유수면을 매립하고 택지를 조성해서 아파트 단지를 지었다. 동부이촌동, 여의도동, 압구정동, 잠실동의 아파트가 이때 지어졌다. 아파트가 한강의 스카이라인을 담당하게 된 큰 이유 중 하나다. 한강은 스케일이 커서 원경을 찍어야 강의 구성 요소를 모두 사진에 담을 수 있다. 한강의 원경은 센강의 근경 못지않게 꽤 멋있다.

강물과 바닷물은 햇빛의 가시광선 중 파장이 가장 짧은 파란색만 물속을 통과하기 때문에 파랗게 보인다. 녹색으로 보이는 바다는 수중에 플랑크톤이 많아서다. 템스강은 황토색인데, 밀물과 썰물 때문에 강물에 갯벌이 섞여 있다. 베네치아 대운하는 바닷물 색깔인 파란색이며, 밀물이나 썰물일 때 황토색이 섞여서 보인다. 센강과 한강은 베네치아 대운하처럼 파란색이지만 주변에 공원이나 숲이 있는 곳은 녹색을 띤다.

센강의 풍경은 청명하고 부드러운 느낌이라 수채화 같다. 템스강은 강변의 무채색 건물과 황토색 강물, 흐린 하늘과 강렬한 구름의 풍경이 거친 유화를 연상시킨다. 비슷한 크기와 모양에, 원색의 건물들이 만들어낸 베네치아의 풍경은 여러 번 찍어서 만든 채색 판화 같다. 한강은 낮 풍경은 수채화가, 저녁 풍경은 유화가 어울릴 것 같다.

멀리서 강을 바라보면 잔잔한 호수처럼 보이지만, 가까이에 있으면 의식하지 않아도 물의 흐름이 눈에 들어온다. 사진보다 영상에서 생동감을 느끼듯이, 물

서울 한강의 둔치.

의 흐름에서 생동감을 느끼고 활력을 얻는다. 특히 수면과 비슷한 레벨에서 보면 그 생동감은 더 크게 다가온다.

센강은 수면과 비슷한 레벨인 둔치에서 물의 흐름을 인지할 수 있다. 템스강은 둔치가 상대적으로 작고, 해일의 범람을 대비해 설치한 높은 제방 때문에 역동적인 물의 흐름을 인지하는 데 한계가 있다. 베네치아 대운하는 주변에 보행로가 거의 없어서 물의 흐름을 인지하기가 쉽지 않다. 하지만 대중교통 수단인 바포레토가 있어서 특별한 경험을 할 수 있다. 물살에 흔들리는 배를 타고 수면과 거의 동일한 레벨에서 물살을 보고 느낄 수 있다. 가장 생동감 있는 물의 흐름을 경험하는 것이다. 한강은 수면과 비슷한 레벨의 둔치가 넓어서 물의 흐름을 경험하기 좋다. 유람선이 지나가면서 생기는 물살의 경험 또한 유쾌하다. 게다가 운동하면서 물의 흐름을 보고 있으면 더 많은 기운과 에너지를 얻을 수 있다.

잠수교는 특별하다. 물의 흐름을 반포대교에서 내려다볼 때와 잠수교에서 볼 때는 느낌의 차이가 크다. 한강 둔치에서는 강변의 물살만 볼 수 있지만, 잠수교는 강 중앙에서 물의 흐름을 볼 수 있으니 흔치 않은 경험이다.

개인적으로는 한강을 꽤 괜찮은 강이라고 생각한다. 자연 그대로의 모습은 아니지만 장점이 많다(물론 템스강과 센강도 범람을 대비해서 제방을 쌓았고, 그래서 본래의 모습이 아니다). 광활한 한강은 스케일이 남다른 개방감을 제공한다. 시야가 탁 트이고, 가슴이 뻥 뚫린다. 광활하지만 휑하지 않다. 강남과 강북에 비슷한 밀도로 지어진 건물들과 주변의 산들이 적절한 배경이 되어주기 때문이다.

강은 그 자체로 공원 기능을 하는데, 한강과 나란하게 이어지는 둔치는 강의 공원 기능을 더욱 강화한다. 한강은 드넓은 강의 폭, 길이 방향의 공간감이 느껴지는 밀도 높은 나무숲과 꽃밭, 주변의 도시 경관 등 여러 볼거리를 한눈에 볼 수 있다는 점에서 특별하다. 게다가 서울의 중앙에 위치하면서, 도심에서 조금만 벗어나도 강을 볼 수 있으니 더 좋다.

10일차

|

베네치아의 일요일

오늘은 프랑스 세리스에 간다. 베네치아 마르코폴로공항에서 비행기를 타고 파리 오를리공항으로 갈 예정이다. 세리스는 첫번째 행선지였던 파리의 외곽에 위치한 작은 도시다. 길게 느껴졌던 여행도 이제 막바지다. 아쉬움이 있지만, 마음은 풍요롭다.

베네치아 골목길 3

베네치아의 좋은 점은 아름답고 볼거리가 많은 것 외에도 저렴한 물건들을 판매하는 상점이 많다는 점이다. 하지만 베네치아에 머무르는 동안 낮에는 섬 여기저기를 돌아다니다보니 상점 구경은 항상 저녁 시간이었고, 마음에 드는 가게는 문이 닫혀 있었다. 쇼윈도만 쳐다보면서 입맛을 다셨다. 오늘은 아침 일찍부터 작은 상점들만 다니기로 했다. 공항으로 가는 배 알리라구나를 타는 시간도 원래 일정보

베네치아의 좁은 골목길.

다 한 시간 뒤로 미뤘다.

예전에 베네치아에서 유학하던 지인은 이곳에서 몇 년을 살아도 길을 잃는 것이 일상이라고 했다. 이런 말도 있다. "베네치아에서는 지도를 잃어버리지 마라. 하지만 길을 잃었다고 놀라지 마라." 베네치아에서 길을 잃는 것도 베네치아를 경험하는 일 중 하나이기 때문이다.

내가 생각하기에 베네치아에서 길을 잃기 쉬운 이유는 세 가지다. 첫째, 골목길이 직교 체계가 아니다. 구불구불하기도 하고, 방향이 제각각이라 조금 걷다보면 방향을 잃기 쉽다. 특히 섬끼리 연결된 다리를 건널 때 일직선으로 놓인 다리가 많지 않기 때문에 더욱 그렇다. 둘째, 골목이 좁다. 골목길 사이에 건물들이 빼곡히 있어서 골목길 건너편이 잘 보이지 않는다. 그래서 주변을 살피기 어렵다. 셋째, 베네치아에는 고층 건물이 거의 없지만 그렇다고 단층 건물만 있는 것도 아니다. 대체로 3~4층이고, 그 이상 되는 건물도 있다. 좁고 긴 골목길에서는 3층 이상의 건물 사이로 하늘이 골목길 폭만큼만 보인다. 그래서 해가 어디쯤에 있는지 파악하기가 어렵다. 어디가 남쪽이고, 어디가 서쪽인지 분간하기 어려운 것이다. 방향을 가늠하지 못해 지도를 봐도 길을 찾기가 쉽지 않다. 그래서 베네치아 골목길에서는 길을 잃기 쉽다. 나도 가려고 했던 상점을 찾지 못하고 돌아와야 했다. 전날 상점 사진을 찍어두고 근처 광장의 이름을 메모했는데도 말이다.

슈퍼맨이 돌아왔다

파리로 가는 비행기의 출발 시간은 오후 3시 5분이다. 알리라구나 시간표를 확인했다. 배편은 30분 간격이고,

산타마리아델질리오 선착장에서 마르코폴로공항 선착장까지 1시간 13분
이 걸린다. 배가 출발하는 시간에 맞춰 선착장에 도착하는 것이 매우 중요
하다. 11시 31분에 출발하는 배를 타기로 하고, 그 전에 베네치아 골목길
을 다니면서 상점들을 구경하기로 했다.

짐은 미리 싸서 숙소에 두고 산마르코광장 쪽으로 갔다. 문을 연 가게
가 많았다. 우리의 눈은 반짝반짝 빛을 발했다. 아쉬운 것이 있다면, 첫째
는 넉넉하지 않은 시간이요, 둘째는 풍족하지 않은 금전이었다. 아내가 찍
어놓은 액세서리 가게에 갔다. 빠른 속도로 물건들을 훑어보고 구입할 것
을 정했는데, 가게 주인이 보이지 않았다. 가는 날이 장날인가 했지만 다행
히 주인이 나타났다. 옆집 가게에서 수다를 떨다 온 것 같았다. 알이 커다
란 진주처럼 보이는 목걸이를 구입했다.

얼마 다니지도 못했는데 11시가 넘어버렸다. 12시에 출발하는 배를 타
기로 했다. 공항에서 열심히 뛰면 시간을 맞출 수 있을 거라 생각하면서.
하지만 그마저도 시간이 금방 흘렀고 서둘러 숙소로 돌아가야 했다. 문제
는 베네치아의 골목이 사흘 만에 익숙해질 만한 것이 아니라는 점이었다.
방향이 맞는 듯해도 조금씩 빗겨갔다. 겨우 숙소를 찾아냈고 짐을 꺼내니
배 출발 시간까지 10분밖에 남지 않았다. 이 배를 놓치면 다음 배는 30분
후에 출발하므로 비행기를 놓칠 것이 확실했다.

숙소에서 선착장까지, 도착한 첫날 30분 가까이 걸렸던 거리였다. 나는
배낭을 등에 짊어지고, 크로스백을 둘러매고, 쌀 궤짝 같은 캐리어 두 개
를 양손으로 끌었다. 육교처럼 계단을 오르내리는 다리 세 개를 건너고, 구

불구불한 골목길의 많은 사람들을 헤치면서 선착장까지 젖 먹던 힘을 다해 달렸다. 아내와 아이가 잘 따라오는지 확인하면서. 이 순간만큼은 TV 예능 프로그램 이름처럼 슈퍼맨이 되었다. 초능력이 발휘됐는지 선착장에 도착했을 때 오히려 시간이 남아 있었다. 우리는 거친 숨을 고른 후, 물을 마시고 초콜릿 바를 하나씩 입에 물었다. 한참 전에 도착한 사람들처럼 여유를 부렸다. 배는 2분 후 도착했고, 우리를 태우고 공항으로 출발했다.

다시
찾은
파리

PARIS

10일차

|

파리의 일요일

1시간 40분 전 베네치아 마르코폴로 공항을 떠난 이지젯 비행기가 파리 오를리공항에 내렸다. 예정보다 빠른 도착이었다. 택시 회사에 기사님이 빨리 오면 좋겠다는 메시지를 보냈다. 택시 기사는 우리의 도착 시간을 한 시간 후로 알았다면서 바로 출발한다고 했고, 다행히 가까운 곳에서 출발해서 오래 기다리지 않고 만날 수 있었다. 그는 고양이세수를 하고 나왔다면서 미안해했다. 인상이 좋아 보였다. 우리는 파리 동쪽에 있는 작은 도시 세리스로 향했다.

파리 체크인,
평범해서 오히려 특별한

파리의 외곽순환고속도로에 해당하는 A86 도로를 타고 동쪽으로 달린 후 A4 고속도로로 갈아탔다. 40킬로미

| |

터의 거리를 길이 막히지 않아서 금방 도착할 수 있었다. 호텔 입구에 짐을 내린 후 택시 기사와 모레 아침에 다시 만나기로 하고 작별 인사를 나눴다.

지은 지 오래되지 않은 호텔이었다. 외관은 파리 도심의 옛 건물을 닮아 클래식했지만 로비와 객실은 모던했다. 체크인을 했다. 호텔 직원과 실랑이할 일도, 부탁할 일도 없는, 특이사항이 없는 체크인이었다. 열쇠를 받아 4층 객실로 올라갔다. 트윈 침대가 있는 객실은 단정하고 깔끔했다. 전형적인 호텔 객실의 구성과 모습이었다. 호텔의 평범함은 그전에 묵었던 숙소의 독특함과 대비되어 오히려 특별하게 다가왔다.

짐을 간단히 풀고, 호텔 밖으로 나와 근처에 있는 라발레빌리지 아웃렛 방향으로 걸었다. 직육면체 형태로 깎아서 줄지어 세운 가로수에서 프랑스인의 예술적 기질이 느껴졌다.

아웃렛을 한 바퀴 돌고나니 문 닫을 시간이었다. 아웃렛 바로 옆 쇼핑몰 발듀럽Val d'Europe에 갔다. 일자형 쇼핑몰을 직진해서 통과하면 호텔이다. 이곳도 조금 구경하다보니 문 닫을 시간이 됐고, 쇼핑몰에 남아 있던 손님들은 내쫓기듯 나와야 했다. 호텔에 가려면 쇼핑몰 끝까지 가야 하는데 중간쯤에서 밖으로 나와야 했다.

배가 고팠다. 한국 식당을 미리 검색했지만 막상 찾기가 쉽지 않았다. 호텔 근처에는 가게 대부분이 문을 닫았고, 거리는 을씨년스러웠다. 어영부영하다가는 저녁을 못 먹을 수 있겠다 싶었다. 서둘러 발듀럽 맛집을 검색해서 수제 햄버거 가게를 발견했다. 우연찮게 바로 앞 30미터 정도 떨어진 거리에 간판이 보였다. 고민할 것 없이 안으로 들어갔다. 식당 내부는 밝고 따뜻했다. 사람이 꽤 많아서 프랑스어 특유의 부드러운 발음이 사방에서

직육면체 모양으로 다듬은 가로수.

들려왔다. 무슨 말인지 알아들을 수는 없으나, 북적이는 사람들 속에 있으니 마음이 한결 편해졌다. 안전한 장소에 들어왔다는 느낌이 들었다.

음식을 주문하고 가져가는 것은 손님이 하고, 치우는 것은 직원 몫이었다. 주문을 하러 카운터에 갔다. 턱수염을 길게 기른 점원이 주문을 받았다. 프랑스 영화에 나올 법한 준수한 외모에 애정 어린 눈빛이 부담스러웠지만, 손님과 눈을 맞추며 경청하는 그의 표정이 신뢰감을 주었다. 비프버거와 치킨버거, 프렌치프라이를 주문했다.

오픈 키친에서 요리하는 네 명의 직원은 완벽한 팀워크를 보여주었다. 주문을 받고, 음식 재료를 꺼내고, 분류를 하고, 요리를 하고, 손님을 호출하고, 음식을 치우고, 설거지를 하는 모습이 마치 칼군무를 보는 것 같았다. 음식은 큰 기대를 하지 않아서였는지 나름 괜찮았다. 특히 빵이 맛있었다. 감자는 기름기가 적고 바삭하게 튀겨서 먹기에 딱 좋았다.

호텔로 돌아가는 길에 슈퍼마켓을 발견했다. 생수를 사러 슈퍼마켓에 들어갔다. 고민 없이 생수 몇 통을 집어들고 나올 줄 알았는데 그곳은 생수 백화점이나 다름없었다. 브랜드부터 용량과 병 모양, 포장 디자인까지 종류가 너무 다양해서 무엇을 골라야 할지 난감했다. 결론은 가성비, 리터당 단가가 가장 저렴한 것으로 골랐다. 원색의 예쁜 과일, 아기자기한 과자, 다양한 잼, 소소한 장난감 등 슈퍼마켓 구경은 여행의 재미를 느끼게 했다. 막상 구입한 건 생수와 아이스티 정도였지만. 디자인마저 멋진 비닐봉지를 들고 어둑하고 을씨년스러운 거리를 지나 호텔로 돌아왔다.

내일은 이 여행의 마지막 날이고, 파리 디즈니랜드에 간다. 아이는 여행 시작부터 이날을 기다렸다. 나도 내일이 기대된다.

호텔렐리제발듀럽

Hotel l'Elysee Val d'Europe

주소: 7 cours du Danube, 77700 Serris, France
연락처: +33-(0)1-6463-3333
홈페이지: www.hotelelesee.com
숙박비: 2박 3일 트윈룸 218유로(세금 6유로 별도)

위치와 주변 환경　　　파리에서 동쪽으로 30킬로미터 정도 떨어진 곳에 위치한 호텔렐리제발듀럽은 파리 도심까지 자동차로 40분, 전철 RER A라인으로 40분 정도 소요된다. 호텔 바로 근처에 역이 있다. 고속철도인 TGV도 운행하는데 디즈니랜드 근처 역에서 내려 셔틀버스를 타야 한다.

외관　　　2002년에 문을 연 오스만 양식의 5층짜리 호텔은 밝은 라임색 계열의 외벽에 직사각형 창이 줄 맞춰 배열되어 있고, 청동의 망사르드 지붕을 얹었다. 외관은 클래식한데, 로비는 모던하고 심플하다. 1층 로비 바닥은 트래버틴 계열의 베이지색 대리석으로 마감했고, 벽과 천장은 흰색 도장 마감이다. 호텔 현관에서 중앙의 홀을 기준으로 건너편은 식당이고, 오른쪽은 프런트 데스크, 왼쪽은 라운지다. 나무로 된 수직재가 공간의 영역을 구분한다. 라

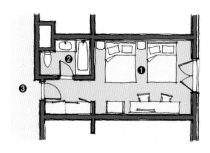

평면도
침실과 화장실로 구성된 현대적인 호텔이다.
내부에는 퀸 사이즈 트윈 침대, 탁자, 옷장 등
의 가구가 있다.

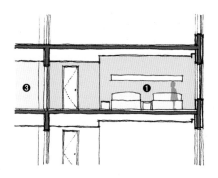

단면도
외벽에 프렌치 윈도 느낌의 양여닫이창이 있
지만, 좁고 긴 직사각형의 프렌치 윈도 특유
의 비례감은 아니다.

❶침실 ❷화장실 ❸복도

Hotel l'Olysee Val d'Europe

운지 뒤에 화장실이 있는데, 클럽에나 있을 법한 사이키 조명이 현란하게 변기
를 비추고 있어서 프랑스인의 독특한 취향이 느껴졌다.

내부 공간　　　　　이번 여행에서 묵었던 숙소 가운데 유일하게 현대식 건
물의 호텔이다. 객실 문을 열면 오른쪽은 옷장, 왼쪽은 화장실이고, 정면에 침실
이 있다. 침실에는 침대보와 베개가 정갈하게 놓인 퀸 사이즈 트윈 침대가 있
고, 침대 맞은편 탁자 위에 TV가 놓여 있다. 외벽에는 프렌치 윈도 느낌의 양여
닫이창이 있지만 천장까지 닿아 있지 않아서 좁고 긴 직사각형 프렌치 윈도 특

호텔렐리제발듀럽 창밖 풍경.

유의 비례감은 아니다. 창에는 빨간색과 밝은 회색의 수직 스트라이프 커튼이 달려 있다. 침대 머리맡 벽에는 스탠드가 매달려 있는데 조명 갓 위아래로 은은한 빛이 투사된다.

창밖 풍경   창밖은 광장인데, 군인이 사열하듯 줄지어 심어놓은 큰 나무들이 울창해서 옆에서 보면 밀도 높은 숲 같다. 주변의 건물도 망사르드지붕을 얹은 오스만 양식이다. 파리 도심의 어느 한 지역을 그대로 옮겨놓은 것 같다. 객실에는 에투알개선문에서 찍은 것으로 추정되는 파리 시내의 흑백사진이 걸려 있다. 방사형 도로 중간에 에펠탑이 우뚝 솟아 있는데, 사진 속 건물들이 객실 창밖의 주변 건물과 비슷해서 사진의 모습과 창밖 풍경에서 공간의 연속성이 느껴졌다.

총평   이 호텔을 선택한 이유는 디즈니랜드 근처이면서 쇼핑몰과 아웃렛이 가깝기 때문이었다. 모두 걸어서 다닐 수 있는 거리다. 여행 막바지에 쇼핑을 함으로써 여행 중간에 짐을 들고 다니는 수고를 덜겠다는 계산이었다.

호텔에 대한 환상 중 큰 부분을 차지하는 것이 호텔 침대다. 집에서 느끼지 못하는 포근함과 호사스러움을 호텔에서 느낄 수 있기 때문이다. 침대는 푹신한 정도에 따라 하드, 레귤러, 소프트로 나뉘고, 그 단계를 더 세분화하기도 한다. 대부분의 호텔 침대는 소프트다. 한 침대를 오래 사용하면 소프트 침대가 불편할 수 있지만, 짧은 기간 머물면서 포근함을 느끼기에는 소프트 침대만 한 것이 없다. 짧게 머무르는 고객에게 편안함을 주고 다음에 또 오게 하려면 하드 침대는 적절한 선택이 아닐 것이다.

파리, 런던, 베네치아의 오래된 건물 숙소에서 경험했던 침대와 상대적으로 비교가 됐기 때문에 객관성은 부족할 수 있겠지만, 파리 숙소의 침대는 여행 말미에 호텔의 포근함과 호사스러움을 느끼게 해주었다.

11일차

|

파리의 월요일

유리 지붕이 있는 작은 아트리움 옆자리에서 아침식사를 했다. 초록색 식물 덕분에 눈이 편했고, 은은하게 들어오는 햇볕이 마음을 포근하게 했다. 오믈렛과 식빵, 베이컨, 과일, 요거트 등으로 구성된 조식이었다. 커피와 함께 먹은 크루아상은 맛이 일품이었다. 식사를 마치고 로비와 라운지를 산책하듯 둘러보고 화장실에 갔다. 순간 잘못 들어간 줄 알았다. 어두컴컴한 공간을 색색의 사이키 조명이 비추고 있고, 사이키 조명에 반사된 현란한 빛이 벽과 바닥을 때리고 있었다. 너무 창의적이어서 받아들이기 쉽지 않은 독특한 취향이 느껴졌다.

어제 위치만 파악했던 아웃렛에 가서 쇼핑을 했다. 디즈니랜드에 가야 해서 오래 있지는 못하고 호텔로 돌아왔다. 마지막 남은 컵라면으로 점심을 해결한 후 호텔 건너편 정거장에서 디즈니랜드로 가는 셔틀버스를 탔다.

파리 디즈니랜드

버스는 10분 만에 디즈니랜드에 도착했다. 사람이 적지 않았지만, 아주 많지도 않았다. 놀이공원에 사람이 너무 없어도 기분이 안 나는데 이 정도면 딱 좋았다. 미리 출력한 티켓을 보여주고 안으로 들어갔다.

파리 디즈니랜드는 1983년에 개장한 도쿄 디즈니랜드에 이어 미국이 아닌 지역에 세워진 두번째 디즈니랜드다. 디즈니랜드파크는 1992년에 개장했고, 증축 개념의 월트디즈니스튜디오파크가 2002년에 문을 열었다. 유럽에 디즈니랜드 부지를 선정하는 과정에서 영국, 프랑스, 이탈리아, 스페인이 후보로 거론됐다. 프랑스 파리가 선정된 데에는 교통, 지리, 인구, 지형 등 여러 이유가 있었다.

첫째, 파리의 교통 인프라를 활용할 수 있다. 디즈니랜드를 도로, 철도로 파리와 연결하면 자연스럽게 파리의 공항, 철도 시설과도 연계된다. 그래서 비행기와 기차로 파리를 방문한 관광객이 디즈니랜드에 쉽게 접근할 수 있다. 둘째, 지리적으로 파리가 유럽의 중심에 위치하기 때문에 여러 나라에서 방문할 수 있다. 셋째, 배후 도시인 파리의 많은 인구는 테마파크의 안정적인 수입원이 될 수 있다. 넷째, 디즈니랜드가 있는 세시 지역이 평야 지대라서 원래의 지형을 훼손하지 않고 개발할 수 있었다.

초기에는 미국의 문화적 제국주의이며 소비주의를 조장한다고 비판했지만, 많은 사람들이 파리 디즈니랜드를 찾고 있다. 주변에 호텔 단지와 골프 코스가 있고, 신도시 비슷한 타운이 조성되어 쇼핑몰과 아웃렛이 들어섰다. 어린이를 위한 테마파크와 어른을 위한 레저·상업 시설의 패키지라 할 수 있다.

파리 디즈니랜드는 두 개의 테마파크로 구성되어 있다. 디즈니랜드파크는 미키마우스, 도널드덕 같은 디즈니의 오리지널 캐릭터로 꾸며져 있다. 디즈니를 상징하는 '잠자는 숲속의 공주 성'과 퍼레이드를 하는 거리가 있고, 호수와 숲이 있다. 이곳에는 클래식한 놀이기구가 많다. 월트디즈니스튜디오파크는 「토이 스토리」「레이서」 같은 디즈니 영화사의 최신 캐릭터로 꾸며졌다. 애니메이션 영화를 테마로 한 새로운 트렌드의 놀이기구가 많다.

월트디즈니스튜디오파크에 들어가려면 엄청나게 큰 기념품숍을 통과해야 했다. 입장과 동시에 지갑을 열도록 유도하는 구조였다. 한꺼번에 많은 캐릭터 상품을 맞이한 아이는 정신을 차리지 못했다. 빨리 이곳을 벗어나야 한다고 생각했다. 볼 것과 탈 것이 많은데, 이곳에서 시간을 지체할 수 없었다. 그러기 위해서는 아이 손에 뭐라도 쥐어줘야 한다는 것을 잘 알고 있었다.

미키마우스와 미니마우스가 그려진 아주 큰 쇼핑백을 샀다. 공원 안에도 기념품숍이 많으니 돌아다니면서 이 가방을 채우자고 했다. 아이는 물건을 하나 샀다는 사실에 잠시나마 만족한 것 같았다. 기회를 놓치지 않고 아이 손을 잡아 기념품숍을 빠져나왔다. 하지만 표정에 아쉬움이 남아 있어서 관심을 다른 곳으로 분산시켜야 했다. 귀신의 집 비슷하게 생긴 건물이 하나 보여서 우선 안으로 들어갔다. 조명은 어둡고 분위기는 스산했다. 벽에 달린 텔레비전에서는 흑백 호러무비가 나오고 있었다. 미로 같은 공간을 걸으면서 공포 체험을 하는 건가 싶었다. 아이는 바짝 긴장했고, 기념품숍 생각을 잊은 것 같았다.

사람이 많지 않아서 줄이 금방 줄어들었다. 열다섯 개 정도의 의자가 네 줄로 배열되어 있고, 전면에는 스크린이 있었다. 의자가 움직이는 다이내 믹 시어터인가 싶었다. 하지만 의자는 고정식이었고, 3D 안경도 없었다. 아이에게는 충분히 무섭고 흥미로울 수 있겠지만, 나에게는 유치하고 싱겁 고 재미없어 보였다.

스크린에서 유령들이 나타났다. 아무런 감흥이 없었다. 스크린의 장면이 아래로 움직였다. 순간 의자가 위로 올라간 듯한 느낌이 들었다. 스크린 속 도가 엄청 빠르면 그런 착시 효과가 생길 수 있겠다 싶었다. 하지만 그것은 느낌이 아니었다. 순식간에 스크린이 사라지고 바깥이 보였다. 월트디즈니 스튜디오파크가 한참 아래로 보였다.

스크린이 움직인 것이 아니라 정말로 의자가 위로 올라갔던 것이다. 그 것도 엄청난 속도로. 상황이 파악되니 정신줄을 어디에 둘지 몰랐다. 60개 좌석의 초고속 엘리베이터는 오르락내리락을 반복했다. 내려가는 속도는 자유낙하하는 속도보다 빠른 것 같았다. 두 발이 내 의지와 상관없이 공중 에 떴다. 이것이 무중력일 거라는 생각이 들었다. 사람들은 괴성을 질렀고, 나도 예외일 수 없었으며, 아내와 아이는 말할 것도 없었다.

일찍이 이런 흥분과 희열이 없었다. 몸속에 엄청난 도파민이 분비되고 있음이 틀림없었다. 한 번 더 타기로 했다. 아내는 자기는 빼달라며 손사래 를 쳤다. 어지럼증을 호소하는 아내를 벤치에 앉히고, 아이와 나는 방금 전 에 탔던 놀이기구 입구로 달려갔다. 그제야 이름을 확인했다. '트와일라잇 존타워오브테러The Twilight Zone Tower of Terror', 줄여서 '타워오브테러'라 부

트와일라잇존 타워오브테러.

르는 놀이기구였다. 지금까지 경험하고 상상한 형식을 벗어난 혁명적인 놀이기구였다. 두 번 타면 감흥이 떨어지기 마련인데 여전히 스릴 있고 재미있었다. 더 타고 싶었으나 디즈니랜드를 반의반도 못 보고 나가야 할지도 모를 일이었기에 다음 장소로 이동했다.

애니메이션 캐릭터로 분장한 사람이 여럿 있었는데, 그중 「토이 스토리」의 카우보이 장난감 우디는 영화 속 모습과 거의 똑같았다. 그와 사진을 찍으면서 아이는 쑥스러워했고, 우디는 아이의 옷을 만지작거리면서 장난을 쳤다.

놀이기구를 몇 개 더 타고 공연도 본 다음, 디즈니랜드파크로 이동했다. 월트디즈니스튜디오파크가 현대적이라면, 디즈니랜드파크는 클래식했다. 타운스퀘어에는 많은 사람들이 모여 있었다. 절묘하게 퍼레이드 시간에 맞춰 도착했고, 자리 쟁탈전이 치열했지만 괜찮은 자리를 잡았다.

잠자는 숲속의 공주, 백설공주, 겨울왕국의 엘사와 안나, 토이 스토리 친구들, 라이언 킹, 그리고 미키마우스와 미니마우스, 도널드 덕까지, 디즈니 애니메이션의 모든 캐릭터들이 영화 속에서 방금 튀어나온 것처럼 하나씩 등장했다. 아이는 신났고, 아내와 나도 덩달아 신났다.

스페이스마운틴.

　재미있고 즐거운 하루였지만 몸 상태가 썩 좋은 편이 아니었다. 특히 목
이 안 좋았는데, 전날 베네치아에서 배를 놓치지 않으려고 무거운 캐리어
두 개를 양손에 짊어지고 열심히 뛰어서인지, 아니면 간밤에 잠을 잘못 잔
건지 알 수 없지만, 아침부터 왼쪽 목이 뻐근해서 고개를 돌리는 일이 무척
고통스러웠다.

　날이 어두워져 문 닫을 시간이 얼마 남지 않았다. 놀이기구 하나만 더 타
기로 했다. 아내도 함께 탈 수 있게 무난하고 쾌적한 것을 고르기로 했다.
롤러코스터 비슷한 것이 눈앞에 보였다. 규모가 그리 크지 않고 궤도의 각도가 완만했다. '스페이스마운틴Space Mountain'이라는 정감 있는 이름에, 난이도도 무난해 보였다.

사람들이 많이 빠져나가서 기다리지 않고 탈 수 있었다. 놀이기구를 타러 가는 도중에 직원을 세 명 만났고, 그들 모두 아이의 키를 확인했다. 키가 130센티미터 이상이어야 한다며 막대기를 세워 키를 쟀다. 아이는 겨우 턱걸이로 통과했다.

기차가 출발했다. 출발한 지 몇 초 지나지 않아 무난하고 쾌적할 거라는 예상이 완전히 빗나갔음을 깨달았다. 아이의 키를 왜 그렇게 열심히 확인했는지 이해가 됐다. 우리가 상식적으로 아는 롤러코스터는 오르막에서 천천히 올라가고 내리막에서 자연스럽게 속도를 낸다. 마음의 준비를 할 시간이 있는 만큼 예측이 가능하다. 스페이스마운틴은 오르막을 조금 오르더니 이내 멈춰섰다. 고장이 난 줄 알았는데 다시 움직였고, 로켓을 발사하듯 어마어마한 속도를 내며 궤도 위로 솟구쳤다.

기차가 궤도를 이탈해 공중으로 날아가는 줄 알았다. 오르내림을 반복하더니 엄청난 속도로 회전하면서 감당하지 못할 원심력을 발생시켰다. 자유낙하, 무중력, 원심력, 관성의 법칙 등 학교에서 배운 몇 안 되는 물리 법칙을 제대로 체험하는 날이었다. 상체가 한쪽으로 쏠리면 머리가 쫓아서 같은 쪽으로 쏠렸고, 목은 심하게 꺾였다. 기차는 한쪽 방향으로만 돌지 않았다. 시계방향과 반시계방향을 번갈아가며 돌았다. 목이 좌우로 꺾였다. 목 근육뿐 아니라 뼈에도 이상이 생길 수 있겠다는 생각이 들었다. 정신없이 이리 꺾이고 저리 꺾인 끝에 기차가 멈춰 섰다.

목 상태를 확인하는 것이 두려웠다. 짧은 순간이지만, 목에 깁스를 두른

파리 디즈니랜드의 불꽃놀이.

모습을 상상했다. 천천히 조금씩 고개를 돌렸다. 또다시 예상이 빗나갔다. 짐작과 달리 목은 매우 가뿐했다. 고개를 크게 돌렸다. 뻐근함은 사라졌고 개운했으며, 컨디션이 좋아진 것 같았다. 요가를 하는 분에게 이날의 이야기를 들려줬더니, 힘을 빼고 스트레칭한 것과 같은 상황이라서 뭉친 근육이 풀어진 것 같다고 했다. 스페이스마운틴은 여러모로 반전이었다.

인기 폭발의 파리 디즈니랜드가 처음부터 잘나갔던 건 아니었다. 개장 후 3년 동안 연속으로 적자를 기록했고, 교육과 실전 경험이 부족했던 직원들은 실수를 연발했으며, 고객의 불만은 쌓여갔다. 1995년 새 놀이기구 '스페이스마운틴'이 오픈한 이후 흑자로 전환되었다고 한다.

잠자는 숲속의 공주 성 주변으로 구름 인파가 몰리더니 불꽃놀이가 펼쳐졌다. 성벽을 스크린 삼아 디즈니 애니메이션이 영사되고, 테마 음악이 울려퍼지면서 불꽃이 터졌다. 한참 동영상을 찍는데, 메모리 용량이 얼마 남지 않았다는 표시가 떠서 잠시 카메라를 껐다. 「겨울왕국」의 주제곡이 나오기를 기대했기 때문에 카메라 메모리를 아껴둬야 했다. 그러나 「렛 잇 고」는 나오지 않았다. 실망과 아쉬움이 있었지만 불꽃놀이는 훌륭했고 감동적이었다.

Missing

불꽃놀이를 감상하던 구름 인파는 출구로 나가는 길에 있는 기념품숍으로 고스란히 이동했다. 이 역시 상업성을 그대로 드러낸 동선이었지만, 우리는 디즈니랜드의 추억을 되새길 기념품이 필요했다. 어마어마한 규모의 기념품숍은 더 어마어마한 수의 사람들로 점령당해 발 디딜 틈이 없었다. 시간 여유가 없으니 아내와 아이는 함께 다니고, 나는 따로 다니면서 기념품을 훑었다.

떨어져 다녀도 우리는 여러 차례 마주쳤다. 아내에게 우산을 보여주며 가성비가 좋다고 말하려는 순간 싸늘함이 느껴졌고, 아이의 존재가 느껴지지 않았다. 아내에게 물었다.

"서윤이 어딨어?"

아내는 잠깐 움찔하더니 뒤를 돌아봤다. 보이지 않았다. 주변을 살펴봐도 보이지 않았다. 더 넓게 살폈다. 역시 보이지 않았다. 아이를 잃어버렸다!

아내와 나는 허둥지둥하면서 근처 한 바퀴를 돈 후 다시 만났다. 보이지 않았다. 왔던 길을 다시 확인하고 주위를 둘러봐도 아이는 보이지 않았다. 아내에게 그대로 있으라고 하고, 나는 범위를 넓혀서 빠른 걸음으로 둘러보았다. 상황은 달라지지 않았다. 아내는 사시나무 떨듯 몸을 떨었고 발을 동동거렸다.

가게 전체를 샅샅이 뒤지기로 했다. 디즈니랜드는 울타리가 명확한 곳이니 결국 찾을 수 있다고 이성적으로 생각했지만, 불안한 것은 어쩔 수 없었다. 아이가 누구에게 도움을 청하거나 누군가 길 잃은 아이에게 말을 걸어도, 우리나라 말이 아니면 통할 수도 없는 상황이었다. 문을 닫는 시간이라 마음이 더 초조했다.

유난히 또래의 아이들이 눈에 띄었지만, 우리 아이는 없었다. 오늘 아이가 입은 옷이 무슨 색인지, 하늘색인지 분홍색인지 헷갈리기 시작했다. 아이 얼굴조차 기억나지 않을 것 같은 불안감이 들었다. 20분 정도 지났을까. 시간을 더 지체하다가는 돌이킬 수 없을지도 모른다는 생각이 들었다. 마음이 급해진 나는 인파를 헤치며 뛰었다. 너무 큰 기념품숍의 규모가 짜증스러웠고 두려웠다.

저 멀리 진열대 사이로 익숙한 아이의 실루엣이 나타났다가 사라졌다. 아이의 이름을 외쳤고, 그곳으로 뛰어갔다. 등을 보이던 아이가 내 목소리를 들었는지 내가 있는 쪽으로 몸을 돌렸다. 나는 아이를 찾았고, 아이도 나를 찾았다.

울고 있을 줄 알았는데, 겁먹은 표정이었지만 의외로 침착했다. 아내가 걱정하고 있을 거라 아이 손을 잡고 아내가 있는 쪽으로 달려갔다. 아내의 얼굴은 사색이 되어 있었다.

아이를 본 아내는 가슴을 쓸어내리면서도, 왜 엄마 아빠 옆에 붙어 있지 않았느냐고 아이를 다그치며 꾸짖었다. 아이의 눈에 눈물이 그렁그렁 맺히더니 이내 펑펑 울기 시작했다. 나는 다른 쪽으로 가서 아이를 달랬다. 서럽게 울던 아이는 "아빠, 나 빨간색 미니마우스 필통 사줘"라고 흐느끼며 말했다. 빨간색 미니마우스에 정신이 팔려서 엄마 아빠를 놓쳤나보다. 나는 기꺼이 빨간색 미니마우스 필통을 사주었다. 필통을 계산하면서 아이에게 엄마 아빠를 잃어버리면 어떻게 하라고 일렀는지 물으니, 그 자리에 가만히 있으라고 했다는 것을 기억하고 있었다.

"서윤아, 알면서 왜 가만히 안 있었어?"

"엄마 아빠 찾았지."

눈물을 쏙 뺀 얼굴에 웃음을 멈추지 않는 아이는 미니마우스 필통 덕분에 행복해 보였다.

한밤중의 파리행

디즈니랜드에서 밖으로 나오면서 여행의 모든 일정을 마쳤다. 시원함보다는 섭섭한 마음이 컸다. 시계는 저녁 9시 40분을 가리켰다. 아내에게 슬쩍 "우리 파리 갈까?" 하고 물었다. 아이에게는 "에펠탑 볼래?" 하고 물었다. 둘 다 "좋아!"라고 대답했다.

마지막이라는 사실과 언제 다시 이곳에 올지 모르는 현실이 우리를 더 간절하게 했다. 디즈니랜드에서의 피곤함, 밤늦은 시간, 소매치기가 두려워 꺼렸던 파리 지하철……, 걱정했던 것들은 문제가 되지 않았다. 에펠탑과 개선문을 한 번 더 보기로 했다. 최신 모습을 기억에 한 번 더 담기로 했다.

디즈니랜드 정문 앞에 있는 역으로 갔다. 프랑스에서 처음으로 전철표를 샀다. 파리행 전철 RER A 노선을 타면 이곳에서 개선문이 있는 샤를드골에투알역까지 열여섯 개 정거장이고, 46분이 걸린다는 정보를 구글 지도로 확인했다. 플랫폼으로 내려갔다. 혹시나 반대 방향으로 잘못 탈까봐 포근한 인상의 여성에게 방향을 물어보았다. "메르시(Mercy)"라고 인사하고 싶었지만 차마 입 밖으로 자연스럽게 나오지 못했다.

2층짜리 전철이 플랫폼으로 들어왔다. 플랫폼을 기준으로 반층을 내려가면 1층이고, 반층을 올라가면 2층인 구조였다. 우리는 2층으로 올라가 서로 마주보는 자리에 앉았다. 아이는 2층 전철을 재미있어 했지만, 곧바로 내 어깨에 기대어 잠이 들었다. 전철 창밖으로 밤 풍경을 멍하니 쳐다봤다. 전철은 파리 외곽에서는 지상으로 달렸고, 시내에 들어서자 지하로 내려갔다. 어느 역의 플랫폼에서 뮤지컬 〈오페라의 유령〉 간판을 봤다. 프랑스어로 공연하는 뮤지컬은 어떨지 궁금했다. 잠에서 깬 아이가 화장실에

파리행 RER A 노선.

가고 싶다고 했다. 아직 네 정거장은 더 가야 하는데. 조금만 참으라면서 신경을 다른 곳으로 돌리려고 디즈니랜드 기념품들을 꺼내 보여줬다.

샤를드골에투알역에 도착했다. 출구라는 의미의 'sortie' 표시를 찾아 에스컬레이터를 타고 올라갔지만 더이상 보이지 않았다. 파리지앵으로 보이는 사람들에게 밖으로 나가는 길을 물어도 모두들 모른다고 했다. 나가는 길을 모르면서 여긴 어떻게 들어온 거지? 그들의 표정은 무관심이나 불친절과는 거리가 멀어 보였는데, 나가는 길이 복잡해서 영어로 설명하기 어

상젤리제거리와 개선문.

려워 그랬는지도 모르겠다.

출구로 나가는 길은 정말 복잡했다. 겨우 개찰구를 찾아 밖으로 나와 유료 화장실을 발견했지만 문이 굳게 잠겨 있었다. 아이의 얼굴은 오만상을 쓰고 있었다. 지상으로 나가기로 했다. 지하철 출구를 나오니, 바로 앞에 조명을 뿜내는 개선문이 나타났다. 우리는 개선문의 모습에 흥분했고, 아이의 화장실 문제를 순간 잊어버리고는 열심히 카메라 셔터를 눌렀다. 아이도 덩달아 사진을 찍었다. 하지만 조금 지나 심각한 표정으로 말했다.

보라색 에펠탑.

"아빠, 나 쌀 것 같아."

화장실 비슷해 보이는 곳을 찾으려 했지만, 이러다가 볼일을 해결하지도 못하고 날이 셀 것 같았다. 샹젤리제거리에 있는 맥도날드에 가기로 했다. 열흘 전에 주문하느라 고생했던 곳에는 화장실이 있었다. 늦은 시간이라 문을 열었는지 알 수 없지만 우선 가보기로 했다. 멀리 맥도날드 광고판과 가게의 조명 빛이 바깥으로 새어나오는 것이 보였다. 문이 열린 것 같아 반가운 한편, 금방 문을 닫을 수 있으니 아내와 아이는 뒤에서 쫓아오라고 하고 나는 전력질주를 했다.

맥도날드 매장은 불을 환하게 밝히고 있었고 사람들로 북적였다. 매장은 새벽 2시까지 영업을 했다. 화장실 문제를 해결하고 평온을 되찾은 우리는 샹젤리제 밤거리를 거닐었다. 사람이 있긴 해도 대부분 가게가 문을 닫아 거리는 어두웠고, 그래서인지 조명을 밝힌 개선문이 더욱 돋보였다. 우리는 샹젤리제거리의 횡단보도 한가운데에서 개선문을 배경으로 사진을 찍었다.

보라색 에펠탑

시계가 11시 반을 가리켰다. 에펠탑의 점멸 조명은 정각에 켜진다. 30분 남았는데 걸으면 늦을 것 같아서 우버를 불러 에펠탑으로 갔다. 에펠탑 앞은 열흘 전처럼 사람들로 가득했다. 에펠탑 모양의 열쇠고리를 파는 행상들도 여전했다. 에펠탑의 루틴에 잠시 끼어든 느낌이었다.

밤이 늦었지만, 그래서 가능성이 희박할 것 같았지만, 에펠탑에 오르는 마지막 시도를 했다. 하지만 아무리 돌아다녀도 에펠탑 입구는 모두 막혀 있었다. 펜스 너머로 직원처럼 보이는 사람에게 어떻게 들어갈 수 있는지 물었다. 그는 문을 닫았다고 했다. 이번 여행에서 여러 전망대를 올라가봤지만, 정작 여행의 단초인 에펠탑은 오르지 못했다. 다음번 유럽 여행의 버킷리스트에 에펠탑 오르기를 추가했다.

평소 노란색 빛을 내던 에펠탑 조명이 오늘은 보라색이었다. 에펠탑을 여러 번 봐왔던 것은 아니지만 보라색 에펠탑은 많이 새로웠다. 나중에 안 사실인데, 1980년대에 유명했던 가수 프린스Prince의 죽음을 애도하는 행사가 있었다고 한다. 그의 노래 「퍼플 레인」을 상징하는 의미로 보라색 조명을 켰다.

에펠탑 아래에서 사진을 찍었다. 이에나다리를 지나 센강 건너편에서 에펠탑의 모습을 다시 카메라에 담았다. 어느 도시를 가더라도 이만한 랜드마크가 또 있을까 싶다. 규모와 디자인, 주변과의 관계, 분위기, 모든 것이 완벽했다. 밤 12시가 되자 어김없이 반짝이는 점멸 조명이 작동했다. 보라색 조명에 하얀색 점멸 조명의 조합이 거대한 루비 같았다. 우리는 보라색 에펠탑을 배경으로 사진을 찍었다.

이제 정말로 여행의 마침표를 찍는 순간이었다. 호텔에 돌아가기로 하고, 우버를 불렀다. 우버는 야속하리만큼 빨리 도착했다. 에펠탑 앞에서 출발한 우버는 센강 강변도로를 따라 파리 동쪽을 향해 달렸다. 조명이 꺼진 루브르박물관과 오르세미술관, 노트르담대성당, 퐁네프다리가 보였다. 파리의 여행을 복기하는 시간이었다. 떠나는 우리를 배웅이라도 하는 것 같았다. 호텔로 돌아와 짐을 정리하고 잠을 청했다. 내일이면 일상으로 돌아간다.

12일차

파리의 화요일

침대에서 일어나 창문을 열었다. 파란 하늘에 선명한 흰색 구름이 떠 있고 공기가 상쾌했다. 탁 트인 광장의 잘 자란 나무숲을 보니 가슴이 활짝 열리고 눈이 맑아졌다. 큰 비나 바람 없이 편하게 다닐 수 있어서 날씨 덕을 톡톡히 본 여행이었다. 세수를 하고 떠날 채비를 했다. 어젯밤 세금 환급 절차에 대해 공부를 해뒀다. 세금 환급을 신청하면 직원이 구입한 물건을 확인할 수 있다고 해서 공항에 도착하면 짐을 체크인하기 전에 세관 사무실을 먼저 찾기로 했다.

공항 가는 내내 가시방석

오전 10시에 택시 기사와 만나기로 했다. 이틀 전 오를리공항에서 우리를 픽업했던 기사다. 9시 54분에 도착했다는 메시지가 왔다. 조금만 기다려달라고 한 뒤 1층 로비로 내려갔다.

먼저 체크아웃하는 손님이 있어서 순서를 기다려야 했다. 10시 4분에 다시 메시지 알림이 울렸다. 오래 걸리는지를 묻는 질문에 지금 나간다고 답장을 보냈다. 얼굴을 보면서 하는 대화가 아니지만, 왠지 차가움이 느껴졌다.

아내와 아이를 먼저 나가게 했다. 체크아웃을 마치고 호텔 현관 밖으로 나갔다. 택시 기사에게 인사를 했지만 그는 온갖 인상을 쓰고 있었고, 인사도 받는 둥 마는 둥 했다. 공항으로 가는 내내 가시방석이었다. 차 안에서 우리는 끽소리도 내지 못했고, 배우지도 않은 수화로 대화를 했다. 기분이 안 좋았지만, 그렇다고 따질 수도 없었다.

운전하는 동안 한마디도 하지 않던 그는 공항에 도착해서 말문을 열었다. 티케팅을 하는 데 시간이 많이 걸리니 서두르라고 했다. 배려라고 받아들이고 마음을 추슬렀다. 비행기 좌석이 확정되지 않았기 때문에 더더욱 체크인을 빨리 해야겠다는 생각이 들었다.

드골공항의 에어프랑스는 직원이 있는 체크인 카운터가 없는 대신 체크인 키오스크가 줄줄이 서 있었다. 화면을 누르면서 입력하고 여권을 스캔하면 보딩패스와 수하물에 붙일 스티커가 기계에서 순서대로 나왔다. 좌석은 선택할 수 없고 랜덤이었다. 기계로 체크인하는 것이 익숙하지 않아 자꾸 확인에 확인을 거듭했고, 그러는 동안 택시 기사의 말대로 시간이 오래 걸렸다.

기계가 사람의 일을 대신하는 현실을 공항에서 확실하게 경험했다. 항공사 직원이 하던 일을 기계가 대신했고, 손님은 기계가 일을 잘하도록 도왔다. 안내하는 직원이 있지만 그들은 절차에 대한 설명만 할 뿐, 개인적인 민원을 들어줄 것 같지 않았다.

프랑스 출국, 프랑스 입국,
다시 프랑스 출국

출국 심사장에서 줄을 서자마자 아차 하는 생각이 들었다. 세금 환급 신청을 안 했던 것이다! 인사도 받지 않고 인상을 쓰던 택시 기사의 눈치를 보고 익숙지 않은 무인 체크인에 신경을 쓴 나머지, 세금 환급 신청하는 것을 까맣게 잊고 있었다. 짐은 이미 컨베이어 벨트 너머로 가버렸다. 세금 환급을 신청할 때 직원이 물건을 보자고 하면 방법이 없었다. 공항 직원에게 세금 환급 서류를 보여주고 출국 심사장 건너편을 가리키며 물었다. 저쪽에서도 세금 환급 신청을 할 수 있는지. 가능하다는 그녀의 대답을 철석같이 믿었고, 믿고 싶었다. 이름이 새겨진 명찰을 달고 있어서 신뢰감을 줬다. 출국 심사장을 통과했다. 이제 프랑스도 안녕이다.

트램을 타고 게이트가 있는 건물로 이동했다. 보안 검색대를 지나고 면세점까지 갔다. 지나가는 공항 직원을 붙잡고 세금 환급 사무실이 어디인지 물었다. 그는 환전소를 가리키며 그쪽으로 가보라고 했다. 환전소에서 세금 환급 신청을? 의아했지만 예전에 코타키나발루공항에서 세금 환급을 받을 때 환전소에서 확인받은 서류를 세관 사무실에 냈던 기억이 났고, 여기도 비슷한 시스템인가 하는 생각이 들었다. 한 남성이 환전을 하고 있었다. 5분이 지나도 끝날 기미가 보이지 않았다. 환전하는 손님, 일을 처리하는 직원, 그 누구도 서두를 이유가 없는 사람들 같았다. 한참을 기다린 후 직원과 대화할 수 있었다. 세금 환급을 받고 싶다고 하니 서류를 상자에 넣으라고 했다.

환전소 앞에 'Tax Refund'라고 쓰여 있는 작은 상자가 있었다. 세관 사무실에서 확인 도장을 받아야 하고, 도장이 찍히지 않은 서류는 인정하지 않는다는 사실이 떠올랐다. 직원에게 물어봐도 딱히 뚜렷한 답변을 얻지 못했다. 뭔가 단단히 잘못됐다. 면세점 직원에게 물어도 잘 모른다고 했다. 다른 공항 직원에게 물었다. 건장한 체격의 그는 표정이 진중해 보였고, 눈빛이 살아 있었다. 정답을 말해줄 것 같았다.

"세금 환급 사무실이 어디야?"

"도장 받았어?"

"아니, 안 받았어."

"도장을 받았어야 했어."

"어디에서 도장을 받을 수 있어?"

"2E 터미널 건물에서 도장을 받아야 해."

지금 서 있는 곳은 L홀이고, 2E 터미널은 출국 심사를 받았던 곳이다. 그는 터미널로 돌아가야만 도장을 받을 수 있다며 나에게 출발 시간을 물었다. 출발 시간은 1시 30분, 시계는 12시 45분을 가리켰고, 보딩은 이미 12시 35분부터 시작했다. 보딩패스에는 출발 20분 전에 게이트를 닫는다고 적혀 있었다. 나에게 정답을 알려준 그는 터미널로 갔다가 시간 안에 돌아오는 게 불가능하다고 했다. 하지만 터미널로 가면 세금 환급을 받는 건 확실하다고 했다. 그는 걱정스러운 표정이었지만, 내가 너무 결연해 보였는지 뜯어말리지는 않았다.

아내와 아이에게 기다리라고 하고, 왔던 길을 되돌아 전력 질주를 했다.

달리면서 오만 가지 생각이 떠올랐다. 이곳 사람들은 물어본 것만 대답할 뿐 질문하는 사람의 의도에는 관심이 없는 것 같았다. 내가 다른 맥락의 질문을 했다면 그들이 제대로 된 답변을 해줬을까? 아니면 내 질문이 잘못됐던 걸까? '세금 환급 사무실 Tax Refund Office'이 아니라 '세관 사무실 Customs Office'을 말했으면 다른 상황이 됐을 수도 있겠다는 생각이 들었다.

트램을 타고 2E 터미널로 갔다. 공항에 도착해서 왔던 길을 거꾸로 간 후, 다시 똑같은 순서대로 돌아와야 했다. 트램에서 내려 입국 심사장으로 뛰었다. 여권을 보여주고 입국 심사를 받았다. 프랑스를 출국한 지 20분 만의 입국이었다. 터미널의 출발층으로 뛰었다. 터미널을 샅샅이 뒤진 끝에 세관 사무실을 찾았다. 어이없게도 에어프랑스 카운터 바로 옆에 있었다.

세관 사무실에는 줄을 서 있는 사람이 몇 명 있었다. 내 순서를 기다리다가는 세금 환급은커녕, 비행기를 놓칠 것 같았다. 염치 불구하고 직원에게 여기서 세금을 환급받을 수 있는지 물었다. 직원은 무인 방식의 키오스크 비슷한 기계를 가리키며 서류에 있는 바코드를 화면에다 스캔하라고 했다. 도장은 어디서 찍어주는지를 되물었지만 바코드를 스캔하면 된다는 답변이 돌아왔다.

너무 간단했다. 뭔가 빠진 듯한 느낌을 지울 수 없었다. 혹시 몰라서, 나중에 필요할 수 있으니 서류와 화면을 번갈아가며 사진을 찍어두었다. 세관 사무실의 기계가 바코드를 스캔하는 것은, 세관 직원이 도장을 찍는 것과 같은 의미인 것 같았다. 그런데 세관 사무실에서 줄을 서 있던 사람들은 뭐지? 어쨌든 남의 일까지 신경을 쓸 겨를이 없었다.

다시 출국 심사장으로 뛰었다. 가장 짧은 줄을 찾아서 두번째 출국 심사

인천행 에어프랑스 264편 탑승 게이트.

를 기다렸다. 나 같은 사람이 많은지 모르겠지만, 출입국 심사관은 30분 전의 출국과 10분 전의 입국 기록에 관심이 없는 것 같았다. 질문 없이 무표정한 표정으로 여권에 도장을 찍었다.

100미터 달리기 속도로 트램을 타는 플랫폼으로 뛰었다. 트램을 타고 L홀 건물에 내려 보안 검색대를 지났다. 안전장치를 더 둔다는 생각으로 세금 환급 서류를 봉투에 담아 환전소 앞의 상자에 넣었다.

탑승 게이트에 도착했다. 아내 얼굴을 보니 걱정보다는 짜증이 가득했다. 휴대폰에는 아내가 보낸 메시지가 여러 개 들어와 있었다. 항공사 직원들은 이미 내 이름을 아는 눈치였다. 내 이름을 부르고 있었다. 보딩패스를 보여주고 비행기로 향했다. 우리는 인천행 에어프랑스 264편에 오르는 마지막 승객이었다.

꼼꼼한 여행 준비

계획을 세웠다, 섬세하게 파리와 런던, 베네치아, 여행할 도시를 정한 후 도시마다 어디를 다닐지 고민하기 시작했다. 도시들이 모두 첫 방문이나 다름없기 때문에, 상징적인 장소는 우선 순위였다. 파리의 에펠탑, 개선문, 센강, 런던의 빅벤, 타워브리지, 템스강, 베네치아의 산마르코광장, 무라노, 리도. 또 어디가 좋을지 알아보기 위해 여행서와 블로그, 여행 커뮤니티의 글을 열심히 탐독했다. 멋진 곳이 너무 많아서 결정 장애가 올 지경이었고, 선택 기준을 정해야 했다.

아이가 힘들어 하지 않게 하려면 어떻게 해야 할까? 아이의 기억 속에 오랫동안 남길 방법은 뭘까? 이 두 질문은 여행의 기본 명제가 됐다. 여행 구성원의 관심사와 체력, 일정, 예산을 충족해야 한다는 목표를 설정하고, 각자의 관심사를 분류했다.

나는 건축을 전공했다. 건물에 관심이 많고, 새로운 장소를 보는 것을 즐기며, 공연을 좋아한다. 아내는 피아노를 전공했다. 아내도 새로운 장소를 찾는 것을 즐기고, 패션에 조예가 깊은 만큼 쇼핑을 사랑하며, 공연과 전시를 좋아한다. 초등학교 1학년인 아이는 또래들처럼 노는 것을 좋아하고, 그림 그리기와 만들기에 관심이 많다. 놀이공원, 수영장, 박물관, 공연장 등 가고 싶은 곳도 많다. 세 사람의 관심사 중 공통점이 있는 곳을 필수 방문지로 정했다. 박물관과 공연장, 그리고 도시의 전경을 볼 수 있는 높은 장소나 전망대에 가기로 했다.

엄마, 아빠가 선택한 도시를 돌아다니는 일이 초등학교 1학년생에게 고행이 될 수도 있기 때문에, 에펠탑 하나로 보상이 될 수 없다는 것을 잘 알고 있었다. 그래서 아이가 좋아할 만한 박물관과 놀이공원, 체험할 수 있는 곳도 가기로 했다.

런던의 일정이 가장 길기 때문에, 하루 정도는 놀이공원에서 보내도 괜찮겠다고 생각하고 '런던 놀이공원'을 검색했다. 런던 외곽인 윈저의 레고랜드Lego Land, 처트시의 소프파크Thorpe Park, 런던 도심의 해리포터스튜디오 정도가 파악됐다. 레고랜드는 주변에 영국 왕실의 거주지인 윈저성이 있고 볼거리가 많지만, 숙소에서 멀어서 대중교통으로 다녀오기에 시간이 많이 걸렸다. 또 윈저성까지 볼 시간 여유가 충분하지 않았다. 소프파크 역시 너무 멀고, 문을 일찍 닫았다. 해리포터는 아이 세대에게 익숙하지 않았다.

파리에 디즈니랜드가 있다는 사실이 떠올랐고, 폭풍 검색을 했다. 파리 외곽의 작은 도시 세리스에 있는 디즈니랜드는 파리 시내에서 전철로 40분 정도 걸린다. 항공편이 파리 도착, 파리 출발이라 파리에 두 번 머물 예정이어서 마지막 일정으로 디즈니랜드를 가면 좋겠다 싶었다. 아이가 디즈니랜드에 대한 기대감을 동력 삼아 여행을 잘 버텨주길 바라는 희망도 있었다.

두 번의 파리 일정이 각각 2박 3일씩이지만, 첫날과 마지막 날은 나라를 이동하기 때문에 구경 다닐 시간이 넉넉하지 않다는 게 고민이었다. 디즈니랜드에 가면 하루는 족히 보내야 해서 파리의 필수 방문 코스라고 불리는 루브르박물관, 오르세미술관, 베르사유궁전을 모두 다니기에 시간이 부족할 것 같았다. 결국 파리는 놀이공원을 선택하고, 런던은 박물관에 집중하기로 했다. 만들기를 좋아하는 아이를 위해 베네치아에서 가면 만들기와 유리공예 체험을 하기로 했다. 그리고 여건이 된다면 해수욕장까지 가보기로 했다.

틈이 날 때마다 인터넷을 검색했는데, 블로그의 글이 수박 겉핥기인 측면이 있고, 블로거의 취향도 다양해서 장소에 대한 호불호가 극명하게 갈렸다. 인터

날짜	교통			숙박/투어/식당
	교통편	출발	도착	음식 수령 및 리스트
01월 16일		들릴	5:50	A구역 세흐데엘시(010-7309-3495) 모바일레츠	Air France(에나4두어) M.6006883065)
Paris	Air France 267		9:20	Charles De Gaulle, Parid/ Terminal 2(Air France)	
알림, 바르셀	RER B	Aeroport CDG Terminal 2 TGV	15:30	Chatelet - Les Halles	16:30
12~19도	Walk	Chatelet - Les Halles	17:00	3 rue Geoffroy l'Angevin	17:30
일출 7:29	한인택시	Aeroport CDG Terminal 2 TGV	19:00	3 rue Geoffroy l'Angevin	16:00	Studio Petit Pompidou(3 rue Geoffroy l'Angevin)
일몰 20:00				Studio Petit Pompidou(3 rue Geoffroy l'Angevin)	Studio Petit Pompidou 214유로+청소료 40유로
					* 811272181 (PIN 2843)
			16:30	식사	17:30	시티(Geoffroy l'Anc 식당)
			17:30	L'Ecriture(에크리투아르, 투구림 10:00~19:00)	18:00	
			18:30	Louvre Pyramid	19:30	
				Arc de Triomphe(10:00~23:00)		
				뇌부(카페 개선		
		유람선(바또)	19:30	(바또), Bateaux Parisiens(Pont d'Iena, 이에나 다리)	21:00	마이유한 베또쉬리시(매표 900원), 뮤지엄패스(17,640원)
	Uber(7~13유로)	the Eiffel Tower	21:30	3 rue Geoffroy l'Angevin	22:00	
09월 17일		기상	7:00	샤이유 · 트로카데 · 샹젤 · 방	7:30	Paris	조침
Paris	Uber(7~13유로)	3 rue Geoffroy l'Angevin	7:30	L'eglise de la Madeleine	8:00	
흐림			8:00	Jardin des Tuileries	8:30	
9~19도			8:30	루브르 광장 오뻬라스케	9:00	보니데르랑스 파리식사+베로쾨르(345,000원)
일출 7:31			9:30	몽마르트 언덕	10:30	
일몰 19:58			10:30	뇌믈벨상,몽 세익스트가 입 럽퍼니	12:00	
			12:00	식사	13:00	식당
			13:00	개선문	13:30	
			14:00	베르사유 궁전, 정원	17:00	
			17:00	메뜰랭	18:00	
			18:00	식사	19:00	이비스 상티낭 (7자리 자k 9 Boulevard Denepert, 77210 Paris)
		유람선(바또)	19:30	(바또), Bateaux Parisiens(Pont d'Iena, 이에나 다리)	21:00	
		the Eiffel Tower	21:30	the Eiffel Tower	22:30	
	Uber(7~13유로)		22:30	3 rue Geoffroy l'Angevin	23:00	
09월 18일	일		8:00	양깡 · 집코마 · 스탑 · 로		Paris	호텔
Paris				Le Centre Pompidou, Louvre Pyramid		
맑음	Walk	3 rue Geoffroy Langervin	10:30	보스 3 칸펜(Les Halles-Centre Georges Pompidou)	10:40	
9~20도	N14개 함크로	Les Halles-Centre Georges Pompidou	10:40	Magenta-Madeleine-Gare du Nord	11:00	Gare du Nord 2층 Eurostar 타미널
일출 7:32	이층	Uber(3~14유로)	3 rue Geoffroy l'Angevin	10:50	Gare du Nord	11:00	Eurostar(# 36571301) 170유로
London		Eurostar Kingdor del	Gare du Nord, Paris		St-Pancras, London		Oyster Card 구입
맑음		쯔리(007), 튀비(34,57,58)				
7~18도		Piccadilly	King's Cros St. Pancras	15:00	Gloucester Road	15:30	
일출 8:41	Uber(13~18유로)	ST Pancras, London		the Villa Kensington(10-11 Ashburn Gardens)		
일몰 19:07				the Villa Kensington(10-11 Ashburn Gardens)	15:40	the Villa Kensington: 583허유 도(조식 포함)
			15:40	양깡 · 집코마 · 스탑 · 로	16:30	Expedia #69571048
				Buckingham Palace		
				Big Ben, Westminster Abbey		
			17:45	Cruise	18:25	London Eye + Cruise (어른 28파, 어린이 18.00파)
			19:00	London Eye	20:00	www.londoneye.com
				식사		

여행의 일정계획.

넷의 한계를 극복하기 위해 서점에서 여행서를 찾았다. 방문하는 도시별로 마음에 드는 책을 한 권씩 골랐다. 『런던에 미치다』 『여행이 좋아 파리』 『베네치아 걷기여행』, 이렇게 3권이었다.

방문할 장소를 정한 후 이동 거리와 이동 시간을 계산해서 시간 단위로 계획을 세우고, 시간이 맞지 않으면 장소를 조정했다. 새 장소를 정하면 똑같은 순서를 반복했다. 숙소를 어디로 할지, 방문할 장소를 어디로 하고, 이동은 어떤 방식으로 할지 등 계획을 세우는 일이 처음에는 설레고 재미있었는데, 출발 날짜가 가까워지면서 밀린 숙제처럼 되어버렸고, 여행을 떠나는 전날까지 이어졌다. 물론 여행을 떠나서도 수정을 거듭했다.

숙소를 정하면서 선정 기준이 몇 가지 있었다. 위치가 중요한데, 도시마다 시내 중심지에서 가까운 곳으로 정했다. 일정이 여유롭지 않기 때문에 이동 시간을 최소화해서 조금이라도 많은 곳을 보기 위해서였다.

한인민박을 고민했지만 선택하지 않았다. 우선 리뷰마다 의견이 분분했다. 음식이 입맛에 맞지 않을 수 있고, 공동생활에서 정보를 얻고 도움을 주고받을 수 있지만 서로 신경써야 할 부분이 많다는 점, 도난에 대한 우려 등의 이유로 우리 셋만 편하게 머물 수 있는 장소를 선택했다.

먹는 비용을 아끼기 위해 음식을 조리할 수 있는 곳을 우선적으로 알아봤다. 무엇보다 최종 결정 요인은 가격이었다. 파리는 시내 중심이면서 지하철 역이 가깝고 조리가 가능한 곳으로 정했다. 런던은 시내 중심에서 멀지 않으면서 박물관이 모여 있는 지역에, 교통이 편리하고 아내가 유학할 때 지냈던 기숙사 근처 호텔로 정했다. 베네치아는 산마르코광장에서 멀지 않고 바포레토 선착장이 근처에 있으며 조리가 가능한 곳으로 정했다. 파리 디즈니랜드 주변은 디즈니 리조트에서 조금 떨어져 있지만 가격이 저렴하고 쇼핑센터와 아웃렛이 가까운 호텔로 정했다.

초등학생은 여행 때문에 학교 수업에 빠져야 했고, 그래서 현장체험학습 신청서를 제출했다. 학습 형태는 가족여행과 견학활동으로 표시했고, 방문지, 보호자명, 여행 목적을 썼다. 도시별 건축물과 박물관을 보고, 뮤지컬과 비엔날레를 관람하겠다는 내용으로 체험학습계획을 서술했다. 여행을 다녀와서는 현장체험학습 보고서도 제출했다.

시간의 여유가 생겨서 가는 여행이지 자금의 여유가 있어서 가는 여행이 아니기 때문에 아껴야 한다는 전제가 있었다. 하지만 궁색하게 다니고 싶지는 않았고, 그래서 선택과 집중이 필요했다. 항공기, 철도 등 교통비와 숙박비는 최대한 저렴하게, 입장료도 끊임없는 검색을 통해 최저가로 예약했고, 식비를 아끼기 위해 조리할 수 있는 숙소와 조식이 있는 호텔을 골랐다. 현지 교통비와 식비를 제외한 대부분의 교통편과 숙박, 입장권을 미리 예약해뒀기 때문에 여행 전에 세웠던 예산 계획이 정산했을 때와 큰 차이가 나지 않았다.

예약을 했다, 치열하게 교통편과 숙소 외에 공연, 놀이공원, 유람선 등 체험할
거리를 정하고 예약을 했다. 현지에서 표를 구할 수도 있지만, 자리가 없을 수
있고 바가지를 씌울 수도 있다. 예측 가능한 여행이 되기 위해서 예약은 필수다.
전체 일정을 정한 후 예약을 시작했고, 예약을 하면서 일정을 조정했다.

항공기(인천-파리, 런던-베네치아, 베네치아-파리)

항공기 검색은 스카이스캐너 앱으로 했다. 출발지와 도착지, 여행 날짜, 인원수
를 입력하면 항공사와 출발 시간별 가격이 뜨고, 마음에 드는 것을 선택하면 여
행사나 항공사 홈페이지로 연결된다.

인천-파리 왕복 항공권을 끊었다. 런던과 파리 중 파리가 비행기편이 더 많고
가격도 저렴해서, 파리를 유럽 여행의 출발점과 종착점으로 정했다. 항공사 홈
페이지에서 예약했는데, 할인을 많이 받아서 어린이 할인은 따로 없었다.

런던에서 베네치아, 베네치아에서 파리는 유럽의 저가 항공인 이지젯을 이용
했다. 공간이 여유로운 자리를 선택하면 요금이 올라갔다. 1인당 20킬로그램 이
하 수하물 한 개가 기본이고, 무게가 초과하거나 수하물 개수가 늘어나면 추가
요금을 내야 한다. 기내에 휴대하는 짐은 한 개만 허용됐다. 자리가 불편한 것
을 감수하고, 짐을 줄이고, 간식은 물론이고 물 한 모금도 마시지 않아야 '저가
항공'이라는 타이틀에 걸맞은 가격이 됐다. 옵션을 추가하다보면 저가가 고가로
넘어갈 수 있는 시스템이었다.

유로스타(파리-런던)

파리에서 런던으로 이동하는 교통편은 유로스타를 이용하기로 했다. 가격이 비
행기보다 저렴하고, 시내에서 출발해서 시내에 도착하기 때문에 도시 외곽의 공
항을 이용하는 것보다 시간을 많이 절약할 수 있을 거라고 생각했다. 유로스타
기차표를 예약하는 사이트가 몇 개 있는데, 유레일 패스 배급사인 레일유럽 사

이트(www.raileurope.co.kr)가 가장 저렴했다. 왕복 여부를 선택하고, 날짜와 시간, 인원수를 입력하면 1등석, 2등석, 비즈니스석의 가격이 뜬다. 기차 출발 시간에 따라 가격이 달랐는데(9시와 11시 기차는 140유로이고, 10시 기차는 100유로였다) 물론 가장 저렴한 것으로 골랐다. 기차를 선택하면 인적사항, 연락처를 입력하고 결제하는 순서다.

숙소

숙소는 선 예약, 후 분석의 순서로 진행했다. 고민하는 동안 남은 객실이 사라질 수 있다는 염려 때문이었다. 위치, 주변 환경, 취사 여부, 가격, 어느 것 하나 포기할 수 없었기에 고민에 고민을 거듭했다. 결과적으로 예약과 취소의 반복이었다.

11박 13일의 여행 기간 동안 밥을 먹는 횟수를 세어보니 서른 번이 넘었다. 여행에서 식사의 중요성을 잘 알고 있었다. 밥때를 놓치지 않는 것이 중요하고, 입맛에 맞는 음식을 고르는 것도 중요하다. 유럽은 느끼한 음식이 많으니 우리 입맛에 맞는 음식도 필요하다고 생각했다. 그래서 조리 가능 여부가 숙소 선택의 중요한 기준이 됐다.

호텔 검색과 예약은 부킹닷컴, 아고다, 익스피디아, 호텔스컴바인을 이용했다. 파리와 베네치아는 조리가 가능한 아파트를, 런던과 세리스는 호텔로 결정했다. 결과적으로 조리가 가능한 아파트와 조식이 있는 호텔을 번갈아 머물게 됐다. 숙소 분위기와 식사 방식에 변화를 주어 여행을 지루하지 않게 해줄 거라고 기대했다.

베네치아 숙소는 리뷰가 썩 좋지 않았지만, 홈페이지의 숙소 사진이 너무 마음에 들었다. 베네치아 전통 가옥의 느낌이 좋았다. 위치도 좋고, 가격도 베네치아 중심부에서 가장 저렴한 편이라 낮은 평점쯤은 극복할 수 있었다.

기차 (런던-브라이튼, 서던 노선)

세븐시스터스를 가기로 결정하면서 런던에서 세븐시스터스로 가는 중간 지점인 브라이튼행 서던 노선 기차의 왕복편을 예약했다.

한인 택시

공항에서 숙소로, 숙소에서 공항으로 가는 교통편은 한인 택시를 선택했다. 소매치기를 방지하고, 이동 시간을 절약하며, 많은 짐을 옮기는 부담을 덜고, 운이 좋으면 택시 기사에게서 유용한 정보도 들을 수 있으리라는 기대 때문이었다. 드골공항에서 파리 숙소로, 런던 숙소에서 개트윅공항으로, 오를리공항에서 세리스 숙소로, 세리스 숙소에서 드골공항으로, 총 네 번 한인 택시를 이용했다. 택시를 타는 날짜와 출발 시간, 출발지 주소, 도착지 주소, 여권의 영문 이름, 인원수, 짐 수량과 크기, 연락처를 카카오톡으로 알려주면 요금을 제시했고, 가격 흥정도 가능했다.

알리라구나

베네치아 마르코폴로공항과 베네치아 본섬을 연결하는 배편이 여러 개 있는데, 그중 알리라구나를 선택했다. 숙소에서 가까운 선착장에 선다는 것이 이유였다. 알리라구나 공식 홈페이지(www.alilaguna.it)에서 왕복편으로 예약했다. 우리가 내리는 곳이 종점이라서 어디에서 내려야 할지 걱정하지 않아도 되고, 공항에 갈 때는 가장 먼저 타서 마음에 드는 자리를 고를 수 있으니, 일석이조였다.

뮤지컬

런던에서 볼 수 있는 뮤지컬 〈오페라의 유령〉은 예약 사이트가 여러 군데 있다. 다들 '최저가'라고 홍보하고 있지만 공식 홈페이지(www.thephantomoftheopera.com)가 가장 저렴했다. 날짜를 선택하면 극장의 1층, 2층, 3층 사진이 나오는데, 마우스로 사진을 고르면 구역별 가격이 나타난다. 3층에 해당하는 '그랜드 서클' 좌석을 선택했다. 구역을 클릭하면 예약 가능한 좌석이 나오고, 좌석을 선택하면 총금액이 뜬다. 이름과 이메일 주소, 집 주소, 결제카드 정보를 입력했다. 좌석 선택은 신중하게, 결제는 신속하게 했다. 워낙 인기가 많은 공연이라 결제하는 도중에 다른 사람이 내 자리를 선점할지도 모른다는 작은 불안감에 클릭을 하는 것도 스릴이 있었다.

디즈니랜드

디즈니랜드도 여러 예약 사이트를 검색했지만, 공식 사이트(www.disneyland-paris.co.uk)가 가장 저렴했다. 하루짜리 원데이 티켓 또는 이틀 이상 사용할 수 있는 멀티데이 티켓 중 하나를 고른 다음, 달력에서 날짜를 선택하고 인원수를 클릭했다. 만 12세 이상은 어른으로 간주하고, 만 3세 미만은 무료다. 파리 디즈니랜드는 월트디즈니스튜디오파크와 디즈니랜드파크 두 곳의 놀이공원이 있고, 이중 한 곳을 선택하거나 두 곳을 모두 선택할 수 있다.

센강 유람선

센강 유람선 '바토파리지앵'은 국내 유럽 여행 사이트에서 예약했다. 따로 날짜를 정하지 않고 언제든 탈 수 있는 대신 유효기간이 있는데, 거의 1년 정도였다. 센강의 유람선은 여행 일정 중 아무 때나 탈 수 있는 유일한 것이었다.

템스강 유람선 & 런던아이

템스강 유람선을 검색하면서 유람선과 런던아이를 묶은 패키지 상품을 발견했다. 가고 싶었던 곳이고, 묶음이라서 가격도 괜찮았다. 런던아이 공식 사이트(www.londoneye.com)에서 예약했다. 인원수를 입력한 후(어린이는 30퍼센트 정도 저렴하다) 달력에서 유람선을 타는 날짜와 시간을 선택한 후 결제했다.

스카이가든

런던 여행지를 검색하면서 '스카이가든'이라는 전망대 사진을 보고 너무 멋있어서 가야겠다고 생각했다. 이곳도 공식 사이트(skygarden.london)에서 예약했다. 방문 날짜와 시간을 선택하고, 인원수를 입력하면 된다. 무료인 대신 선착순이라서 날짜를 여유롭게 미리 예약하는 것이 중요하다.

브리티시에어웨이i360

런던 남쪽에 위치한 바닷가 작은 도시 브라이튼에 있는 독특한 형태의 전망대 '브리티시에어웨이i360'도 공식 사이트(britishairwayi360.com)에서 예약했다. 인원수, 날짜, 시간을 선택하면 연령대별 가격이 뜬다. 어른 수, 어린이 수를 입력하고, 인적사항을 입력한 후 결제했다. 미리 예약하면 10퍼센트 할인이 있다.

파리 패키지 투어

패키지 투어를 운영하는 현지 여행사가 많고 코스도 다양한데, 당일 코스 중에서 가장 많은 곳을 돌아다니는 상품으로 골랐다. 날짜를 선택하고, 인원수와 인적사항을 입력한 후 결제했다.

여행자 보험

소매치기와 테러가 걱정되기도 했고, 분실 사고에도 대비가 필요했다. 초등학교 1학년 어린이와 함께 가는 여행이기에 여행자 보험이 필수라고 생각했다.

유심

여행하면서 정보를 수시로 파악해야 하고, 지도와 우버, 카카오톡을 이용하려면 로밍을 해야 하는데, 통신사 로밍 비용이 비싸서 유심을 알아봤다. 하루 3000원 짜리를 예약하고 공항에서 유심을 받았다.

여행을 결정한 순간부터 출발 전까지 예약을 마치는 데 2개월이 넘게 걸린 것 같다. 검색을 통한 정보 파악과 가격을 비교하는 과정이 고단했지만, 한편으로는 재미있었고 저렴한 표를 구하면 뿌듯했다. 할인을 받는 정도는 검색 시간에 비례했다. 대체로 공식 사이트가 가장 저렴했다.

성별과 이름, 생년월일, 주소, 연락처, 이메일 주소, 카드번호와 유효기간 등 예약 건마다 인적사항을 입력하는 일이 지겨우면서 신경이 쓰였다. 오타가 나지 않도록 신중하게 입력했다. 입력하는 도중 사이트가 다운된 적도 있었다. 가성비가 높은 좌석을 예약할 때는 다른 사람이 먼저 선수를 치지 않을까 노심초사하기도 했다.

To be continued

돌아오는 비행기에 오르니 다른 세상이고, 다른 느낌이었다. 장소를 옮겨주는 비행기가 여행의 시간을 일상의 시간으로 바꾸는 타임머신 같았다. 조금은 익숙해진 유럽을 떠나기가 아쉬웠고, 돌아가면 일상에 적응하는 데 시간이 오래 걸리면 좋겠다고 생각했다. 여행의 여운을 더 길게 느끼고 싶어서였다. 일산의 아파트 단지에 들어섰을 때, 길지 않은 여행이었지만 아주 오랜만에 집으로 돌아온 것 같았다. 익숙했던 장소가 낯설게 느껴지는 것이 싫지 않았다. 이 부분도 여행의 일부라서.

현관문을 열자 어머니가 끓이신 된장국 냄새가 났다. 구수한 된장국이 낯선 일상에 금방 적응하게 도와줄 처방약 같았다. 집밥 덕분에 몸에 밴 유럽 음식의 기름기가 사라지는 듯했다. 여행의 기운을 유지하고 싶은 한편 깔끔한 화장실과 포근한 침대가 있는 집이 좋았다. 여행을 통해 일상 탈출의 기쁨과 여행지에서의 감동을 느꼈지만, 다른 한편으로 항상 탈출하고 싶어 했던 일상의 소중함을 깨달았다. 틸틸과 미틸 남매가 찾아 헤매던 파랑새가 집 안 새장에 있었다는 것을 깨달았던 것처럼.

알랭 드 보통은『여행의 기술』에서 여행을 가기 전에 상상력의 자극을 받는 것보다 더 나은 여행은 없다고 말했지만, 내 경우는 조금 달랐다. 물론 여행을 준비하는 과정은 즐거웠다. 여행을 결심하고, 준비하고, 여행을 다니고, 기억을 되새기는 순간까지 모두 행복한 여행의 과정이었다. 한편으로 여행 전 기대와 여행 중 현실의 차이가 꽤 컸고, 매 순간이 만족스러울 수는 없었지만, 항상 예상하지 못한 반전의 감동이 있었다. 그런 면에서 여행은 드라마와 비슷하다. 예고편은 있으나 새로운 변수와 구체적인 결과를 알 수 없다는 면에서, 그리고 다음 편을 기대하고 확인하는 과정의 즐거움까지. 게다가 여행에서는 주인공이 나 자신이라는 면에서 매우 흥미롭다.

우리가 방문한 도시를 한 단어로 설명하자면, 런던은 '조화'라는 말이 어울린다. 베네치아는 익숙하지 않은 '독특함'이, 파리는 세련되고 멋진 '클래식'이 딱이다. 유럽 특유의 섬세함과 고상함을 지니면서 나름의 고유한 정체성을 갖는 도시들이었다. 나름대로 공부해서 떠난 여행이었지만 제대로 인식하지 못하고 지나친 것이 많았다. 사진을 확인하면서 새롭게 존재를 깨달은 것도 있다. 아는 만큼 보인다는 게 허투루 하는 말이 아니었다. 다음 여행 때는 더 많이 공부해야겠다는 다짐을 했다.

여행을 글로 쓰는 동안 기억을 더듬으면서 엄청난 집중력이 필요했고, 그 과정에서 여행지를 다시 방문한 듯한 기분이 들었다. 글을 쓸 때마다 상황들이 실타래처럼 이어져 이야기가 끊이지 않았다. 기억을 되새기고 또 되새기다보니 유럽 여행을 세 번은 한 것 같은 느낌이 들었다.

여행 사진은 6년 정도 된 미러리스 카메라와 휴대폰 카메라로 찍었다. 카메라에 조예가 깊지 않고 DSLR 카메라도 없는 데다 작품 사진을 남기겠다는 의욕도 없었다. 사진에 연연하지 않고 여행 자체에 집중하고 싶었으며, 여행의 기억을 돕는 의미로 찍었다. 여행에서 돌아와 확인하니 썩 괜찮은 사진을 여럿 발견했다. 장소가 환상적이어서 좋은 사진을 얻은 행운이라고 생각한다.

여행을 통해 장소의 고유한 매력을 경험함으로써 감흥을 얻고 행복감을 느끼며, 그것이 삶의 에너지가 된다. 그런 차원에서 우리는 여행을 계속 이어가기로 뜻을 모았다. 다음 여행지에 대한 뜨겁고 오랜 논의를 했다. 물론 또다시 꼼꼼한 여행 준비를 할 것이다. 아무쪼록 이 책이 좋은 여행을 공유하는 의미 있는 매개체가 되길 바라며, 독자 여러분에게 내재되어 있는 여행의 욕망을 끄집어내어 실현하도록 돕는 촉매제가 되면 좋겠다.

레퍼토리가 풍요로운 인생은 아름답다.

**건축가의
여행의 기억**

런던 엄마, 파리 딸, 베네치아 아빠

ⓒ 정성우 2020

초판 인쇄	2020년 5월 11일
초판 발행	2020년 5월 20일
지은이	정성우
펴낸이	정민영
책임편집	임윤정 신귀영
디자인	최윤미
마케팅	정민호 박보람 우상욱 안남영
제작처	영신사
펴낸곳	(주)아트북스
브랜드	앨리스
출판등록	2001년 5월 18일 제406-2003-057호
주소	10881 경기도 파주시 회동길 210
전화번호	031-955-7977(편집부) 031-955-8895(마케팅)
전자우편	artbooks21@naver.com
팩스	031-955-8855
ISBN	978-89-6196-370-1 03920

• 이 도서의 국립중앙도서관 출판예정도서목록(CIP)은 서지정보유통지원시스템 홈페이지
(http://seoji.nl.go.kr)와 국가자료종합목록 구축시스템(http://kolis-net.nl.go.kr)에서 이
용하실 수 있습니다. (CIP제어번호 : CIP2020017548)
• 책값은 뒤표지에 있습니다. 잘못된 책은 구입하신 서점에서 교환해 드립니다.